弹性液冷算力中心建设
与管理指南

李俊山 等编著

西北工业大学出版社

西安

图书在版编目(CIP)数据

弹性液冷算力中心建设与管理指南 / 李俊山等编著.
西安:西北工业大学出版社,2025.3. — ISBN 978-7
-5612-9580-9

Ⅰ.TP308

中国国家版本馆 CIP 数据核字第 20245DG036 号

TANXING YELENG SUANLI ZHONGXIN JIANSHE YU GUANLI ZHINAN

弹 性 液 冷 算 力 中 心 建 设 与 管 理 指 南

李俊山 等编著

责任编辑:朱晓娟		**策划编辑**:张 晖	
责任校对:万灵芝		**装帧设计**:高永斌 李 飞	
出版发行:西北工业大学出版社			
通信地址:西安市友谊西路 127 号		邮编:710072	
电 话:(029)88491757,88493844			
网 址:www.nwpup.com			
印 刷 者:西安五星印刷有限公司			
开 本:710 mm×1 000 mm		1/16	
印 张:16.75			
字 数:310 千字			
版 次:2025 年 3 月第 1 版		2025 年 3 月第 1 次印刷	
书 号:ISBN 978-7-5612-9580-9			
定 价:89.00 元			

如有印装问题请与出版社联系调换

《弹性液冷算力中心建设与管理指南》
撰写委员会

主　　编：李俊山

副主编：郭振君

编　　委：李俊山　　郭振君　　邵怡文

　　　　　万　鹏　　任　闯

序 言 1

　　随着数字经济的快速发展,人工智能、大数据和高性能计算的广泛应用对算力的需求日益增大。芯片内部产生大量的热导致单机柜功率密度大幅度提升,这对散热技术带来了巨大挑战。在这一背景下,绿色、低碳、高效的新型冷却技术成为行业发展的关键所在。

　　弹性液冷技术通过高效、模块化、智能化的手段,从冷却技术变革及全生命周期管理的角度推动了算力中心的发展,不仅提高了算力中心整体的能源效率和算力密度,也增强了算力中心对持续变化的市场需求、波动的业务量以及突发的环境变化等因素的适应能力,为构建高效、可靠、可持续发展的液冷算力中心奠定了基础。

　　《弹性液冷算力中心建设与管理指南》一书恰逢其时,为从业者提供了一份系统性、前瞻性的指导。该书结构清晰、内容全面,涵盖了液冷算力中心的历史发展、规划设计、建设实施、运维管理及未来发展趋势等多个方面。该书从液冷算力中心的历史沿革与技术趋势切入,阐述了弹性液冷技术的基本概念、优势及系统构成;深入分析了不同液冷介质的选择与特性,为工程设计提供了科学依据;系统介绍了从需求分析、建设规划到组件选型、工程施工的全过程;针对运维管理和能效优化,提出了一整套提升液冷算力中心运行效率的策略;展望了液冷技术的前沿创新及可持续发展方向;通过成功案例与实践经验的分享,进一步提高了该书的实用价值。

　　作为业内的从业者,笔者深知算力中心建设和管理工作中的复杂性与挑战性。该书深入解析液冷算力中心的建设和运维,李俊山正高级工程师、郭振君先生及其团队拥有 15 年以上数据中心技术研究、产品开发与工程建设经验,尤其在零碳数据中心架构设计、预制模块化数据中心研发及先进绿色低碳液冷智算中心等领域成就卓著。该书凝结了作者深厚的专业积累与丰富的实践经验,全面、系统地将复杂的技术理念转化为通俗易懂的内容,因此无论是工程技术人员,还是行业管理者,都能够从中获益匪浅。

《弹性液冷算力中心建设与管理指南》的出版，不仅为算力中心行业的绿色、低碳转型提供了宝贵的技术参考，更为液冷技术的发展和应用注入了新的动力。在此，笔者衷心祝愿该书能成为业界同仁的重要参考资料，为行业的技术创新和可持续发展作出贡献。

清华大学　李震

教授/博士生导师

2025 年 1 月

序　言　2

随着技术进步、经济发展和人口红利的消失,传统建筑因其施工效率低、环境污染重、人力成本高、节能效果差等不足,逐步被标准化设计、工厂化生产、装配化施工、一体化装修、信息化管理和智能化应用的装配式建筑所取代。为推动建筑业转型升级、促进建筑业高质量发展,2020年住房和城乡建设部等13部门联合印发了《关于推动智能建造与建筑工业化协同发展的指导意见》(建市〔2020〕60号),以大力发展建筑工业化为载体,以数字化、智能化升级为动力,形成涵盖科研、设计、生产、施工、运维等全产业链融合一体的智能建造产业体系。

建筑业对人工智能、大数据、物联网、5G(第5代移动通信技术)和区块链等为代表的新一代信息技术需求越来越迫切,需要高性能算力中心来提供强有力的技术支撑和保障;算力中心也需要依托钢结构集装箱式房屋、混凝土模块房屋等模块化箱柜建筑体系来实现设备集成和系统集成,实现生态、低碳和高效的目的。而散热问题成为制约传统算力中心性能和可靠性的瓶颈,弹性液冷技术则指明了算力中心未来发展之路。

《弹性液冷算力中心建设与管理指南》一书为建筑业和IT(信息技术)从业者提供了系统性、前瞻性的指导,将模块化建筑与弹性液冷算力中心紧密结合,有力推动了建筑业的转型升级。全书内容系统全面、逻辑清晰、案例丰富,让读者可以很快熟悉并了解弹性液冷算力中心的概念、发展、构成、规划、设计、建设和运维等整个产业链,指导了工程应用和产业发展。

弹性液冷算力中心基于预制模块化数据中心理念,从选址到设备选型,再到后期高效运维,凝聚了李俊山正高级工程师、郭振君先生及其团队的智慧和经验。15年的数据中心技术研究、产品开发与工程建设,让作者能够将算力中心与模块化建筑、建筑节能、智能运维等有机结合,建成了新一代的浪潮零碳数据中心和绿色低碳液冷智算中心,成为跨行业的领跑者。

作为一名从事建筑技术研发与设计的工程师和老师,在建筑业下行和行业不景气的情况下,笔者一直心存忧虑,也在积极努力寻找转型的方向和契机。《弹性液冷算力中心建设与管理指南》的出版,为建筑业转型升级提供了思路和做法,为算力中心的高质量发展奠定了基础。在此,笔者衷心祝愿该书顺利出版,成为建筑业、通信业和 IT 等业界同仁的重要参考资料,为科技创新引领贡献力量。

山东大学　侯和涛
教授/博士生导师
2025 年 1 月

序 言 3

数字化浪潮正以惊人的速度席卷全球,其影响力深远地渗透至各个行业领域,深刻重塑了人们的日常生活、学习模式以及工作习惯,强有力地驱动着各行各业的技术迭代与转型升级。近年来,高性能算力芯片与大模型驱动的人工智能技术取得了飞速进展,推动算力需求的进一步爆发增长,人工智能进程和水平取决于世界各国算力的竞争,也映射出各国的综合国力和数字经济繁荣程度,发达国家或地区数据产生、利用、存储、传输等以及人工智能的利用率要远远大于非发达国家或地区。因此,这些技术掀起了围绕算力核心需求的数据中心建设又一轮新高潮。激进的大算力需求,使数据中心的建设方向由传统通算中心转向智算中心,新技术与新应用如雨后春笋般破土而出。当下,我们已经进入智算时代,产业发展的逻辑正在发生着深刻的变化。

智算中心的服务器由传统 CPU 芯片逻辑计算、存储的模式,转变为 GPU(图形处理器)推理、训练和通信为主的模式,标准单机架功率也由传统数千瓦,急剧升高为数十甚至数百千瓦,传统通算中心的冷却、供能构架已经无法满足新型智算中心的需求。为探究多场景智算中心的构架、装备、系统,保证高安全性、高可靠性,适应弹性建设和弹性使用需求,实现快速部署,降低维护成本,提升能效,并减少碳排放,打造人工智能的数字底座,我们在智算中心基础设施设计、建设、运行维护中,急需破解如下难题和挑战:

(1)高密化:随着功率密度持续提升,高密化的高效技术成为破解智算中心面临的最大挑战。

(2)安全性:服务器等设备价值激增,故障影响损失扩大,且故障响应时间急剧减少。

(3)不确定性:芯片迭代加速,不确定性 IT 架构需要弹性化的基础设施。

该书由李俊山教授级高级工程师、郭振君先生及其团队主笔,他们多年从事数据中心领域的产品研发工作,拥有 300 个数据中心项目的交付经验。他们敏锐地锚定行业的痛点,并结合自身对行业深度理解,及时地撰写了《弹性液冷算力中心建设与管理指南》。在该书中,他们解析了系统原理、破解其中的难题,实属难能可贵。该书的内容主要涉及弹性液冷算力中心概述、液冷介质的选择与特性、弹性液冷算力中心的规划与设计、弹性液冷算力中心的建设、运维管理与能效优化、未来趋势与技术创新,最后再通过实际的案例与实践经验的分享,将该书进行了贯通,更可以加深对前述章节的理解,让该书更加具有可读性。作者最后贴心地附上了常用的智算中心相关的国内外的标准,供读者参考。

在数字化的背景下,该书选题精准,有很强社会现实需求,书籍图文并茂,深入浅出,文笔流畅,组织构架清晰。无论是初入该行业的技术人员,还是行业多年的从业人员;无论是投资方、建设方、设计方、运营方,还是政策(标准)制定者,都可以从这本书中找到一些启迪和借鉴,为智算中心相关工作奠定基础。全球的弹性液冷算力方兴未艾,智算中心呈现高能耗、高密度散热、服务器异构、负载波动性、不确定性特征,提出了高可靠性、高安全性、快速部署、用能高效和低碳化的建设和运维需求。该书从某种意义上来说是一个起点,其核心价值是能引发更多的人关注,来共同探讨智算时代产业发展新趋势和探究新技术,分享低碳、可靠数据中心创新应用,加速行业数字化,共建繁荣产业生态圈,引领智算未来,让数字世界精彩纷呈。

笔者作为数据中心行业多年研究者、参与者,直接见证了书籍文字作者背后的辛苦付出,也深知其中的不易。感谢作者能够在百忙的工作中挤出时间,及时地为智算中心领域奉献一本专业书籍,为我国数据中心的建设和发展作出了应有的贡献。

张泉

教授/博士生导师

于湖南大学

2025 年 1 月

序 言 4

  算力是集信息计算力、网络运载力、数据存储力于一体的新型生产力,为各行各业的数字化转型注入新动能。数字经济时代的全面开启,以及人工智能、大数据、云计算等技术的快速发展,推动了算力基础设施的爆发式增长。算力中心的高热流密度、高能耗、高碳排放("三高")问题日益凸显,液冷技术作为解决算力中心"三高"问题的关键技术路线已经得到了广泛的共识。但是液冷算力中心的建设和管理仍面临着诸多复杂问题的挑战,在这种形势下,李俊山正高级工程师、郭振君先生及其团队撰写的《弹性液冷算力中心建设与管理指南》一书的出版恰逢其时。

  弹性液冷算力中心通过模块化架构和智能化管理一方面满足负荷波动的高效可靠运行需求,另一方面又适应算力中心分期可持续建设的进程。该书从弹性液冷算力中心原理与架构、液冷介质选择、规划与设计、建设、运维管理与能效优化、发展趋势与展望等环节层层剖析,对不同的方案进行辩证性的解析,全方位展示了弹性算力数据中心建设与管理中所需要面对的问题及具体的解决措施与实施方案。该书为算力中心业主单位、设计单位、建设单位、运维单位、设备制造单位、技术研发单位的相关从业人员提供了非常具有实用价值的参考和帮助。

  该书结构严谨、表述清晰、实用性与可操作强,是作者多年来在数据中心规划、设计、建设、运维等多个环节工作经验的系统而全面的总结。相信该书的出版不仅会大大助力液冷技术和弹性设计在算力中心的发展和应用,更会促进算力中心的可靠、高效、低碳化演进,加速整个算力中心行业的绿色、可持续发展。

华中科技大学 邵双全

教授/博士生导师

2025 年 1 月

序　言　5

　　随着算力中心行业在全球的蓬勃发展和社会经济的快速增长,算力中心的发展建设将处于高速时期,再加上各地政府部门给予新兴产业的大力扶持,都为算力中心行业的发展带来了很大的优势。伴随着相关技术的不断发展和企业对于算力中心需求的不断增长,算力中心领域也呈现出一些新的发展趋势,其中绿色节能、智能化管理是其中两个重要的发展方向。

　　随着全球能源危机的加剧和环保要求的提高,绿色节能已经成为算力中心发展的重要方向和考核指标。通过采用高效节能的硬件设备和冷却系统、优化能源管理策略等手段,降低算力中心的能耗和碳排放量。大数据和人工智能技术的不断发展,为算力中心的智能化管理提供了强大的技术支持。通过采用智能监控、故障预测和自动修复等手段,显著提高算力中心的稳定性和可靠性。因此,在算力中心的建设和运维方面对绿色技能和智能化管理提出了更高的要求。

　　《弹性液冷算力中心建设与管理指南》是一本为算力中心的建设和管理提供系统指导的专著。绿色节能、智能化管理是该书的重要的研究内容。全书内容涵盖了液冷算力中心的历史发展、材料选择、规划设计、建设实施、运维管理与能效优化、未来发展趋势等多个方面,结构清晰,文字流畅。该书从液冷算力中心的历史沿革与技术趋势、应用领域与优势、液冷介质的选择等弹性液冷技术的相关知识到算力中心的工程规划设计与实施,为算力中心的建设提供了详细的参考;该书从需求分析、建设规划到组件选型、工程施工过程到运维管理和能效优化,实现了算力中心全生命周期的技术指导。

　　《弹性液冷算力中心建设与管理指南》中一个突出的亮点是作者——李俊山正高级工程师、郭振君先生及其团队来自数据中心建设一线,拥有15年以上数据中心技术研究、产品开发与工程建设经验。作者在该书中引入了从一线优选出的成功案例与实践经验,这些成功案例与实践经验的分享,显著提升了该书的实用性和可推广性。

　　在国内外算力中心的发展建设即将进入高速发展的特殊历史时期,《弹性液冷算力中心建设与管理指南》的推出必将为国内外算力中心的发展建设提供强大的技术支撑,从而为行业实现技术的持续进步提供参考,进而为满足日益增长的市场需求提供相关服务。

齐鲁工业大学　马凤英教授

2025 年 1 月

前　言

在当今这个数字化时代,算力中心犹如一座宏伟的金字塔,矗立在信息的海洋中,承载着人类智慧的结晶。它是现代社会的基石,支撑着无数的创新和发展。

算力中心的重要性毋庸置疑。市场研究机构的数据显示,全球算力中心市场规模正以惊人的速度增长,预计 2029 年全球算力中心市场规模将达到 4 706 亿美元,之后几年的年复合增长率为 19.5%。在各个行业中,算力中心的应用广泛且深入。例如:在金融领域,它为高频交易提供了坚实的支持;在医疗行业,它助力医学影像分析和疾病预测;在科学研究中,它推动着复杂模型的计算和仿真。它是数字世界的心脏,源源不断地为各种前沿技术提供动力。从人工智能的飞速发展到大数据的广泛应用,从云计算的崛起到虚拟现实的涌现,无一不依赖于算力中心的强大支持。

然而,随着算力需求的指数级增长,传统的算力中心面临着巨大的挑战。散热问题成为制约其性能和可靠性的瓶颈。在这关键时刻,弹性液冷技术宛如一道曙光,照亮了算力中心的未来之路。

弹性液冷技术的出现并非偶然,它是科技进步的必然产物。这一创新技术具有诸多优势:它以高效的散热性能,有效地降低了硬件设备的温度,从而提高了系统的稳定性和可靠性;同时,弹性液冷技术还具有灵活的扩展性,能够适应不同规模和需求的算力中心。

本书旨在为读者开启这一领域的神秘之门。在本书中,将详细探讨以下内容:

(1)算力中心的历史演变和发展趋势,让读者了解它是如何从简单的计算设施演变成如今的庞然大物。

(2)弹性液冷技术的工作原理和特点,揭示其为何能够成为算力中心散热的理想选择。

（3）弹性液冷算力中心的建设要点，包括选址、规划、设备选型等方面的考量。

（4）管理弹性液冷算力中心的方法和策略，确保其高效、稳定地运行。

通过阅读本书，读者将获得以下收获：

（1）全面了解算力中心的本质和未来发展方向。

（2）掌握弹性液冷技术的核心要点和应用场景。

（3）学会如何建设和管理高效、可靠的弹性液冷算力中心。

在这个充满机遇和挑战的时代，我们必须紧跟科技的步伐，不断探索和创新。本书将成为读者在弹性液冷算力中心领域的得力助手，帮助读者在这一前沿领域取得更大的成就。

让我们共同踏上这一次的知识之旅，探索弹性液冷算力中心的无限奥秘，为人类的未来贡献我们的智慧和力量！

全书由李俊山负责统稿，撰写分工如下：第 1～3 章由李俊山和郭振君撰写，第 4～6 章由李俊山和邵怡文撰写，第 7～9 章由郭振君、万鹏和任闯撰写。

在撰写本书的过程中：李震、侯和涛、张泉、邵双全和马凤英给予了学术指导，在此表示衷心的感谢；也曾参阅了相关文献资料，在此谨对其作者表示感谢。

由于水平有限，书中难免存在疏漏与不足之处，恳请广大读者批评指正。

著　者

2025 年 1 月

目　　录

第 1 章　弹性液冷算力中心概述

1.1　液冷算力中心的历史与发展趋势

液冷技术,作为高效散热解决方案的代表,在信息技术领域,尤其是算力中心的应用,正逐渐成为应对高密度计算需求的关键策略。本节将深入探讨液冷技术的历史沿革、核心特点、技术演进以及未来的发展趋势,为读者勾勒出一幅液冷技术在算力中心应用的全景图。

1.1.1　历史回溯:从早期应用到现代革新

从业务功能上划分,算力中心在基础设施的基础上,结合不同的应用需求,具有数据处理、灾难备份、网络服务、开发测试、用户支持等功能。从算力中心功能变迁进化的角度,算力中心经历了三种形态的发展,即计算中心、信息中心和服务中心。

1.计算中心,即数据存储和简单计算阶段,出现于 20 世纪 60 年代

最初,算力中心通常被称为计算中心,在称为"机房"的空间中放置一个或多个服务器,其主要功能是数据存储(或称数据存放)和简单计算,存储数据的介质主要有磁鼓、磁带和磁盘。其主要特点是:功能单一,仅仅用于数据或电子文档的集中存放和管理。

这一阶段的"机房"缺乏建设标准;采用稳压器供电,缺乏供电安全措施;采用风道送风,无精密的温湿度控制系统。IT 设备普遍使用 16 位以下微型计算机或计算能力百万次量级的大中型或小型计算机。需要说明的是,在此阶段,某些特殊领域"机房"的设备设施已超越"数据存储和简单计算"阶段,例如核武器研制、航天器研制等领域。

2. 信息中心，即数据处理及业务应用阶段，出现于 20 世纪 80 年代

在该阶段，算力中心大多被称为"信息中心"。其功能有了较大的扩展，数据存储能力大幅度提高；基于网络通信技术和数据开发利用技术的 MIS（管理信息系统）、Call Center（呼叫中心）、MRP Ⅱ（制造资源计划管理系统）、CRM（客户关系管理系统）、ERP（企业资源计划管理系统）等应用系统开始普及，算力中心开始承担核心计算、数据存储备份和业务支撑等任务，以满足机构业务发展的需要。算力中心的可用性有了较大的提高。在该阶段，算力中心的重要性逐渐显现，对某些行业（如金融行业）而言，算力中心已成为必不可少的业务支撑平台。

这一阶段的"机房"有了针对性的标准和规范；供电系统也在不断完善，引入并大量使用 UPS（不间断电源）；开始配备综合监控系统；算力中心制冷从集中冷却逐步发展到大量采用恒温、恒湿的专用空调；采用新风系统和机房正压防尘。计算机的计算能力达到千亿次量级，并逐渐小型化，服务器成为算力中心设备主体；网络设备进入算力中心并大量应用，多台服务器联网使用。

3. 服务中心，即服务性算力中心阶段，出现于 21 世纪初

随着信息化建设的不断深入，机构对信息系统和数据完整性的依赖程度越来越高。机构对算力中心的可用性和服务性的要求更高，IT 服务管理成为一种标准化的工作，并借助 IT 技术实现集中的自动化管理；同时 IT 绩效成为 IT 服务管理工作的一部分，IT 服务质量成为关注重点。在这个阶段，算力中心不仅是成本中心，更是机构信息化的服务中心。在该阶段，算力中心除承担核心计算、数据存储及备份外，开始承担机构的核心业务运营支撑、信息资源服务及业务连续性管理等功能。

4. 液冷算力中心的历史

在计算机发展的早期，散热主要依赖于空气对流。然而，随着计算机性能的不断提升，传统的空气冷却方式逐渐难以满足计算机的散热需求。

液冷技术的历史可以追溯到 20 世纪初，最初应用于早期的电子管无线电设备。然而，直到 20 世纪 90 年代，随着高性能计算机的出现，液冷才开始被重新审视并逐步应用于高端计算领域。IBM（国际商业机器公司）在 1996 年推出的超级计算机 AS/400（400 商用服务器）就采用了液冷技术，这标志着液冷在高性能计算领域商业化应用的开端。

进入 21 世纪，随着大数据、云计算和人工智能等技术的飞速发展，算力中

心的能耗问题日益凸显,液冷技术因其高效的散热能力和节能潜力,逐渐从科研机构走向了商业算力中心。Google、Facebook、阿里巴巴等互联网巨头纷纷在其算力中心部署液冷系统,推动了液冷技术的快速发展。

1.1.2 现有算力中心存在的问题

算力中心作为机构信息系统的运行中心、测试中心和灾难备份中心,承担着机构的核心业务运营、信息资源服务、关键业务计算、数据存储和备份,以及确保业务连续性等重要任务。机构对算力中心的依赖性日渐增强,但现实情况并不尽如人意,现有的算力中心普遍存在以下问题。

1. 算力中心的可靠性和可用性不足

数据大集中在节约整体成本、提高 IT 效率的同时,也对算力中心的可靠性和可用性提出了更高的需求。如果核心算力中心发生瘫痪,将造成机构的业务停顿,企业对算力中心基础设施和运行维护的要求更高。近年来,银行、保险、证券、民航等行业相继出现了一些算力中心故障,造成了很大的社会影响和经济损失,很多算力中心的可靠性和可用性令人担忧。

即使是灾难备份建设做得较好的电信、银行等行业,目前也只有少数企业初步实现了应用层面的灾难备份策略,有极少数企业真正实施过业务连续性计划的演练。从整体来看,绝大多数企业在重大灾难面前对于快速实现灾难恢复和业务连续性计划缺乏具体的措施和对策。

2. 算力中心的散热效率不足

传统算力中心在面对日益增长的计算需求时,其依赖的风冷散热系统逐渐显露效能瓶颈。随着高性能计算服务器和图形处理器算力服务器等功率密度的激增,风冷方式难以迅速排出大量累积热量,导致算力中心内部温度上升,不仅影响计算设备的稳定运行和寿命,还迫使制冷系统过度工作,消耗大量电能。这种散热效率的不足不仅增加了运营成本,限制了算力的进一步集中部署,还与当前追求能效比和可持续发展目标背道而驰,迫切需要更为先进和高效的散热解决方案。

3. 算力中心的可持续发展能力严重不足

随着 IT 技术的高速发展,新一代高密度服务器和存储设备不断涌现。伴随着业务扩展和信息化程度的提高,如今的算力中心已不再只是支持某些单一的应用或是日常的数据存储和计算功能,而是要为整个业务运营系统的正常运行提供支撑和服务。机构 IT 技术和业务发展对算力中心基础设施的等级标准和服务能力提出了更高的要求。Gartner 公司预计,在未来 5 年里,全球最大的 1 000 家企业中,70％以上不得不对算力中心进行重大改造。

目前,大多数机构算力中心无法做到资源的灵活分配,也不能完全实现资源共享、提高设备利用率等。据统计,50％以上算力中心超过 20％的服务器处于闲置状态或利用率极低。造成这种状况的根本原因是,传统的算力中心通常构建在各种独立的信息技术之上,各个系统之间无法相互通信。资源无法共享,致使服务器和存储系统的性能无法得到充分的利用。

4.算力中心的专业化运维管理水平不高

目前的算力中心与以往的算力中心相比,规模更为庞大,结构也更加复杂。传统的算力中心运维管理水平普遍较低、专业化程度不高,显然已无法适应机构对算力中心合规性、可用性、经济性和服务性的要求,严重影响算力中心的生命周期。调查结果显示,绝大部分企业的算力中心管理都遭遇到了相当大的问题。引入 IT 服务管理国际标准[如信息技术基础架构库（ITTL）等],并初步实施的机构只占极小的比例。多数机构的算力中心管理表现一般,整体架构存在缺陷,效率低下。因此,改进和提高现有的管理手段以达到专业化运维管理水平,借助国际上成熟的理论和标准进一步加强风险控制成为当务之急。

5.算力中心的能耗成本居高不下

目前,算力中心的能耗成本居高不下,并呈现急速上升之势。造成这种局面的因素有很多,例如服务器的利用率不高、算力中心的供电系统设计不合理等。国内不少算力中心的电力成本每年超过了千万元。2007 年,我国 IT 产品的总耗电为 300 亿～500 亿 kW·h,几乎相当于三峡电站一年的发电总量。"绿色节能"已成为算力中心的主要诉求。

6.算力中心的绩效评估困难

到目前为止,算力中心建设作为提升机构核心竞争力的手段已被更多的企业决策者认同,但是绩效评估现状多少有些令人沮丧。少则千万元、多则上亿元的资金投入并没有在财务绩效方面有显著的改善和提升,有些企业反而陷入了无休止的系统维护升级和被迫不断投入资金的窘境之中。

算力中心全生命周期战略绩效的评估是让企业决策者能够全面、准确地认识企业 IT 绩效的关键所在。企业的 IT 建设最终是通过对企业业务的促进来实现其绩效评估的,因此,算力中心的绩效评估不仅重视财务数据的评估,还应当从过程、创新、用户满意度以及短期和长期效益等多个层面进行全面评估,并且从算力中心可持续发展的角度来分析 IT 建设对机构运营的战略影响。

1.1.3 新一代算力中心的发展趋势

新一代算力中心与传统算力中心有着几方面差异:首先,现有的算力中心基本上是基于比较低的标准进行建设的;其次,原来机构往往把算力中心建设工作看成一个装修工程,新一代算力中心则是把算力中心建设看成一个系统工程,而且主要是关于机电设施建设的系统工程,它不仅要有一个足够强壮的供电系统、制冷系统以及动态分配系统,还能满足 IT 高可用性、高连续性、高灵活性要求。

目前,国内外对新一代算力中心均没有统一和权威的定义,各厂商从自身的发展策略和产品线出发,提出了各自的看法。国际上普遍认为新一代算力中心必须具备如下几个基本特征:虚拟化、整合、绿色节能、安全、自动化、性能优化等。也就是说,只有符合这些特点的算力中心,才能够称为新一代算力中心。笔者认为,新一代算力中心应当具备如下特点。

1. 高弹性

弹性是新一代算力中心的重要指标之一,同时也是机构业务变更过程中的必然需求。机构在扩展、增加业务时,必然要对 IT 资源做出动态调整。业务增加时资源不能及时提供,或者业务减少时资源不能及时收回,都会给机构运营带来不良影响。

虚拟化技术是实现业务灵活性的重要手段,使用较少的硬件和电力能耗,而能实现更大处理能力。大量的机构为了资源整合采用了虚拟化产品,这些产品能够使虚拟化应用扩展到服务器以外的领域,包括存储和网络设备。

2. 液冷技术

液冷技术作为下一代算力中心的核心支撑,通过革命性的散热机制,极大提升了散热效率与能源利用效率,不仅解决了高密度计算带来的散热难题,还有效降低了算力中心的能耗与运营成本。它使算力中心能够在更紧凑的空间内实现更高算力部署,同时增强环境适应性与可持续性,是驱动算力中心向绿色、高效、智能化转型的关键力量,引领着未来算力中心技术的发展趋势。

3.绿色节能

能耗是算力中心主要的运维成本,建设绿色算力中心,可以达到节省运维成本、提高算力中心容量、提高电源系统的可靠性及可扩展的灵活性等效果。理想状态下,通过液冷技术、虚拟化、刀片服务器等多种降耗方式,在满足同等IT设备供电情况下,绿色算力中心可以降低空调能耗20%~45%。因此,绿色算力中心是新一代算力中心发展的重要方向之一。至于如何实现算力中心的绿色环保,从液冷系统、芯片、服务器、存储到网络设备厂商,甚至是软件厂商,都在通过更优化的设计,力图在提升产品性能的同时,推出更为节能的产品,以帮助算力中心实现节能降耗。服务商可以从算力中心生命周期的角度,从建设到运维,全面实施绿色节能策略。

4.模块化

新一代算力中心应当具备模块化的特征,这些模块是基于标准的,能够被灵活地采购和获取,具有极高的安全特性,尤其重要的是应该采用面向服务的架构,从而使机构可以更加弹性、动态地部署新业务和应用。

算力中心采用模块化方式构建将更灵活,更适应未来算力中心发展的需要。我们完全没有必要再将算力中心看成一个单一整体,而可以将算力中心按应用、服务类型和资源耗费率分成多个功能区域。各个功能区域在不影响其他区域运行的情况下,可以动态升级和维护。比如,按照密度可以分为高密度区和普通密度区。在高密度区,地板承重、冷却系统及电源供给配置都更高,可以满足更高要求的算力中心服务需求。当然,还有很多其他分类方式,比如,按照应用类型,可以将算力中心分为运行中心、测试中心、灾难备份中心等独立区域。

5.整合

整合是新一代算力中心领域需关注的重要管理手段。机构可以通过重新设置服务器、提高服务器利用效率或者采用新型刀片服务器等多种方式提升算力中心的利用效率。机构也可以通过采用液冷系统、虚拟化技术及关闭高能耗、低效率算力中心等手段整合算力中心资源。

6.自动化

新一代算力中心应当具备快速服务交付能力,实现可视性、可控性的自动化管理;同时,能够提供更高的效率、更经济的成本和更快的响应速度,使机构能够轻松应对服务变化和发展的需要。在新一代算力中心中,需要自动化管理工具对大量和复杂的 IT 管理任务进行智能化和自动化的部署。新一代自动化管理技术将涵盖桌面设备、服务器、网络、存储与备份等平台设备,减少人工干预,从而有效避免人为错误导致的断电和其他问题的发生。

7. 稳定和安全

早期的算力中心基础设施无法从中断事故中快速恢复,同时,网络攻击和网络病毒给算力中心的安全制造了诸多的麻烦。系统稳定和安全必将成为新一代算力中心的基本属性。虚拟化技术在系统的可靠性方面扮演着越来越重要的角色,它能够整合各种异构的资源。当某个系统出现故障时,可以实现动态迁移,从而保障应用的不中断运行。

8. 虚拟化和云计算

新一代算力中心应该具备虚拟化的特征,虚拟化将打破 IT 用户和 IT 资源之间的束缚,让复杂的系统简化。虚拟化是影响新一代算力中心发展的重要技术之一。虚拟化的优势在于有效地提高了算力中心的利用效率,降低了投资成本,整合、优化了现有服务器的资源和性能,可以灵活、动态地满足业务发展的需要。虚拟化让算力中心所承载的基础设施资源可以像水、像电一样随意取用。与虚拟化紧密相连的商业模式是云计算,云计算的核心就是虚拟化资源共享。

1.1.4　液冷算力中心的发展背景

1. 液冷算力中心的政策驱动力

液冷算力中心的政策驱动力主要源自政府与行业监管机构对信息技术领域可持续发展、能效提升、环境保护以及技术创新的重视。以下几点是推动液冷算力中心发展的关键政策驱动力。

1)节能减排政策

随着全球对气候变化的关注,各国政府纷纷出台严格的节能减排政策,旨在降低算力中心的碳足迹。液冷技术由于其高效的散热能力,能显著降低电源使用效率(Power Usage Effectiveness,PUE),符合节能减排的国际承诺,所以获得政策鼓励和支持。

2)绿色算力中心标准

国际和国内多项绿色算力中心标准和认证体系(如 ISO 50001、中国绿色数据中心评价标准等)的建立和完善,对算力中心的能源效率、水资源利用、材料选择等方面提出高标准要求,促使算力中心采用液冷等高效冷却方案。

3)数字经济与新基建政策

在全球数字化转型的大背景下,中国提出 2030 年实现碳达峰,2060 年实现碳中和,国家层面推动的新基建战略强调了算力中心作为基础设施的关键地位,而液冷技术作为提升算力密度、支持大规模算力中心建设和升级的关键技术,获得了政策层面的重视与资金支持。图 1-1 所示为风冷数据中心用电分布及碳中和目标。

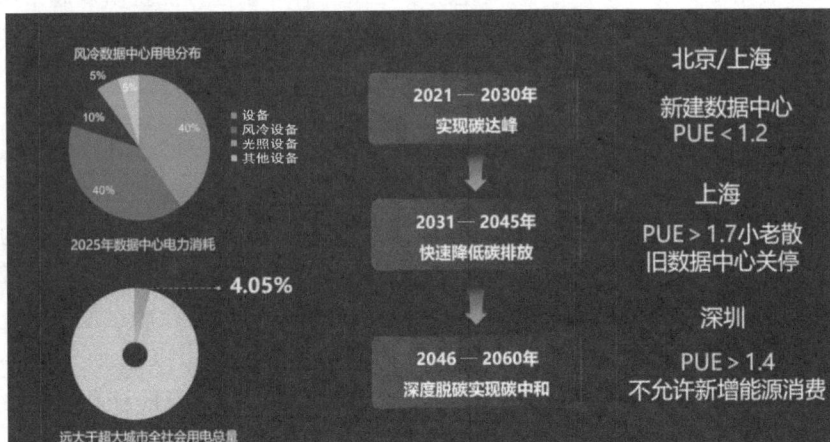

图 1-1　风冷数据中心用电分布及碳中和目标

4)科技创新与产业升级

政府鼓励高新技术研发和产业创新,液冷技术作为算力中心领域的一项重大技术革新,能够促进相关产业链的技术升级与产品创新,吸引政策扶持和科研资金投入。

5)环境与资源政策

考虑到水资源和电力资源的紧张,并且算力中心的电力消耗远大于超大城市全社会用电总量,政策引导算力中心采用更加节水和高效的冷却技术,液冷系统因能显著减少水资源消耗和提升能效比而受到推崇。数据中心政策文件如图 1-2 所示,这进一步说明了数据中心节能绿色的发展方向。

6)数据安全与隐私保护

虽然这不是直接针对液冷技术的政策,但算力中心的安全性和可靠性是政策关注的重点。液冷系统因其在降低设备过热风险方面的优势,间接符合数据保护的政策要求。

	时间	发布部门	政策
数据中心被作为数字经济发展的新型基础设施	2015.01	国务院	《关于促进云计算创新发展培育信息产业新业态的意见》
	2015.05	国务院	《中国制造2025》
	2015.08	国务院	《促进大数据发展行动纲要》
	2016.07	中共中央、国务院	《国家信息化发展战略纲要》
	2016.12	国务院	《"十三五"国家信息化规划》
	2017.04	工信部	《云计算发展三年行动计划（2017—2019年）》
	2020.03	中央政治局常务委员会会议	加快5G网络、数据中心等新型基础设施建设进度
	2020.06	发改委	《关于2020年国民经济和社会发展计划草案的报告》
引导数据中心向规模化布局合理化集中化绿色化发展	2013.01	工信部、发改委、国土部、电监会、能源局	《关于数据中心建设布局的指导意见》
	2013.02	工信部	《工业和信息化部关于进一步加强通信业节能减排工作的指导意见》
	2015.03	工信部、能源局	《关于国家绿色数据中心试点工作方案》
	2016.06	国管局	《国家绿色数据中心试点工作方案》
	2016.07	工信部	《工业绿色发展规划（2016—2020年）》
	2017.01	国务院	《"十三五"节能减排综合工作方案》
	2017.04	工信部	《关于加强"十三五"信息通信业节能减排工作的指导意见》
	2017.05	住建部	《数据中心设计规范》
	2017.08	工信部	《关于组织申报2017年度国家新型工业化产业示范基地的通知》
	2019.02	工信部、能源局	《关于加强绿色数据中心建设的指导意见》
	2020.05	工信部	《2020年工业通信业标准化工作要点》

图 1-2　数据中心政策文件

7)区域发展与地方政策

一些地方政府为了吸引算力中心投资,促进当地经济发展,可能会推出优惠政策,如税收减免、土地使用优惠等,对采用先进冷却技术的算力中心给予特别支持,其中就包括液冷算力中心。地方政府与地方政策如图1-3所示。

省市	时间	政策	省市	时间	政策
北京	2016.12	《北京"十三五"时期信息化发展规划》	杭州	2020.03	《关于杭州市数据中心优化布局建设的意见》
北京	2018.09	《北京市新增产业的禁止和限制目录（2018年版）》	天津	2018.01	《天津市加快推进智能科技产业发展总体行动计划》
北京	2020.06	《北京市加快新型基础设施建设行动方案（2020—2022）》	河北	2017.07	《河北省信息服务业"十三五"发展规划》
上海	2016.09	《上海市大数据发展实施意见》	贵州	2017.03	《贵州省关于进一步科学规划布局数据中心大力发展大数据应用的通知》
上海	2017.03	《上海市节能和应对气候变化"十三五"规划》	贵州	2018.06	《贵州省数据中心绿色化专项行动方案》
上海	2018.10	《上海市推进新一代信息基础设施建设助力提升城市能级和核心竞争力三年行动计划（2018-2020年）》	内蒙古	2017.12	《内蒙古自治区大数据发展总体规划（2017—2020）》
上海	2019.01	《关于加强上海互联网数据中心统筹建设的指导意见》	重庆	2016.08	《重庆市大数据发展工作方案（2016—2018年）》
上海	2020.05	《上海市加快新型基础设施建设行动方案（2020—2022）》	江苏	2016.08	《江苏省"十三五"信息基础设施建设发展规划》
广东	2016.04	《广东省促进大数据发展行动计划（2016—2020年）》	江西	2016.07	《江西省人民政府关于印发促进大数据发展实施方案的通知》
广东	2020.06	《广东省5G基站和数据中心总体布局规划（2021—2015年）》	广西	2016.11	《促进大数据发展的行动方案》
深圳	2019.04	《关于数据中心节能审查有关事项的通知》	河南	2018.10	《河南省促进大数据产业发展若干政策的通知》
浙江	2017.03	《浙江省数据中心"十三五"发展规划》	山东	2019.10	《山东省数据中心用电补助资金使用管理实施细则》
浙江	2017.09	《浙江省公共机构绿色数据中心建设指导意见》			
浙江	2018.08	《关于开展"绿色数据中心"服务认证工作的实施意见》			

图 1-3　地方政府与地方政策

综上所述,液冷算力中心的快速发展受到了多方面政策的强力推动,这些政策既反映了对环保、能效的普遍关注,也体现了对新技术发展的鼓励和支持,共同塑造了液冷技术在算力中心领域应用的广阔前景。

2.液冷算力中心的市场驱动力

液冷算力中心的市场驱动力可以从多个维度进行详细解析,下面具体描述。

1)液冷服务器市场需求增长快速

2019 年,中国 IDC(互联网数据中心)业务的总体营收已达 1 132.4 亿元。未来,受益于 5G 技术的日益成熟与普及、互联网行业的持续高速发展等,国内 IDC 行业仍将保持 30% 以上的年复合增长率。图 1-4 所示为 2012—2020 年中国数据中心市场规模及增长率。

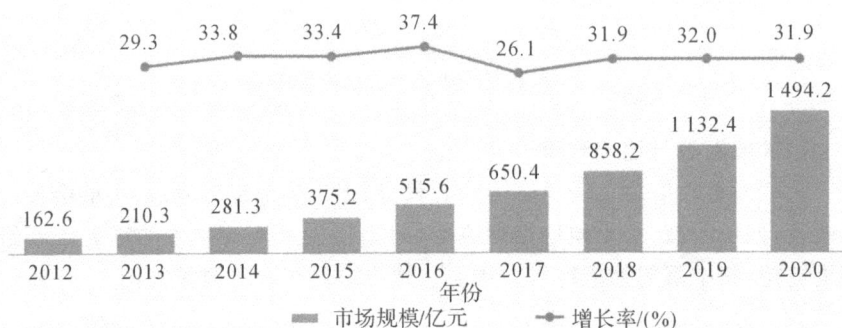

图 1-4　2012—2020 年中国数据中心市场规模及增长率

2023 年 6 月 5 日,IDC 发布的《中国半年度液冷服务器市场(2022 下半年)跟踪》报告显示:2022 年中国液冷服务器市场规模达到 10.1 亿美元(71.8 亿元人民币),同比增长 189.9%。从厂商销售额角度看,浪潮、超聚变、宁畅位居前三,占据了 70% 左右的市场份额。图 1-5 所示为 2023—2027 年中国液冷服务器市场预测。

根据 IDC 数据,2025 年国内 x86 服务器市场规模 2 545 亿元。国家政策导向,新建算力中心对电源使用效率(PUE)的要求越来越严格,东部地区低于 1.2,这将加速扩大液冷市场规模,预计 2025 年液冷服务器市场占比达 20%,为 509 亿元。按行业划分:互联网行业客户超前规划,液冷占比逐年大幅度增加,预计液冷服务器市场占比 30%;其他行业(金融、通信、能源等)客户未来将批量应用,预计液冷服务器市场占比达 10％～20％。按液冷产品划分,冷板服务器占比约 72％,为 366 亿元;浸没液冷服务器占比约 28％,为 143 亿元。

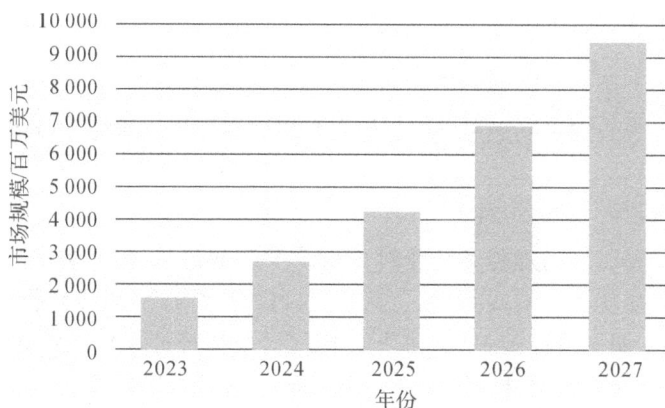

图 1-5　中国液冷服务器市场预测

来源:IDC 中国,2023。

2)高性能计算需求激增

随着人工智能算法的复杂度增加和大数据分析需求的膨胀,高性能计算(HPC)和机器学习工作负载对算力的需求急剧上升。这些应用要求更高的计算密度和更快的数据处理速度,导致服务器散发的热量显著增加,传统风冷系统难以有效应对,因此液冷成为维持高性能持续运行的关键技术。

3)成本效益

冷却液配方、循环系统设计、智能监控与管理软件等方面的持续创新,提高了液冷系统的效率和可靠性,同时降低了维护成本。

尽管初期投资较高,但液冷系统可节省空间、降低能耗、延长硬件寿命等,长期来看能显著降低总拥有成本(TCO),吸引了企业和投资者关注。

4)高密度部署

随着算力中心趋向于更紧凑的空间布局,单机柜功率密度大幅度提升,液冷直接接触服务器组件,能更高效地带走热量,支持更高密度的算力配置。

5)竞争优势

企业为在激烈的市场竞争中脱颖而出,纷纷探索和采用液冷技术作为提升服务质量和市场竞争力的差异化手段。

综上所述,液冷算力中心市场的驱动力是多元且相互关联的,它既反映了技术进步的必然趋势,也体现了经济、环境和社会需求的综合影响。随着技术的不断成熟和成本效益的进一步凸显,液冷技术有望在未来算力中心领域发挥更加核心的作用。

3.液冷算力中心的技术驱动力

液冷算力中心技术驱动力源自多方面的因素和技术进步,这些动力共同推动着算力中心向更高效率、更强大算力和更环保方向发展。下面是详细的描述。

1)能效提升与降低 PUE

随着环保法规的加强和企业对可持续发展的追求,降低算力中心的能源消耗成为首要任务。液冷技术,尤其是直接接触式液冷,能够显著提升热交换效率,降低空调制冷的能耗,从而降低 PUE。与传统的风冷系统相比,液冷系统通常能将 PUE 降至 1.1~1.3,甚至更低。这对于满足严格的能效标准和降低运营成本至关重要。

2)高密度算力需求

随着云计算、人工智能、大数据分析等技术的飞速发展,算力中心的算力需求呈指数级增长,CPU/GPU 功耗日益增加,未来 3~5 年,处理器功耗突破 500/700 W,导致单机柜功率密度激增。

传统风冷散热方式,受结构、空间等因素限制,在处理高密度算力时效率低下,达到散热极限,易造成局部过热,而液冷技术能有效解决这一问题。通过直接接触发热元件或利用高效热交换器,液冷系统能够处理数百千瓦乃至兆瓦级别的热负荷,支持更高的计算密度。

3)环境适应性和地域扩展

液冷技术对环境温度的依赖性较低,能够在更广泛的地理和气候条件下稳定运行。这使得算力中心可以在能源成本较低或寒冷地区部署,而不受高温环境的限制,同时在人口密集的城市中心也能有效控制噪声和热岛效应,提高社会接受度。

4)材料科学与流体工程的进步

新材料的应用,如低沸点液体、无毒环保的冷却液,以及微通道技术的发展,极大地提高了液冷系统的效率和可靠性。这些创新不仅降低了液冷系统的成本,还提高了冷却液的热传导性能,使得液冷技术更加安全、环保和经济可行。

5)智能监控与管理系统的集成

现代液冷系统通常集成有先进的传感器、数据分析和自动化控制技术,能够实时监测和调节冷却液的温度、流量和压力,实现精准的热管理。智能管理系统还能预测和应对潜在的故障,优化资源分配,进一步提高算力中心的整体效率和稳定性。

6)可持续性与循环经济

随着循环经济理念的普及,液冷系统在设计上越来越多地考虑循环利用和环保材料的使用。冷却液的回收再利用、系统设计的模块化和可升级性,以及对环境友好的材料选择,都是液冷技术顺应可持续发展趋势的表现。

7)成本效益与投资回报

尽管初期投资相对较高,但液冷系统的长期运营成本低于传统风冷系统,尤其是在高功率密度应用中。通过降低能源消耗、减少维护费用和延长硬件寿命,液冷算力中心能够更快实现投资回报,吸引投资者和算力中心运营商的兴趣。

综上所述,液冷算力中心的技术驱动力是由多方面因素综合形成的,既有来自环保、能效的外部压力,也有源自技术创新和市场需求的内在动力。这些力量共同推动液冷技术成为未来算力中心基础设施的关键发展方向。

1.1.5　液冷技术的定义与基本原理

液冷技术(Indirect Liguid Cooling)是一种利用液体作为冷却媒介,通过液体的流动带走电子设备产生的热量的散热方式。与传统的风冷却相比,液冷能够更有效地传递热量,这是因为液体的比热容通常远高于空气,意味着同等体积的液体能吸收更多的热量。液冷系统主要分为两大类:直接液冷(Direct Liquid Cooling,DLC)和间接液冷(ILC)。直接液冷是将冷却液直接接触发热元件,如 CPU、GPU 等,而间接液冷则通过热交换器间接进行热量传递。

液冷算力中心和风冷算力中心的区别主要是液冷采用冷量分配单元(CDU)和液冷液处理热交换,风冷算力中心采用精密空调和空气气流处理热交换。图 1-6 所示为液冷数据中心与风冷数据中心的区别。

1.1.6　液冷技术的核心特点与优势

液冷技术的定义是通过使用液体(通常是水或特殊冷却液)来带走计算机组件产生的热量。与传统的空气冷却相比,液冷技术具有以下几个显著特点。

1.高效散热

液冷能够直接接触或通过热交换快速移除热源的热量,显著提高散热效率,降低 PUE。

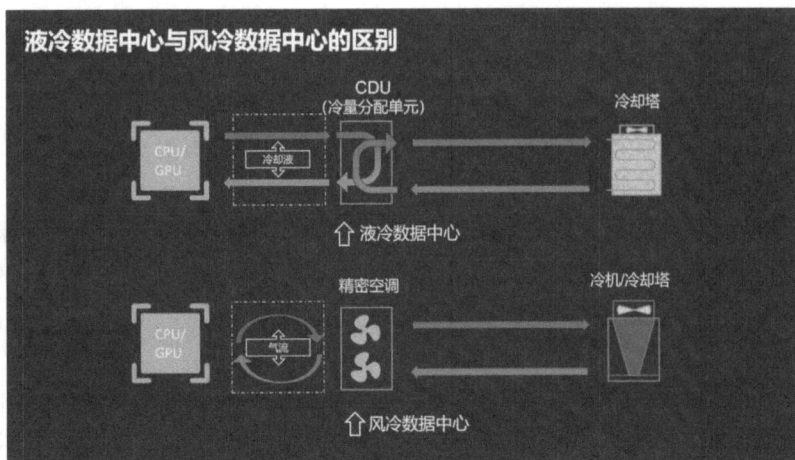

图 1-6　液冷数据中心与风冷数据中心的区别

2.温度控制精确

液冷可实现更精确的温度控制,确保计算机组件在适宜的温度范围内运行。

3.节能减排

液冷高效散热直接降低了空调和风扇的使用,降低了能源消耗和碳排放,符合绿色算力中心的发展趋势。

4.空间优化

液冷系统不需要庞大的散热风扇和散热片,有利于设备的小型化和集成化,而占用空间小则有助于提升算力中心的空间利用率,支持更高密度的计算部署。

5.稳定性与可靠性

液冷能够更好地维持硬件温度的稳定,延长服务器寿命,提升系统整体的稳定性和可靠性。温度、湿度、振动是影响电子产品可靠性的三大主要环境应力因素。

(1)温度:液体比空气比热大,传热快,液冷环境控温均匀。

(2)湿度:服务器在密闭液体环境内运行,不受机房环境湿度影响。

(3)振动:浸没液冷服务器去除了风扇,服务器不产生振动和噪声。

(4)洁净度:服务器运行液体环境洁净度可控且等级高。

根据《浸没液冷服务器可靠性白皮书》及A客户的测试数据,其整体液冷服务器比风冷服务器部件故障率下降约53%。

1.1.7 液冷技术的发展趋势与未来展望

在能耗占比中,温控系统是除IT系统外最大的一部分,直接关系到PUE的高低,以及整体运营成本。在选址时,不少算力中心选择温度更低区域,如北极圈(Facebook)、张北(阿里巴巴、腾讯)、海底(微软)、湖边(阿里巴巴千岛湖数据中心)、山洞中(贵安),但这些选址本身即受到严格限制,除张北、贵安外,其他地方的总体拥有成本(TCO)也并不更低,一般IDC运营商难以借鉴。

从常规节能技术来看,空调机组逐渐由风冷型和水冷型向冷冻水型、双冷源型转化,从气流组织看,冷热通道分离已广为普及,并从机房级细化到机柜级。从长期看,最具有革命性的节能技术为液冷技术,其中浸没式液冷技术可以将PUE降到1.2以下,联合其他技术,PUE可以趋近于1。目前国内已有浪潮、中科曙光、绿色云图(网宿子公司)、联想和华为等涉足液冷领域。目前,由于适应场景、冷却液价格和改造成本等原因,液冷技术并未大面积普及。未来随着GPU运算占比的增加和服务器密度的不断增加,液冷将是代替风冷的必然选择。表1-1所示为数据中心液冷与风冷比较。

表1-1 数据中心液冷与风冷比较

优势	指标	风冷	冷板式液冷	浸没式液冷
节能	PUE(数据中心总能耗单节点均摊,假设风冷的参数为1)	1	0.67	0.58
成本低	数据中心总成本单节点均摊(量产后,假设风冷的参数为1)	1	0.96	0.74
节地	功率密度/(kW·机柜⁻¹)	10	40	200
CPU可靠	核温/℃	85	65	65
机房环境	温度、湿度、洁净度、腐蚀性气体(硫化物、盐雾)	要求高	要求高	要求低

随着技术的不断进步和市场需求的驱动,液冷技术正朝着更加智能、灵活和可持续的方向发展,呈现出以下趋势。

1)弹性液冷系统

液冷技术通过智能化管理,实现按需冷却,既能适应算力需求的波动,又能进一步提高能效比。

2)技术不断创新

例如,出现了单相液冷、两相液冷等新技术。

3)与新兴技术融合

液冷技术与 AI、物联网技术结合,实现液冷系统的智能化监控与自动调节,提升运维效率。

4)跨行业应用

液冷技术从最初的高性能计算领域逐渐扩展到算力中心、服务器等领域。同时液冷技术在电动汽车电池冷却、高性能计算、5G 基站等领域展现出广泛应用前景。

5)技术不断创新

例如,出现了单相液冷、两相液冷等新技术。

在未来,液冷技术有望在以下方面取得进一步发展。

1)环保介质的探索

研究和应用更为环保、低毒性的冷却液,比如自然冷却液、离子液体等,减少对环境的影响。

2)更高效的冷却液

开发具有更高比热容和更好导热性能的冷却液。

3)分布式液冷

分布式液冷适用于大规模算力中心和云计算场景。

4)模块化与标准化

推动液冷系统的模块化设计和标准化生产,简化部署和维护,降低成本。

总之,液冷技术支持高功耗芯片、满足 PUE 限制、实现高密度演进和顺应碳中和背景,不仅是应对当前算力中心能耗挑战的有效手段,更是未来高密度计算和可持续发展目标下的关键技术趋势。随着技术的不断成熟和应用场景的拓宽,液冷算力中心将成为支撑数字经济发展的重要基础设施之一。液冷是未来数据中心建设的必然选择,如图 1-7 所示。

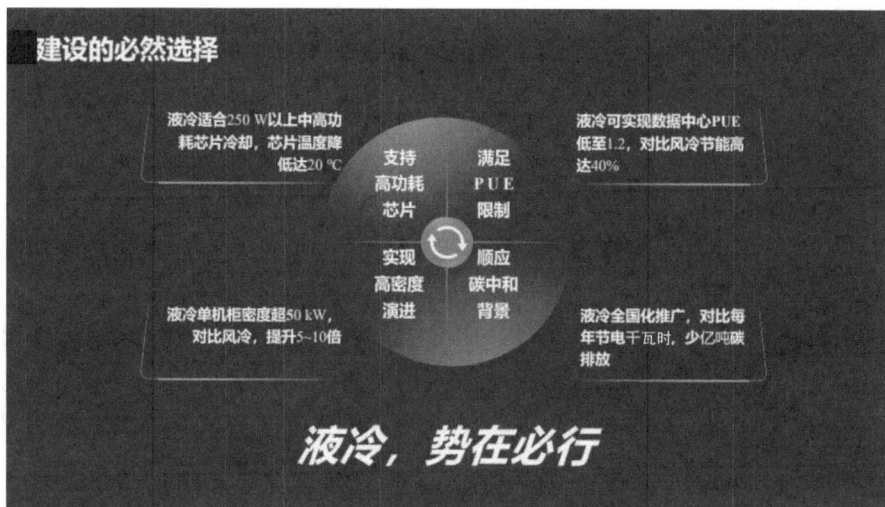

图 1-7　液冷是未来数据中心建设的必然选择

1.2　应用领域与优势

弹性液冷算力中心在众多领域中得到广泛应用,其优势也日益凸显。

1.2.1　应用领域

1.高性能计算(HPC)

弹性液冷算力中心在高性能计算领域发挥着核心作用。随着科学研究、气象模拟、基因测序等对计算能力需求的急剧增长,传统风冷系统难以满足高密度、高功率硬件的散热需求。液冷技术通过直接接触或间接循环冷却方式,有效降低了 CPU、GPU 等关键组件的温度,保障了计算系统的稳定运行,使得大规模并行计算成为可能。

2.数据密集型行业

金融、互联网、人工智能等行业对数据处理速度有着极高的要求。弹性液冷算力中心以其出色的散热能力和能源效率,成为这些行业算力中心的首选。它能够支持大数据分析、机器学习模型训练等应用的快速迭代,加速产品创新和服务优化,为企业提供强大的竞争力。

3．云计算与边缘计算

随着云服务和边缘计算的普及，分布式计算节点的部署更加广泛且密集。弹性液冷技术不仅适用于大型算力中心，也适合于小型、模块化的边缘计算设施，能够在有限的空间内实现更高的算力密度，同时降低能源消耗和环境噪声，适应更广泛的部署场景。

1.2.2　优势分析

随着信息技术的快速发展，算力中心的能耗问题日益严重，传统的风冷技术已经难以满足日益增长的冷却需求。液冷技术以其高效、节能、环保等优势逐渐成为算力中心冷却的新选择。下面是液冷技术相较于风冷技术的主要优势。

1．能源效率提升

液冷相比传统的空气冷却，能够更有效地带走热量，降低空调系统的能耗，提升算力。据统计，采用液冷技术的算力中心可节能 20％～40％，对于降低运营成本、减少碳足迹具有显著意义。

2．算力密度增强

由于液冷直接接触热源，能够承受更高的热流密度，从而使得单机柜内的服务器配置更为密集，提升了单位空间内的算力输出。这对于空间受限或追求极致计算能力的场景尤为关键。液冷机柜功率密度为风冷的 4 倍，如图 1-8 所示。

3．增加装机量

传统风冷系统受限于散热效率，导致高功率服务器的部署面临散热瓶颈。液冷技术，尤其是直接接触式液冷和浸没式液冷，能更高效地从发热源带走热量，使得单个机柜可以承载更高功率的服务器，从而在同一空间内安装更多的计算单元，增加总的算力输出。

4．稳定性和可靠性

液冷系统能更精确地控制温度，避免因温度波动导致的硬件故障，延长服务器寿命。同时，较低的运行温度还有助于提高电子元件的稳定性，减少因过热引起的系统崩溃，提升整体服务的可用性。

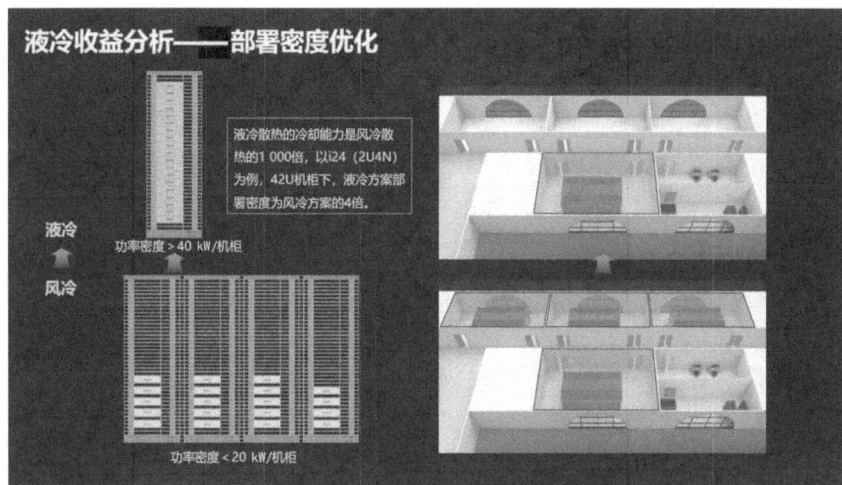

图 1-8　液冷机柜功率密度

5.静音环保

　　相比于风扇噪声较大的风冷系统,液冷算力中心运行时更加安静,尤其适合部署在城市中心或对噪声敏感的环境中。此外,降低能耗和减少制冷剂的使用,也体现了对环境保护的贡献。如图 1-9 所示,液冷能够显著降低整机功耗、噪声、CPU 运行温度。

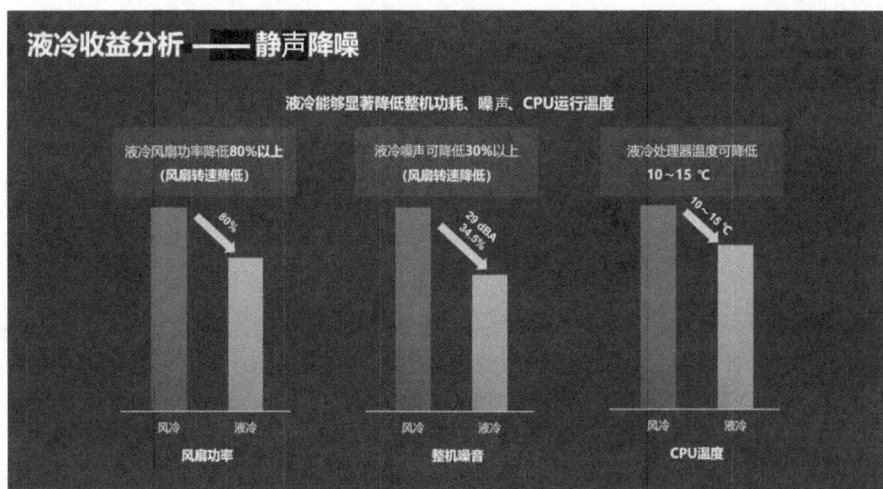

图 1-9　液冷显著降低整机功耗、噪声、CPU 运行温度

6.未来适应性

随着半导体技术的进步,芯片的功耗和发热量将持续上升。弹性液冷算力中心以其卓越的散热能力,为未来更高性能的计算平台提供了坚实的基础,确保算力中心能够灵活应对技术发展的挑战,保持长期竞争力。

然而,弹性液冷算力中心也面临一些挑战。

1)初始投资高

弹性液冷算力中心建设和维护成本相对较高。

2)技术复杂度高

弹性液冷算力中心需要专业的技术人员进行维护和管理。

3)冷却液的选择和管理

弹性液冷算力中心需要选择合适的冷却液,并进行有效的管理,以确保系统的稳定性和可靠性。

为了应对这些挑战,可以采取以下措施:

(1)优化设计和规划,降低建设成本。

(2)培养专业的技术人才,提高维护和管理水平。

(3)加强对冷却液的研究和管理,确保其性能和安全性。

综上所述,弹性液冷算力中心以其在多个领域的广泛应用和显著优势,正引领着算力中心技术的革新潮流。无论是从能效、算力密度、稳定性还是环保角度看,液冷技术都展现出了巨大的潜力,是推动数字经济高质量发展的重要支撑。随着技术的不断成熟和成本的进一步优化,可以预见,弹性液冷算力中心将在未来的数字世界中扮演越来越重要的角色。

1.3 弹性的概念与实现方式

1.3.1 弹性的定义与重要性

弹性的概念在多个领域均有涉及,但在信息技术与算力中心的语境下,它特指系统、服务或架构在面对内部或外部变化时,能够迅速适应并保持正常功能的能力。这种适应性不仅体现在对突发故障的快速恢复,还包括对持续变化的市场需求、业务量波动、技术更新等的灵活响应。弹性的核心在于预防、容忍、恢复和学习,确保在不确定性和挑战面前,系统仍能维持稳定的服务质量和用户体验。

1.弹性的模块

弹性算力中心可以满足不同规模的场景,包括一体柜微模块、单排柜微模块、双排冷/热通道微模块、单箱预制化产品、拼箱预制化产品组合和建筑级预制化产品组合等。

1)一体柜微模块

一体柜微模块,又称为一体化微模块或集成微模块,是一种高度集成的算力中心解决方案,它将传统微模块算力中心的各个关键组件(如 IT 机架、供配电系统、精密空调、环境监控系统、消防系统等)全部集成在一个封闭的机柜或者系列机柜之中。这种设计旨在进一步简化部署、优化空间利用、提高能效,并且便于管理和维护。图 1-10 展示了常规的一体柜微模块外观。

图 1-10　一体柜微模块

2)单排柜微模块

单排柜微模块是算力中心微模块化设计的一种具体实现形式,特别适合空间有限或有特定布局要求的场景。与传统或双排柜微模块相比,它的主要特点是所有的 IT 设备机柜、冷却设备、供配电系统以及其他辅助设施都被紧凑地安排在同一排或单边,形成一个独立的运行环境。图 1-11 展示了单排柜微模块的外观。

3)双排冷/热通道微模块

微模块算力中心将传统的算力中心基础设施,如供配电系统、制冷系统、监控系统、消防系统以及 IT 设备等,按照统一的标准设计为模块化的单元。每个微模块都是一个独立、完整且高度集成的算力中心环境,可以根据实际需

求快速部署、扩展和重新配置。图 1-12 展示了双排冷/热通道微模块的
外观。

图 1-11　单排柜微模块

图 1-12　双排冷/热通道微模块

4）单箱预制化产品

单箱内集成机柜、供配电、制冷、监控、消防等所有算力中心基础设施。图
1-13 展示了单箱预制化产品的外观。

5）拼箱预制化产品组合

拼箱预制化产品组合是多个不同功能的集装箱拼接而成的单层临时建筑
结构的集装箱算力中心。图 1-14 所示为拼箱预制化产品组合外观。

6）建筑级预制化产品组合

建筑级预制化产品组合是多个不同功能的集装箱拼接而成的多层具有产
权的建筑结构的集装箱算力中心。图 1-15 所示为建筑级预制化产品组合外
观及组成。

图 1-13　单箱预制化产品

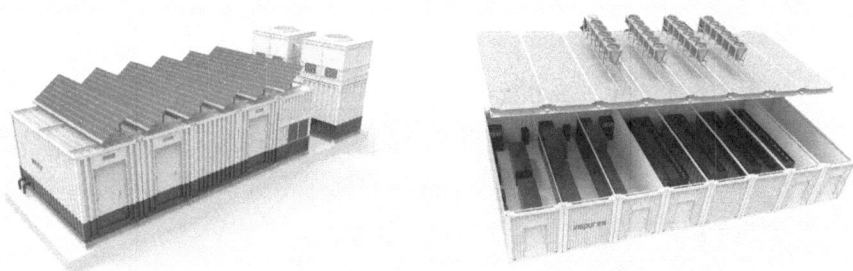

图 1-14　拼箱预制化产品

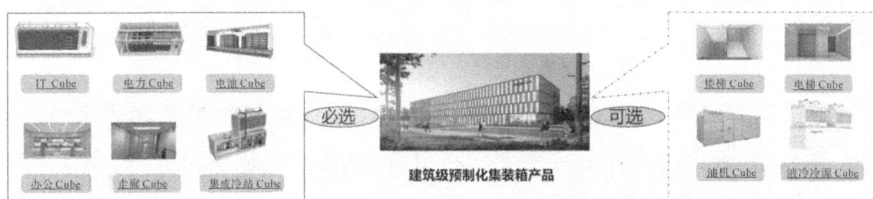

图 1-15　建筑级预制化产品

注:Cube 为立方体。

2.弹性的层面

弹性可以从多个维度来定义,包括技术、组织和社会三个层面。

1)技术层面

系统、网络、应用程序在遇到硬件故障、软件错误、网络中断、恶意攻击等情况时，能够自动检测、隔离问题、快速恢复服务的能力。这包括冗余设计、故障切换、自动扩展、备份与恢复机制等技术手段。

2）组织层面

组织内部的流程、人员、文化能够快速响应变化，包括灾难恢复计划、业务连续性管理、员工培训、跨部门协作机制等，确保在面临危机时，组织能够有序、高效地行动。

3）社会层面

社会系统、基础设施、社区在面对自然灾害、经济动荡、社会事件等外部冲击时，如何保持基本功能和服务的连续性，以及如何促进灾后重建和社会复原力。

3. 弹性的重要性

1）保障业务连续性与服务质量

在数字经济时代，任何服务中断都可能导致巨大的经济损失、品牌信誉损害以及客户信任度下降。弹性确保了即使在面对不可预见的事件时，关键业务功能也能持续运行，保护企业的核心竞争力。

2）快速适应市场变化

随着市场环境的快速变化，客户需求、竞争格局、技术趋势等都在不断演进。具备弹性的企业能够更快地调整战略、产品和服务，抓住市场机遇，灵活应对挑战。

3）提升资源利用率与成本效益

通过动态资源分配和自动扩展功能，弹性系统能够根据实际需求自动调整计算资源，避免了资源的过度配置和浪费，从而降低成本，提高效率。

4）加强风险管理与合规性

在数据保护和隐私法规日益严格的今天，弹性措施有助于企业在遭受攻击或数据泄露时快速恢复，减少损失，同时符合监管要求，保护企业免受法律风险。

5）增强用户信心与提高满意度

用户期望获得稳定、可靠的服务体验。一个具备弹性的系统能够缩短服务中断时间，提升用户体验，进而提高用户忠诚度。

6）支持可持续发展与环境适应性

随着气候变化对全球造成的影响日益显著,算力中心和其他基础设施的建设与运营必须考虑环境适应性和能源效率。弹性策略有助于降低能源消耗,提高绿色能源的使用率,促进可持续发展。

1.3.2　实现弹性的关键要素

1.硬件层面的弹性

1)模块化设计

采用标准化、模块化的硬件架构,如预制模块化算力中心和可插拔服务器,使得资源可以根据需求快速增减,简化扩容和维护流程。

2)冗余配置

通过双路电源、多路径网络连接、硬盘 RAID 技术等手段实现硬件层面的冗余,确保单点故障不影响整体服务。

2.软件层面的弹性

1)虚拟化技术

利用虚拟机(VM)和容器等技术,实现计算资源的抽象化和池化,使得工作负载能够在不同物理主机间灵活迁移,提高资源利用率和故障恢复速度。

2)自动化与编排

引入自动化管理工具和智能调度算法,自动监控系统状态,根据实时负载动态调整资源分配,实现资源的高效利用和故障的快速响应。

3.数据与应用层面的弹性

1)分布式存储与计算

构建分布式数据库和计算框架,数据和任务可以在多个节点间分散处理,即使个别节点失效也不影响整体服务的连续性。

2)灾难备份与恢复策略

建立完善的数据备份和灾难恢复计划,包括远程数据复制、快照技术等,确保在发生重大灾害时能够迅速恢复服务。

1.3.3　弹性液冷算力中心的特别考虑

在液冷算力中心的背景下,实现弹性的挑战和策略又有了新的维度。

1.液冷系统的动态调节

开发智能控制系统,根据服务器的实际功耗和环境温度,动态调整冷却液的流量、压力和温度,以达到最佳冷却效果和能效比。

2.集成监控与预测分析

利用大数据和 AI 技术,对算力中心的运行数据进行深度分析,预测算力需求和潜在故障,提前进行资源调配和维护,进一步提升响应速度和精确度。

3.环境适应性设计

考虑到液冷系统对环境条件的特定要求,设计时需考虑地域气候差异、水源供应稳定性等因素,确保在各种环境条件下都能保持高效、稳定地运行。

4.不同规模下二次侧系统方案

1)小型场景

小型场景由 2~6 台液冷机柜组成。

机架式 CDU 入柜安装,小型场景 CDU 安装布局图如图 1-16 所示。

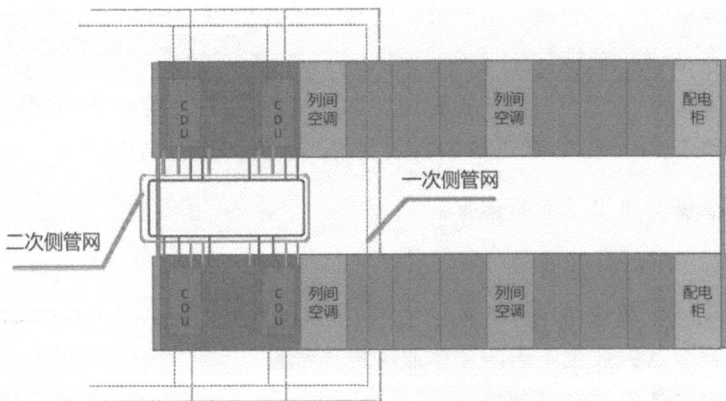

图 1-16　小型场景 CDU 安装布局图

2)中型场景

中型场景由 20 台以下液冷机柜组成。

机柜式 CDU 入列安装,中型场景 CDU 安装布局图如图 1-17 所示。

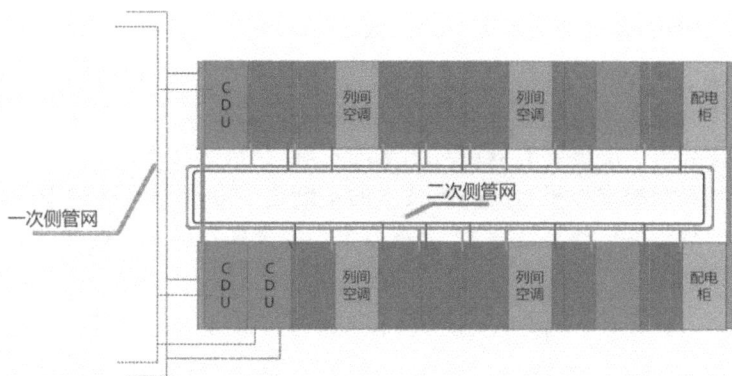

图 1-17　中型场景 CDU 安装布局图

3)大型场景

大型场景由 20 台以上液冷机柜组成。

机柜式 CDU 单独区域安装,大型场景 CDU 安装布局图如图 1-18 所示。

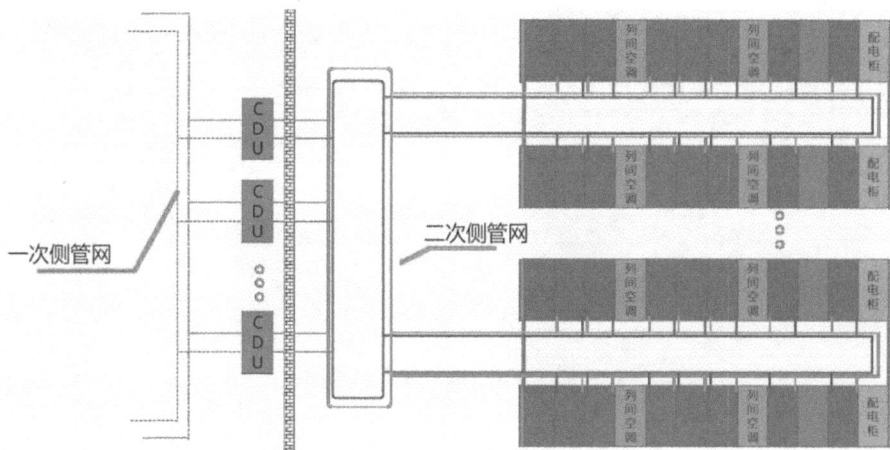

图 1-18　大型场景 CDU 安装布局图

1.3.4 结论

综上所述,弹性的实现是构建高效、可靠、可持续发展的液冷算力中心的基石。它不仅涉及技术层面的革新,如硬件的模块化、软件的智能化,也包括对算力中心全生命周期管理的系统性思考。通过上述实现方式的综合运用,弹性液冷算力中心能够有效应对未来的不确定性,为数字经济的快速发展提供强大且灵活的支撑平台。随着技术的不断进步和应用实践的深化,弹性的理念和实现策略也将持续演进,为算力中心的未来发展开启更多可能性。

1.4 液冷技术的分类与实现方式

液冷技术作为提升算力中心效率与可持续性的关键,其系统类型多样,设计上各有千秋。本节将深入解析两种主流液冷系统——直接接触式与间接接触式,同时探讨一些新兴的液冷技术方案,展现液冷技术的多元化发展路径。图1-19所示为液冷技术路线图。

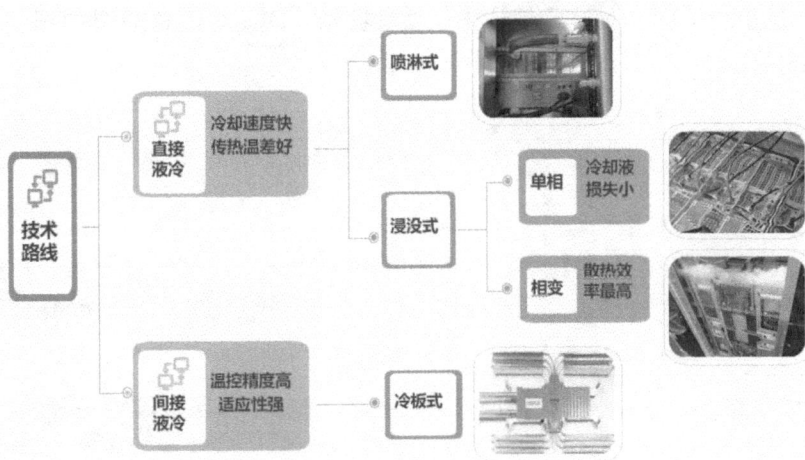

图1-19 液冷技术路线图

1.4.1 直接接触式(浸没式)液冷

直接接触式(浸没式)液冷(DLC)系统,顾名思义,是指冷却液直接与发热元器件接触,如CPU、GPU芯片表面,从而实现热能的高效传递。这种设计最大限度地减少了热阻,提供了极高的散热效率。

1. 工作原理

浸没式液冷算力中心采用冷却液浸泡 IT 设备进行散热冷却,换热后的冷却液进入换热单元 CDU,与来自室外冷源的低温液体换热冷却,实现快速制冷,高效散热。冷却液可以选择氟化液、油类等不导电非腐蚀性液体。

浸没式液冷系统可分为一次侧、二次侧循环系统。一次侧由室外冷却塔(根据地区不同可选干冷器)、冷却水循环泵、定压补水、水处理、水箱等设备组成,二次侧由 TANK(水槽)、CDU、冷却液循环泵等设备组成,CDU 将板式换热器、冷却液循环泵等集成为换热单元。图 1-20 展示了直接接触式(浸没式)液冷的工作原理。

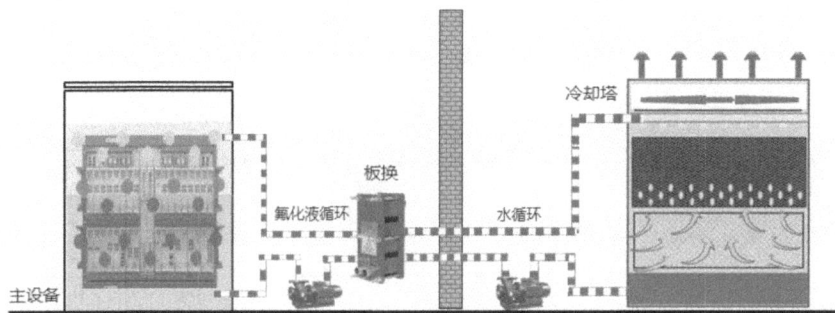

图 1-20　直接接触式(浸没式)液冷工作原理

2. 方案架构

浸没式液冷集装箱算力中心采用浸没式液冷技术以及高度集成化的设计理念,将原有算力中心的机柜、装修、供配电、散热、布线、管理系统等子系统集成于一体,将传统算力中心工程产品化,可户外批量部署,快速交付,高效运维。图 1-21 所示为直接接触式(浸没式)液冷方案架构。

3. 优势

1)高效传热

DLC 直接接触减少了热阻,提高了传热效率,散热效率极高,能够处理极端的热负荷,适用于高性能计算和高密度算力中心,有效降低了 PUE。图 1-22 所示为直接接触式(浸没式)液冷方案传热原理。

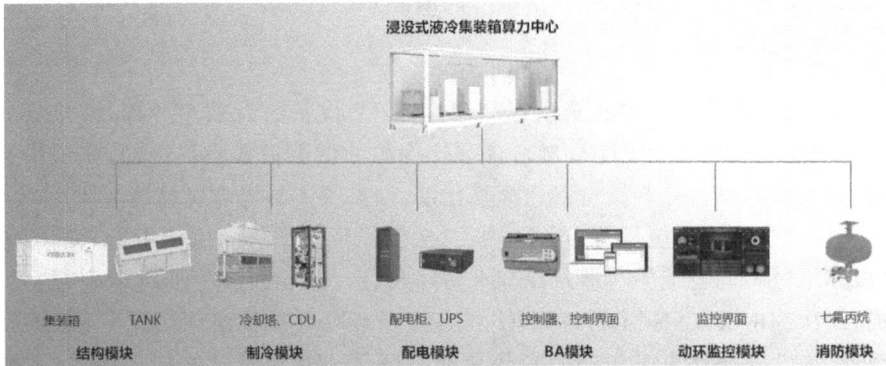

图 1-21　直接接触式（浸没式）液冷方案架构

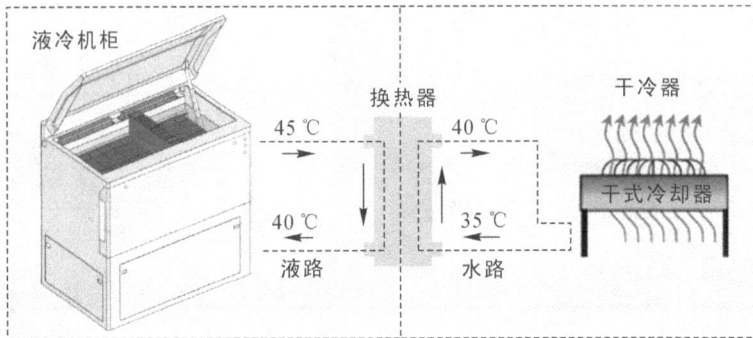

图 1-22　直接接触式（浸没式）液冷方案传热原理

2）结构简单

DLC 无需中间介质，降低了系统复杂度。图 1-23 所示为直接接触式（浸没式）液冷方案结构。

3）响应迅速

DLC 能够快速降低发热部件的温度。

4. 挑战

1）兼容性问题

DLC 的冷却液需要与发热部件兼容，避免腐蚀或其他损害。

2）泄漏风险

DLC 一旦发生泄漏，可能对设备造成严重影响。对冷却液的纯净度和电绝缘性要求极高,以防短路风险。

3)维护困难

DLC的维护成本和难度相对较高,需定期检查冷却液状态。

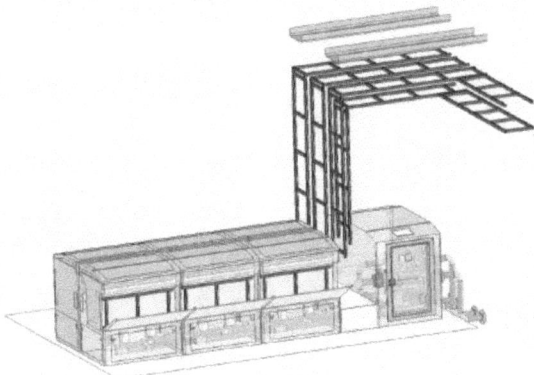

图1-23　直接接触式(浸没式)液冷方案结构

1.4.2　间接接触式(冷板式)液冷

间接接触式(冷板式)液冷(ILC)系统则通过热交换器中介质的热交换来散热,避免了冷却液与电子元件的直接接触。

1.工作原理

IT设备产生的热量首先通过散热片或冷板等热传导部件传递给冷却液,避免了冷却液与电子元件的直接接触。换热后的冷却液进入换热单元CDU,与来自室外冷源的低温液体换热冷却,实现快速制冷,高效散热。冷却液可以选择去离子水或25%丙二醇的冷却液。

冷板式液冷系统可分为一次侧、二次侧循环系统。一次侧由室外冷却塔(根据地区不同可选干冷器)、冷却水循环泵、定压补水、水处理、水箱等设备组成,二次侧由冷板、CDU、冷却液循环泵等设备组成。图1-24所示为间接接触式(冷板式)液冷系统工作原理。

2.方案架构

典型场景设计冷负荷由三部分构成,即液冷负荷、液冷门负荷、风机机房及辅助用房负荷。

(1)液冷:由闭式冷却塔提供35 ℃/43 ℃冷水,通过CDU进入机柜。

(2)液冷门:冬季(室外湿球温度低于21℃),由闭式冷却塔提供25/29℃冷水进入液冷门。夏季(室外湿球温度高于21℃)由冷机补冷,冷机提供15/22℃冷水与板换换热得到29/25℃冷水进入液冷门。

(3)风冷机房及辅助用房:由冷机提供15/22℃冷水。图1-25所示为间接接触式(冷板式)液冷方案架构。

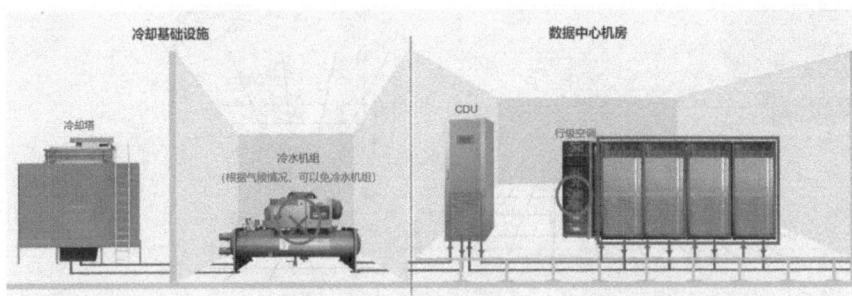

图1-24　间接接触式(冷板式)液冷系统工作原理

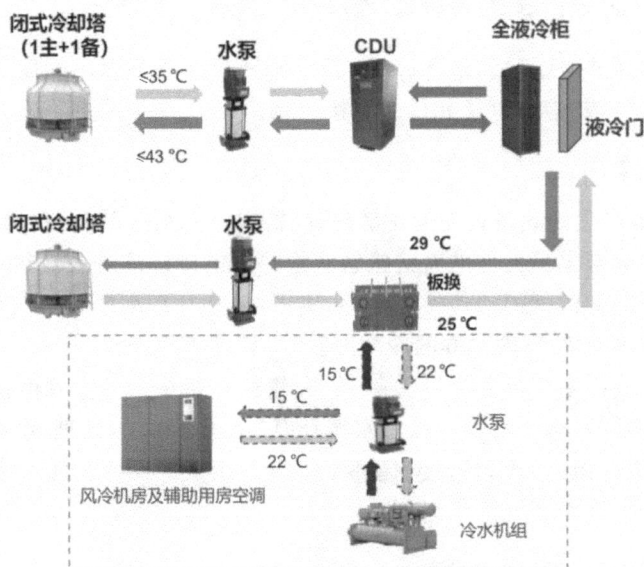

图1-25　间接接触式(冷板式)液冷方案架构

（4）冷板液冷机柜：图 1-26 所示为冷板液冷机柜外观。

图 1-26　冷板液冷机柜

3.优势

1）更好的兼容性

ILC 对发热部件的要求相对较低。对冷却液的要求不如 DLC 严格。

2）易于维护

ILC 的中间介质降低了维护难度。

3）泄漏风险较小

ILC 由于冷却液与电子设备间存在物理隔离，降低了泄漏风险。即使发生泄漏，对设备的影响也相对较小。

4.局限性

1）传热效率相对较低

相对于 DLC,ILC 的传热效率略低,增加了热交换环节,导致能效比稍逊一筹。

2）成本较高

ILC 的系统复杂度增加导致成本上升。

1.4.3　其他创新液冷方案

随着技术的不断进步,一些新型液冷技术也逐渐崭露头角,为算力中心的设计提供了更多可能性。

1. 双相浸没式冷却

双相浸没式冷却通过将服务器完全浸入一种特殊设计的冷却液中,该冷却液在吸收热量后部分蒸发,形成气泡,进而通过气液分离和冷凝循环带走热量。这种方式结合了直接接触式和相变冷却的优点,能效极高,但系统设计更为复杂。

2. 喷淋冷却

喷淋冷却利用高压将冷却液以细雾状喷洒在发热表面,通过蒸发快速散热。这种方式适合于局部高温点的快速冷却,但需考虑水雾的回收与处理问题。

3. 芯片内冷却

芯片内冷却将微流体通道直接嵌入芯片内部,实现最短的热传输路径,理论上能提供极致的散热效率,但技术实现难度大,尚处于研究阶段。

1.4.4 液冷算力中心的节能原理

液冷算力中心的节能原理涉及多个层面的技术创新和效率提升,其核心在于利用液体作为热传导媒介,相比于传统的风冷散热方式,液冷技术能更高效地管理算力中心内部的热量,从而达到显著的节能效果。下面是对液冷算力中心节能原理的详细描述。

1. 高效的热传输能力

液体(尤其是专用水基或油基冷却液)的热容远大于空气,意味着同等体积下能吸收更多热量。同时,液体的热导率也远高于空气,使得热量传递速度更快。这使得液冷系统能在更短时间内带走大量热量,减少热积累,提高散热效率。

2. 直接接触式冷却

在浸没式液冷设计中,服务器组件直接浸没在冷却液中,通过液体直接包裹电子元件,实现近乎无阻力的热交换。这不仅减少了空气作为中间介质带来的热阻,还消除了传统风冷所需的风扇,大大降低了电力消耗。

3. 减少空调和风扇的使用

在风冷算力中心,空调系统和服务器内部的风扇是能耗的大户。液冷技术减少了对这些设备的依赖,尤其是当采用直接液冷时,几乎不需要额外的风扇来推动空气流动,显著降低了电力需求。

4. 高密度部署

由于液冷提供了更高效的散热,所以算力中心可以安全地在更小的空间内部署更高功率的服务器,即提高了计算密度。这样不仅节约了空间,也降低了算力中心的整体能耗,这些能耗包括建筑空间的冷却、照明和维护成本。

5. 精准温度控制

液冷系统能实现更加精准的温度控制,通过闭环控制系统调节冷却液的流量和温度,确保服务器始终工作在最佳温度范围内,减少因过热导致的性能损失,进一步节省能源。

6. 能源回收

液冷系统回收的热量可以被重新利用,例如用于建筑物的供暖、热水供应等,实现能源的梯级利用,进一步提高了能源的总体使用效率。

7. 自然冷却利用

在一些设计中,液冷系统可以通过热交换器与外界环境进行热交换,尤其是在气温较低的地区,可以直接利用自然冷源进行冷却,大幅度降低了制冷设备的能耗。

8. 维护和延长寿命

液冷系统减少灰尘积累和热应力,有助于延长服务器和其他硬件的使用寿命,降低了长期的维护和更换成本,间接节省了能源和资源。

综上所述,液冷算力中心通过一系列技术创新,从热管理的根本上解决了算力中心的能耗问题,实现了能效的大幅度提升,是未来算力中心发展的重要方向之一。

图 1-27 所示为风冷散热与液冷散热结构对比。

实现 1 000 kW 散热能力,完全用传统风冷空调需要输入约 200 kW 电能;完全用液冷散热只需要输入 35 kW 液冷比风冷节能达 80% 以上算力中心液冷占比越高,节能收益越明显。

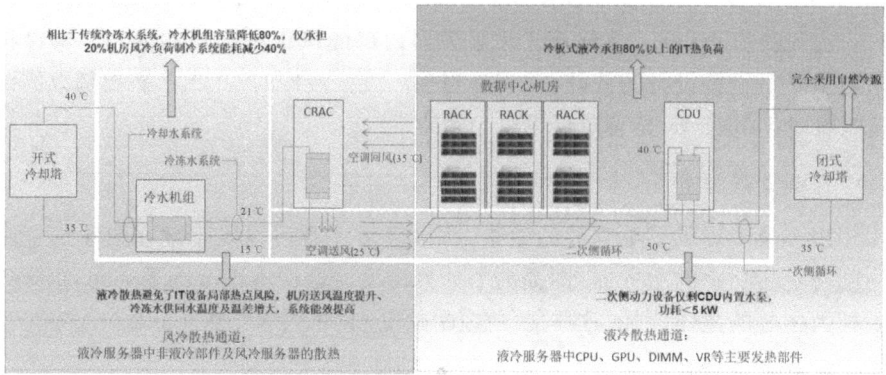

图 1-27　风冷散热与液冷散热结构对比

1.4.5　液冷产品的生产环境

尽管风冷和液冷产品的生产环境有许多相似之处,但液冷服务器由于其技术特性,在生产过程中对环境控制、装配复杂度及测试要求上有着更高的标准。表 1-2 所示为服务器生产配套设施要求。

表 1-2　服务器生产配套设施要求

项目			风冷服务器	冷板服务器	浸没式液冷服务器
配套设施	厂房搭建	车间类型	普通车间	普通车间 (冷板组件组装 需要无尘车间)	无尘车间
		冷却液存放场地	无	冷却液安全存放场地 (存放 25% 丙二醇)	冷却液安全存放场地 (存放冷却液)
		物流周转通道	普通物流周转通道	普通物流周转通道	专用无尘物流周转通道
		加电供电方式	交流 PDU 供电 (部分电流)	交流 PDU 供电	直流集中供电/PDU 供电
	设备设施	生产线体	普通生产线体	普通生产线体	专用无尘生产线体

续表

项目		风冷服务器	冷板服务器	浸没式液冷服务器
配套设施	设备设施 专用设备	无	√一次侧冷源、管网 √冷板用 CDU √二次侧闭式管网 √气密性测试设备 √排液烘干设备 √充氮保压设备 √液冷连通性测试设备	√一次性侧冷源、管网 √浸没用 CDU √二次侧开式管网 √物料除尘设备 √服务器除尘装入箱设备 √服务器烘干清洗设备 √冷却液回收设备
	新增环评要求	无	无	冷却液挥发及存放
	新增生产安全性	无	无	重点冷却液接触防护

1.4.6　选择液冷系统的考量因素

选择合适的液冷系统需综合考虑多方面因素,包括但不限于算力中心的规模、算力密度、成本预算、安全性要求、运维能力以及对未来扩展的兼容性等。直接接触式(浸没式)液冷适合于追求极致能效、高密度计算的场景;而间接接触式(冷板式)液冷则在安全性和维护简便性上有其独特优势。新兴的液冷技术虽然在某些方面表现突出,但也需评估其成熟度和长期运行的稳定性。如图 1-28 所示,间接接触式(冷板式)液冷是当前业界最成熟的液冷技术路线。

总之,液冷系统的多样化发展为算力中心的设计者提供了丰富的选择,使得他们能够根据特定需求定制最合适的冷却方案,以满足不断提升的计算需求和环保要求。随着技术的不断进步和成本的进一步优化,液冷技术有望在更广泛的领域得到应用,推动算力中心的绿色转型和可持续发展。

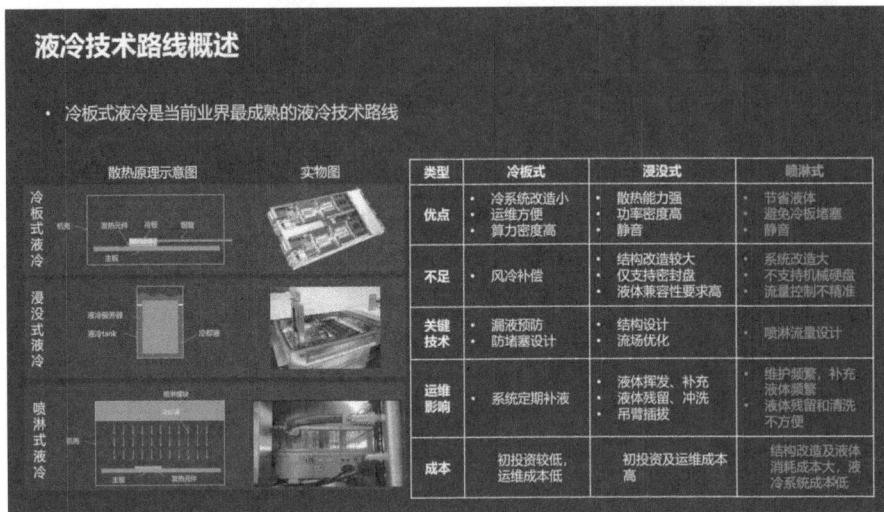

图1-28　不同液冷方案的对比

1.5　液冷系统的原理和构成

　　液冷就是采用冷却液体接触热源进行冷却的方式。液冷算力中心是指应用液冷技术和液冷服务器等设备的算力中心。与传统风冷相比,液冷使用液体取代空气作为冷媒,为发热部件进行换热,带走热量,其散热能力是传统风冷散热的1 000倍。图1-29所示为液冷系统的原理和构成。

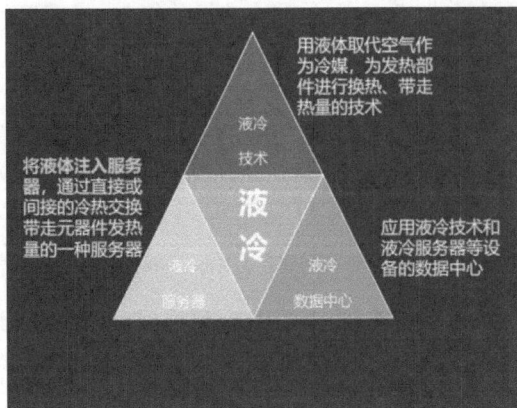

图1-29　液冷系统的原理和构成

　　液冷系统作为一种先进的算力中心冷却解决方案,其设计复杂且精细,主要由以下几个关键部分构成:冷却液循环系统、热交换器、泵浦系统、蓄冷装置、控制调优模块以及动环监控模块。这些组件共同协作,确保算力中心内服务器等高热密度设备的热量得到有效且高效的转移与散发。

1.5.1　冷却液循环系统

　　冷却液循环系统是液冷技术的核心,负责将冷却液从热源处吸收热量后,输送至热交换器进行冷却,之后再循环回到热源继续散热过程。冷却液的选择多样,包括去离子水、专用冷却液甚至是自然冷却液(如矿物油),选择依据主要是其导热性能、化学稳定性、环保性及成本等因素。

1.5.2　热交换器

　　热交换器位于液冷循环的"冷端",是将冷却液中携带的热量传递给外界冷却介质(通常是空气或冷水)的设备。它通过管壳式、板式或沉浸式等多种形式实现热能交换,其效率直接影响整个液冷系统的冷却性能。

　　冷板由底座和流体腔体组成。底座材质 ADC10(压铸铝合金);流体腔体(fin 片、上盖、水嘴)材质紫铜或无氧铜(含铜量>99.5%),确保与流体接触的金属杂质较少,无电化学腐蚀反应。液冷冷板结构如图 1-30 所示。

图 1-30　液冷冷板结构

冷板底座与流体腔体通过螺丝锁固；流体腔体的上盖与底座通过焊接连接，耐压可达 1 MPa，保证冷板可靠性。

冷板材质选铜不选铝的原因：①铝的导热性差；②铝材不易焊接；③铝易与不锈钢中的铁在流体作用下发生电化学腐蚀。

冷板的连接管道分为硬管和软管，其区别如表 1-3 所示。

表 1-3　冷板连接管道硬管和软管区别

	硬管	软管
材质	与冷板材质保持一致（紫铜或无氧铜）	FEP/PTFE/EPDM
连接方式	焊接	与宝塔过盈配合锁固
成本	焊接成本及管材成本较高	焊接成本及管材成本低
可靠性	耐压 1.5 MPa	耐压 1 MPa
组装	对安装尺寸及结构要求高，安装时难度较大	对安装尺寸及结构要求低，软管需固定，避免运输途中出现振动

注：FEP 为氟化乙烯共聚物，PTFE 为聚四氟乙烯，EPDM 为乙丙橡胶。

冷板的连接硬管如图 1-31 所示。

冷板的连接软管如图 1-32 所示。

图 1-31　硬管连接

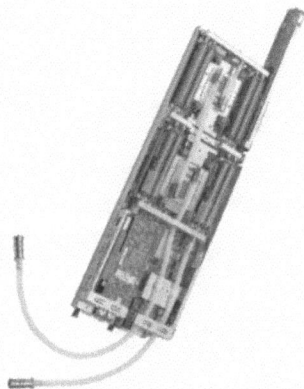

图 1-32　软管连接

1.5.3　泵浦系统

泵浦系统负责推动冷却液在循环系统中流动,是保证冷却液循环动力的关键部件。根据系统设计的不同,泵浦可以是离心泵、涡轮泵或磁力泵等类型,选择合适的泵浦对于维持系统稳定运行、降低能耗至关重要。

1.5.4　蓄冷装置

蓄冷装置用于在电力峰谷时段储存冷量,以便在高峰时段释放,帮助平衡电网负荷并降低运营成本。蓄冷方式有冰蓄冷、水蓄冷等,通过这些技术可以进一步提升液冷系统的能源使用效率和经济性。

1.5.5　控制调优模块

控制调优模块是液冷系统的"大脑",负责监测和调节循环系统中的各项参数,包括冷却液温度、流速、压力等,以确保系统运行在最佳状态。现代液冷算力中心通常采用自动化控制系统,结合传感器网络和先进的数据分析算法,实现对液冷系统的智能管理。控制调优流程如图 1-33 所示。

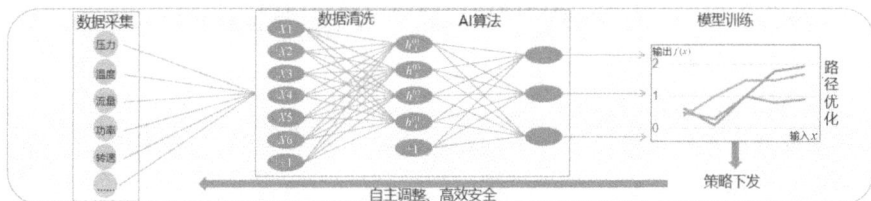

图 1-33　控制调优流程

1.制定控制策略

基于制冷系统整体架构设计,编制控制策略和调试方法及标准,并持续完善。

2.子系统调试完善

打造完整系统测试平台,集成一次侧、二次侧及服务器等各子系统。

调试并优化子系统控制策略,确保各子系统独立控制的快速性、准确性和稳定性。

3.全系统联动调优

联动控制,节点热负荷集成至制冷系统控制,各部件可快速响应负荷变化,超前控制。

系统调优,开发 AI 控制策略,自适应寻优,可运行在最适温差和流量,追寻极致 PUE。

1.5.6 动环监控模块

液冷技术作为一种高效、节能的算力中心冷却解决方案,在提高能源效率、降低环境影响方面展现出了巨大潜力。然而,液冷系统的安全运行是确保算力中心稳定性和可靠性不可或缺的一环。液冷动环监控系统的设计与实施,旨在实时监控液冷循环中的各项参数,及时发现并预警潜在的泄漏、污染、温度异常等问题,从而保障系统的稳定运行与数据安全。本节将详细探讨液冷动环监控系统的关键要素、技术手段、实施策略及面临的挑战与对策。

1.监测对象与参数

1)泄漏监测

监测冷却液是否泄漏到算力中心环境,包括直接接触式液冷中的微漏监测和间接冷却系统中的泄漏监测。

2)温度与压力监控

确保液冷系统内温度和压力保持在安全范围内,防止过热或压力异常引发的设备损坏。

3)水质与化学成分分析

监测冷却液的纯净度和化学稳定性,避免腐蚀性物质或微生物污染,影响系统效率和寿命。

4)流量与流速控制

确保冷却液循环顺畅,流量适中,避免因流量不足引起过热或流量过大增加能耗。

5)电导率与电阻率监控

对于电导液冷系统,监控电导率以评估液体的导电性能,同时监测电阻率确保电气安全。

2.技术手段

1)传感器技术

部署温度、压力、流量、电导率等传感器,实时采集数据,是液冷动环监控的基础。

2)可视化管理平台

集成了传感器数据,通过图表、报警等方式直观展示系统状态,便于运维人员快速响应。

3)智能分析与预测

应用大数据分析、机器学习算法,分析历史数据,预测潜在故障,提前采取措施。

4)无线通信技术

采用无线传感器网络,减少布线复杂度,提高监测系统的灵活性和可扩展性。

5)闭合回路控制

结合 PID 控制器等自动控制技术,根据监测数据自动调节冷却液流量、温度等,确保系统稳定运行。

3. 系统设计与集成

在系统设计初期,将动环监控作为核心考量,确保传感器的合理布局和选型,满足不同区域、不同设备的监测需求。

集成现有算力中心基础设施管理(DCIM)系统,实现数据共享与联动控制,提升管理效率。

4. 定期维护与校准

建立严格的维护计划,定期检查传感器、控制设备的工作状态,进行校准,确保监测数据的准确性。

对于关键监测点,实施冗余设计,减少单点故障对系统监控的影响。

5. 应急响应机制

制定详细的应急预案,包括泄漏应急处理流程、紧急停机程序等,确保在监测到异常情况时能够迅速响应。

定期进行应急演练,提升团队的快速反应能力。

6. 挑战

1)技术复杂性

液冷系统的多样性与复杂性要求动环监控系统具有高度的灵活性和定制

化能力。

2)成本问题

高精度传感器和智能分析系统的部署可能增加初始投资成本。

3)维护难度

相比于传统风冷系统,液冷系统的维护要求更高,需要专业人员进行维护和故障排查。

7.对策

1)技术研发投入

持续投入研发,优化监测系统,降低技术门槛,提高性价比。

2)标准化与模块化

推动液冷系统及其动环监控技术的标准化和模块化设计,便于维护和升级。

3)人才培养与培训

加强专业人才培养,提高运维团队的技术水平,确保高效运维。

液冷动环监控系统的有效实施是确保液冷算力中心高效、安全运行的关键。通过综合运用现代信息技术与管理策略,不仅可以实时监控系统状态,预防潜在风险,还可以通过数据分析优化系统性能,提升能源使用效率。面对未来算力中心能效与可持续发展的更高要求,液冷动环监控系统的不断进步与完善将是不可忽视的重要方向。

1.5.7 辅助设施

除了上述核心组成部分,液冷系统还包括过滤器、除湿器、膨胀罐等辅助设施。过滤器用于去除冷却液中的杂质,保持循环清洁;除湿器用于控制湿度,避免冷凝水的形成;膨胀罐则用来调节系统压力,保证循环稳定。

1.5.8 液冷服务器

风冷服务器依赖于机箱内部风扇进行散热。

液冷服务器高热源部件通过液冷板,冷媒循环带走热量,风扇做补充散热。

综上所述,液冷系统的构成是一个复杂而精密的工程,涉及热力学、流体力学、材料科学、自动化控制等多个学科的知识。每个组成部分都扮演着不可或缺的角色,它们的相互配合与优化是实现高效、可靠、可持续液冷算力中心的基础。随着技术的不断进步和应用经验的积累,液冷系统的构成与设计也将不断进化,以适应更高密度、更大数据处理需求的未来。图 1-34 所示为风冷服务器与液冷服务器的散热区别。

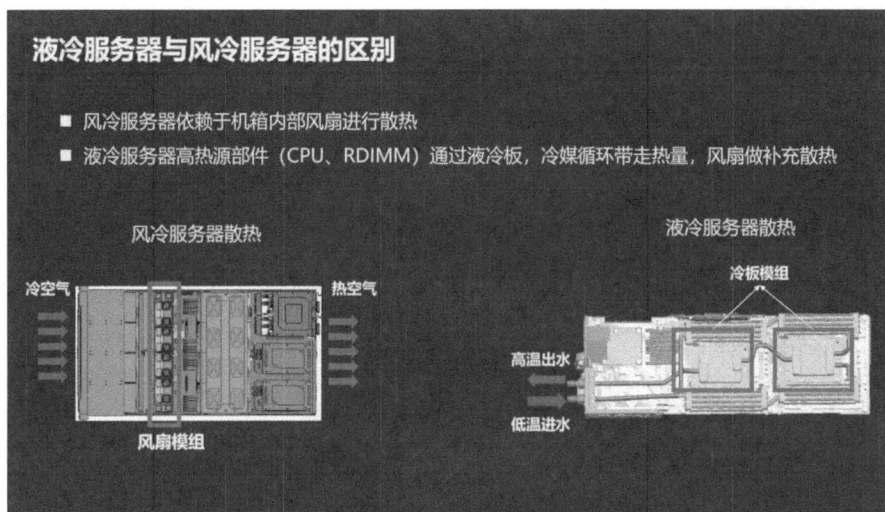

图 1-34　风冷服务器与液冷服务器的散热区别

1.6　液冷循环机制、热交换过程

1.6.1　液冷循环机制概览

液冷系统的循环机制是通过精确设计的闭环管道系统来实现的,该系统包括泵浦、冷却液管道、热交换器、蓄冷设备(如有)、过滤器以及控制单元等关键组件。循环过程大致可以分为四个阶段:吸热、传输、散热、再循环。液冷循环机制概览如图 1-35 所示。

1.吸热阶段

冷却液首先流经服务器或其他高热密度设备的散热表面,直接或通过冷板间接吸收产生的热量,导致冷却液温度升高。

2.传输阶段

加热后的冷却液被泵浦抽取并通过管道输送到热交换器。泵浦的类型和配置依据系统的具体需求而定,如离心泵适用于大流量低扬程场合,而磁力泵则适合高纯净度要求的环境。

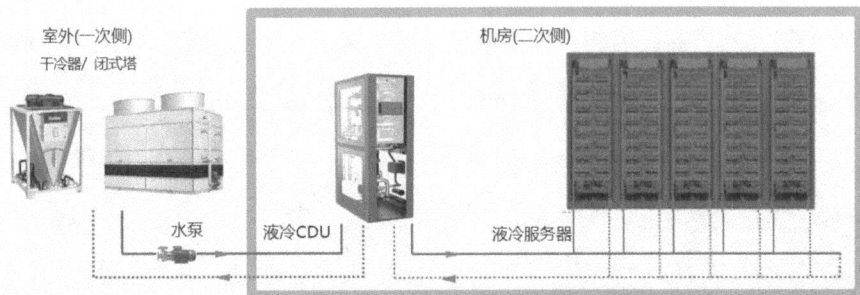

图1-35 液冷循环机制概览

3.散热阶段

在热交换器中,高温冷却液与外部冷却介质(如冷水或空气)进行热交换,热量被转移至外部环境中,冷却液温度降低,恢复其吸热能力。热交换器设计多样,包括板式、管壳式、沉浸式等,以适应不同的热负荷和空间限制。

4.再循环阶段

经过降温的冷却液通过循环管道返回至服务器附近的吸热位置,开始下一个循环周期。循环过程中,通过智能控制系统调节泵浦转速、阀门开度等,以维持系统内冷却液的流量、压力和温度在最佳范围内。

1.6.2 热交换过程详解

热交换是液冷系统中能量转换的关键步骤,其效率直接影响整个系统的冷却性能。热交换过程基于热传导、对流和辐射三种基本热传递方式的组合运用,具体实现方式如下。

1.直接接触式热交换

在某些设计中,服务器组件直接浸没在冷却液中,热量直接由发热元件传导给冷却液。这种方式热交换效率极高,但对冷却液的电气绝缘性和化学稳定性要求极高。

2.间接接触式热交换

通过冷板或其他热传导结构,发热元件与冷却液不直接接触,而是通过冷板材料(如铜、铝)进行热传导,然后通过冷板表面与冷却液进行热交换。这种方式虽然效率稍低,但更安全、易维护。

3.相变热交换

在一些高端系统中,可能会采用相变材料或两相流体(如氟利昂)进行热交换,利用物质相变时吸收或释放大量潜热的特性,实现高效散热。

1.6.3　关键技术和挑战

1.微通道技术

为了提高热交换效率,许多热交换器采用微通道设计,大幅度增加热交换表面积,加快热量传递速度。

2.智能控制与自适应调节

通过集成传感器、控制器和执行机构,实时监测冷却液状态和环境参数,实现自动调节,确保系统在各种工况下均能高效、稳定运行。

3.冷却液管理

冷却液管理包括冷却液的选择、净化、监测和维护,确保冷却液长期稳定、无腐蚀、无污染,是维护系统正常运转的关键。

1.6.4　优化策略与未来趋势

1.能量回收与利用

探索将热交换过程中散失的热量回收,用于建筑供暖、热水供应等,实现能源的梯级利用,提高能源效率。

2.环境友好型冷却液

研发新型冷却液,如生物基、低全球变暖潜能值(GWP)的流体,减少对环境的影响。

3.集成化与模块化设计

通过高度集成和模块化设计,简化系统构造,提升维护便捷性,同时增强系统的可扩展性和适应性,以应对未来算力需求的变化。

总之,冷却液循环机制和热交换过程是液冷算力中心高效运行的核心技术基础。通过不断的技术创新和优化策略,可以进一步提升系统的能效比、降低成本,推动液冷技术在算力中心领域的广泛应用和可持续发展。

1.7 资 源 调 度

1.7.1 概述

资源调度是指在液冷算力中心内部,对计算资源、冷却资源及能源消耗进行统一规划、动态分配与优化的过程。它不仅涉及服务器、存储和网络资源的高效利用,还需考虑如何与冷却系统的紧密配合,确保在高密度计算环境下,既能最大化算力输出,又能维持系统的能效比和可持续运行。

1.7.2 资源调度的目标

液冷资源调度的主要目标包括以下内容。

1)效率最大化

通过优化资源分配,确保计算任务高效完成,缩短等待时间和减少资源闲置。

2)能效提升

结合液冷系统的高效散热特性,合理安排计算负载,避免过度冷却或不足,降低总体能耗。

3)稳定性与可靠性

确保在任何负载情况下,系统都能维持稳定运行,降低故障率,提供不间断的服务。

4)灵活性与扩展性

快速响应算力需求变化,支持动态资源扩展和收缩,适应业务发展需要。

1.7.3 调度策略与算法

1)基于优先级的调度

根据任务的紧急程度和资源需求,设定优先级,优先分配资源给关键任务。

2)热图驱动的负载均衡

利用热图技术实时监测服务器和冷却系统的温度分布,动态调整任务分配,避免局部过热,提高冷却效率。

3)预测性调度

结合历史数据和机器学习模型,预测未来负载趋势,提前调整资源分配,缩短响应时间。

4)能耗优化算法

在满足算力需求的前提下,通过算法优化冷却液的流量、温度和循环策略,以最低能耗维持系统运行。

5)弹性伸缩

根据实际负载自动增减计算节点,利用虚拟化技术和容器技术快速部署和回收资源。

1.7.4 技术挑战与解决方案

1)异构资源管理

液冷算力中心可能包含不同类型的服务器和冷却设备,需要设计兼容性强的调度算法,统一管理异构资源。

2)实时监控与反馈

建立高效的数据采集和分析系统,实时监控资源状态和环境参数,快速响应系统变化。

3)安全与隐私保护

在调度过程中确保数据传输和处理的安全性,遵守数据保护法规,保护用户隐私。

4)环境适应性

根据不同地区的气候条件和能源价格,动态调整冷却策略,实现绿色低碳运行。

1.7.5 实践案例与最佳实践

1)Google TPU Pod

Google TPU Pod 展示了如何通过高度集成的液冷技术和智能调度系统,为大规模机器学习任务提供高效、低能耗的算力支持。

2)阿里巴巴数据中心

阿里巴巴数据中心采用智能液冷调度系统,结合大数据分析和 AI 算法,实现资源的动态优化配置,显著提升了算力中心的能效比。

3)Facebook Open Compute Project

Facebook Open Compute Project 分享了液冷技术与开放计算平台的结合，推动了行业标准的制定，促进了液冷算力中心的标准化和模块化建设。

1.7.6　未来展望

随着云计算、大数据和 AI 技术的飞速发展，液冷资源调度将更加智能化、自动化，融入更多先进算法和边缘计算技术，实现更精细化的资源管理和服务优化。同时，可持续发展将成为核心议题，推动液冷算力中心在提高能效、减少碳排放方面发挥更大作用，助力构建绿色、低碳的数字基础设施。

综上所述，液冷资源调度是液冷算力中心高效运行的中枢神经，通过持续的技术创新和策略优化，不仅能大幅度提升算力中心的性能和效率，还能促进环境的可持续发展，为未来算力需求的增长提供坚实的基础。

1.8　管道布局与连接

1.8.1　管道布局的重要性

液冷系统的管道布局是整个液冷基础设施的骨架，它不仅决定了冷却液的流动路径，还影响着系统的整体效率、成本、维护便利性以及未来扩展的灵活性。合理的管道布局能够确保冷却液均匀、高效地流通，有效带走算力设备产生的热量，同时减小流动阻力和降低能耗，是液冷算力中心高效运行的基石。

1.8.2　管道设计原则

1.最短路径原则

尽可能缩短冷却液的循环路径，减少流体阻力和降低能耗，同时缩短热量传递的时间，提高冷却效率。

2.模块化设计

采用模块化布局，便于系统扩展、维护和升级，适应算力需求的变化。

3.冗余设计

关键管道部分应设计冗余路径，以降低单点故障的风险，提高系统的可靠性。

4.可维护性

管道布置应便于维护操作,留有足够的检修空间,确保在不中断服务的情况下进行维护或更换部件。

5.安全性考量

考虑防震、防火、防泄漏等安全措施,确保冷却液的稳定输送,防止安全事故的发生。

1.8.3　管道材料选择

管道材料的选择需兼顾耐腐蚀性、耐高温、低导热性、机械强度以及成本等因素。常用的材料包括不锈钢、铜、聚四氟乙烯(PTFE)、聚丙烯(PP)、增强型聚酰胺等。不锈钢和铜具有良好的热传导性和耐腐蚀性,适合直接接触冷却液的管道;而 PTFE 和 PP 等塑料材质则常用于间接冷却系统,以降低成本并避免金属对冷却液的潜在污染。

1.8.4　连接技术

1.焊接连接

焊接连接适用于不锈钢等金属管道,提供永久且可靠的密封,但施工复杂,对工艺要求高。

2.卡压连接

卡压连接适用于薄壁金属和塑料管道,安装简便、快捷,易于现场作业,且便于拆卸和重新组装。

3.法兰连接

法兰连接适用于较大直径管道或需要经常拆卸的部位,提供较强的密封性能,但占用空间较大。

4.快插接头

快插接头在需要快速安装和频繁拆装的场合使用,如服务器内部的微通道冷却系统,便于维护和升级。如图 1-36 所示,快接头特点如下:

(1)自动锁紧系统,单手即可完成断开和连接,操作方便快捷。

(2)采用 O 形密封圈端面密封设计,能够配合各种安装要求。

(3)彩色标记(蓝色和红色)方便操作员轻松识别输入和输出回路。

图 1-36　快插接头

1.8.5　特殊考虑

1.防漏检测

在管道系统中嵌入泄漏检测线或安装泄漏检测传感器,及时发现并定位泄漏点,防止冷却液流失和潜在的设备损害。

2.保温隔热

对于暴露在室外或温差大的环境中的管道,应采取保温隔热措施,减少热量损失,提高系统效率。

3.压力管理

合理设置管道系统中的压力释放阀和压力传感器,监控并调节系统压力,避免因压力异常导致的系统损坏。

1.8.6　管道布局案例与优化

实际案例中,一些大型液冷算力中心采用多层架空管道布局,结合地板下走线,既保证了冷却系统的高效运行,又最大限度地利用了空间,减少了地面障碍物对日常维护的影响。同时,结合 CFD(计算流体动力学)模拟软件进行前期设计验证,优化管道尺寸、布局和流速,确保冷却液流动均匀,避免热点区域的形成。

综上所述,管道布局与连接是液冷算力中心设计中的重要一环,它不仅影响着系统的性能和能效,还直接关联到算力中心的运营成本和长期可持续性。

通过遵循设计原则,合理选择材料和连接技术,结合先进的检测与维护策略,可以构建出高效、可靠、易维护的液冷管道系统,为算力中心的稳定运行奠定坚实的物理基础。随着技术的不断进步和应用经验的积累,液冷管道系统的布局与连接技术也将持续优化,以适应更复杂、更高要求的算力中心建设需求。

1.9　温度监测与控制系统

1.9.1　温度监测的重要性

在高密度计算的液冷算力中心,精确的温度监测是维持系统稳定性的基石。过高的温度会加速电子元器件的老化,降低算力效率,甚至引发系统故障;而过度冷却则会导致能源浪费。因此,建立一套全面、准确的温度监测系统是保障算力中心安全、高效运行的前提。

1.9.2　监测技术与设备

1.温度传感器

温度传感器部署在关键位置,如服务器进/出口、热交换器、冷却液管道等,常见的有热电偶、RTD(电阻温度检测器)和热敏电阻等。这些传感器能够实时监测局部温度变化,数据精确度高,响应速度快。

2.红外热成像仪

红外热成像仪用于非接触式大面积监测,能快速识别热区和潜在的过热点,适用于定期巡检和故障排查,尤其是在难以直接接触的区域。

3.分布式光纤温度传感系统

分布式光纤温度传感系统利用光纤作为传感器,可沿整条冷却液管道连续监测温度分布,特别适合长距离、高精度的温度监控需求。

1.9.3　控制系统架构

液冷算力中心的温度控制系统通常基于自动化控制系统设计,结合先进的软件算法,实现温度的自动调节和管理。

1.数据采集与通信

数据采集与通信通过有线或无线网络,将各传感器采集的温度数据汇总至中央控制室,实时更新至监控界面,确保数据的即时性与准确性。

2.智能分析与决策

智能分析与决策应用数据分析算法,如机器学习模型,对历史和实时数据进行分析,预测温度趋势,自动识别异常情况,为控制系统提供决策依据。

3.执行机构控制

执行机构控制根据控制策略,自动调节冷却液的流量、泵浦转速、风扇速度或热交换器的工作状态,维持整个系统的温度在预设范围内。

1.9.4 高级控制策略

1.PID 控制

PID 控制是最为基础的控制策略,通过比例(P)、积分(I)、微分(D)三个参数的调节,实现对温度偏差的快速响应和精确控制。

2.模糊控制

模糊控制适用于非线性、时变性强的温度控制系统,通过模糊逻辑规则,以更接近人类判断的方式调整控制参数,提高控制的灵活性和鲁棒性。

3.预测控制

结合时间序列分析和模型预测,提前调整控制策略,以应对即将出现的温度波动,提高控制的前瞻性和精确度。

1.9.5 系统优化与维护

1.定期校准

定期校准确保传感器和执行机构的准确度,定期进行校准和维护,避免因测量误差导致的控制失灵。

2.冗余设计

冗余设计在关键环节设置备用传感器和控制模块,以防止单点故障导致整个系统的失控。

3.能效管理

能效管理将温度控制与能耗管理相结合,通过智能调度减少不必要的冷却,实现能效的最大化。

综上所述,温度监测与控制系统是液冷算力中心稳定运行的神经系统,它融合了先进的传感技术、智能算法和自动化控制策略,确保算力中心在复杂多变的运行环境下,仍能保持高效、安全的算力输出。随着技术的不断发展,未来的温度控制系统将更加智能化、自适应,为构建绿色、高效、可持续的算力中心提供更强有力的支持。

第2章　液冷介质的选择与特性

2.1　常见液冷介质的比较

液冷介质作为液冷系统中的热能载体,其选择直接关系到系统的能效、安全性和经济性。在众多液冷介质中,水、氟化液和矿物油是最为常见的几种,各有其独特的特性和适用场景。不同介质的对流传热系数如图2-1所示。

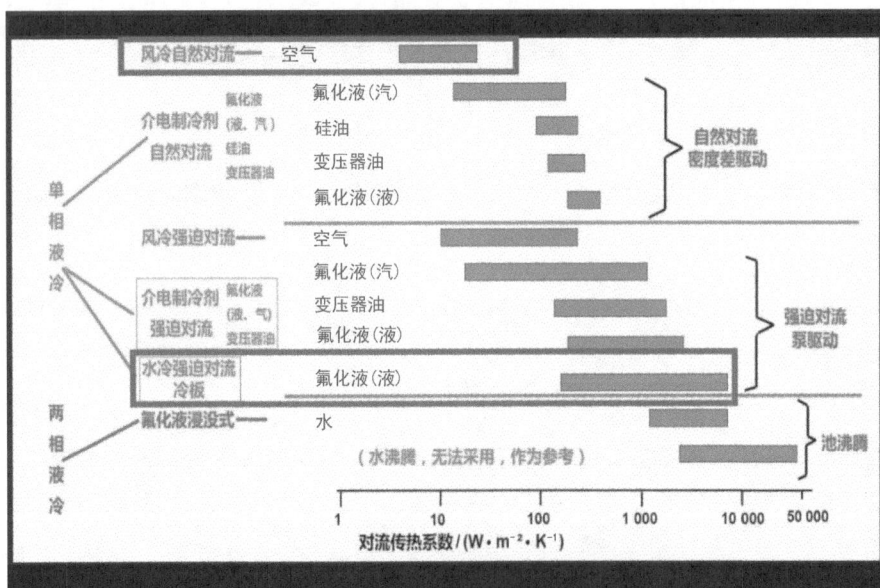

图2-1　不同介质对流传热系数

冷板式液冷一般选择去离子水或25%丙二醇的冷却液,技术成熟。选择依据如下。

1. 绝缘性能

与电子器件不直接接触,无须考虑绝缘问题。

2. 热物理性能

水的高沸点及良好的传热性能,使其成为单相冷板式液冷的理想冷却媒介。

3. 考虑防冻

考虑极端天气状况,北方地区需添加一定浓度丙二醇降低凝固点。

浸没式液冷常见有氟化液和矿物油,以氟化液应用居多。选择依据如下。

1. 绝缘性能

冷却液直接和电子器件接触,必须确保冷却液与电子器件的绝缘。

2. 热物理性能

良好的热物理性能,高比热容、高导热率、低黏度、适宜沸点、高闪点。

3. 兼容性

材料兼容性,长期无腐蚀;信号兼容性,信号在冷却液中无衰减。

4. 环境友好

开放式架构,需要无人体吸入毒性和接触毒性,不加剧全球变暖。

2.1.1   水作为液冷介质

水是最为基础且成本效益高的冷却介质,拥有高比热容和热导率,这意味着它可以非常有效地吸收和传递热量。纯净水几乎对所有金属都存在腐蚀性,因此实际应用中通常采用去离子水或添加防腐蚀剂的水溶液,以减少对系统组件的侵蚀。水冷系统维护相对简单,且由于水的广泛可得性,补给和处理成本较低。然而,水的电气绝缘性较差,直接接触式液冷中需特别注意绝缘防护,以免引起短路。

1. 纯水液优缺点

优点:

(1)良好的传热性能(与配方液比较)及流动性(较低的黏度)。

(2)冷却工质终身免换,品质稳定,指标简单易监测(电导率)。

缺点：

(1)泄漏一定时间后电导率会随二氧化碳和粉尘中的无机盐溶解而增加，可能导致 IT 设备短路,处置反应时间短。

(2)循环冷却系统需要包含去离子装置,并依据电导率告警更换离子交换器。

2.配方液优缺点

优点：良好的传热性能(高传导性和比热)。

缺点：

(1)具备高导电率特性,泄漏可能导致 IT 设备短路,基本无处置反应时间。

(2)添加剂持续消耗,品质较不稳定,指标不易监测(电导率、pH 只能间接反映品质),需定期取样给供应商检测分析,确定是否需重加添加剂或更换冷却工质。

(3)不同配方液不能混用,更换配方液供应商需要停机酸洗整个冷却系统。

此外,水在低温下可能冻结,需配备防冻措施。添加乙二醇或丙二醇的主要目的都是防冻,浓度根据项目地点的气象参数和防冻要求即可。

3.添加防冻液的优缺点

优点：

(1)＞25％(体积浓度)的丙二醇/乙二醇,可抑制细菌生长。

(2)可满足冰点以下环境工况(具体温度需要根据防冻剂体积浓度判定)。

缺点：

(1)液体黏度变化≥泵功率(由于液体黏度的变化导致泵工作功耗变化)。

(2)随着乙二醇含量的增加,散热性能降低。

(3)水解产生的乙酸够酸性物质有强腐蚀性,在配方液中需要增加还原剂应对。系统需要增加 pH 指标监测。

一次侧循环水水质应符合表 2-1 的规定,参考当地气候和《采暖空调系统水质》(GB/T 29044—2012)。当补充水水质超过本标准时,补充水应做相应的水质处理。

表 2-1　补充水和循环水的水质要求

检测项	单　位	补充水	循环水
pH		7.5～9.5	7.5～10
浊度(25 ℃)	NTU	≤5	≤10
电导率(25 ℃)	μS・cm^{-1}	≤600	≤2 000
$c(Cl^-)$	mg・L^{-1}	≤250	≤250
总铁浓度	mg・L^{-1}	≤0.3	≤1.0
钙硬度(以 $CaCO_3$ 计)	mg・L^{-1}	≤300	≤300
总碱度(以 $CaCO_3$ 计)	mg・L^{-1}	≤200	≤500
溶解氧	mg・L^{-1}		≤0.1
有机磷(以 P 计)	mg・L^{-1}		≤0.5

二次侧闭式系统循环冷却水水质指标应根据系统特性和设备的要求确定,并宜符合表 2-2 的规定。

表 2-2　二次侧闭式系统循环冷却水水质指标要求

参　数	限　值
pH	7～9
缓蚀剂浓度	需要
灭菌剂浓度	需要
硫化物浓度	<1 mg・L^{-1}
硫酸盐浓度	<10 mg・L^{-1}
氯化物浓度	<5 mg・L^{-1}
细菌浓度	<100 CFU mg・L^{-1}(菌落单位・mL^{-1})
总硬度(如 $CaCO_3$)	<20 mg・L^{-1}
总铁浓度	<2 mg・L^{-1}
总悬浮物浓度	<3 mg・L^{-1}
蒸发后的沉淀物浓度	<50 mg・L^{-1}
浊度	<20 NTU(浊度计测定)

注:CFU 为菌落形成单位,1 NTU=1 mg/L。

2.1.2 氟化液作为液冷介质

氟化液是一类合成冷却液,以其优异的热传递性能、高稳定性和良好的电气绝缘性受到青睐。这类介质不会导电,也不会引起金属腐蚀,大大提高了系统的安全性和可靠性。氟化液能在较宽的温度范围内保持液态,不受冷冻影响,适用于极端环境下的液冷应用。但是,氟化液的成本相对较高,且其生产和处置过程对环境的影响需仔细考量。此外,市场上氟化液的选择有限,且其供应链可能存在波动,增大了使用的风险。

2.1.3 矿物油作为液冷介质

矿物油,尤其是高度精炼的白油,是一种具有良好热稳定性和高闪点的液冷介质。它不导电,对大多数材料没有腐蚀性,且具有较低的蒸气压,适合于长期稳定运行的系统。矿物油的比热容低于水,但高于多数氟化液,热导率虽低于水,但高于空气,因此在特定应用中能提供足够的冷却效率。然而,矿物油的密度和黏度较高,可能导致系统压力损失增大,需要更强的泵送能力。此外,矿物油的泄漏清理相比水和某些氟化液更为复杂,可能影响维护效率。

2.1.4 特性比较与选择考量

1.成本与可用性

水成本最低,氟化液成本最高,矿物油居中。水和矿物油获取相对容易,而特定氟化液可能受限于供应链,其成本如图 2-2 所示。

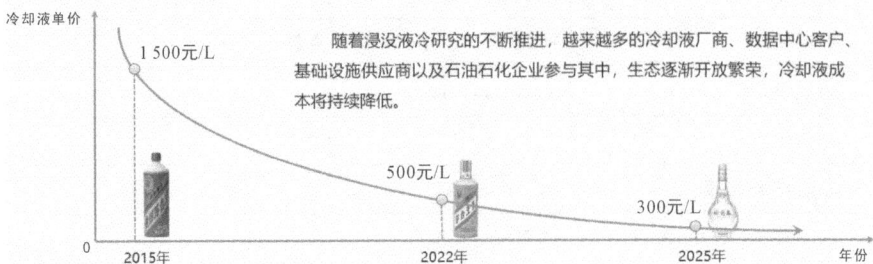

图 2-2 冷却液成本变化情况

2.安全与环保

水和矿物油天然成分,对环境影响较小,但需注意防漏;氟化液需考虑其生产、使用和处置的环境影响。

3.热性能

水热传递性能最优,矿物油次之,氟化液介于两者之间,但电气绝缘性最好。

4.维护与兼容性

水系统维护简单但需防锈防垢;氟化液系统维护较少,但需专业处理;矿物油系统维护成本较高,且泄漏处理复杂。

在选择液冷介质时,需综合考虑系统的算力密度、运行环境、预算、安全要求及环保法规等因素。例如:对于追求高性价比和维护简便性的算力中心,去离子水可能是首选;而对安全性、电气绝缘性有严格要求的高性能计算或超算中心,氟化液可能是更合适的选择;矿物油则适用于对防火要求高、运行环境温度范围宽泛的场景。

2.1.5　应用案例

1.浸没式液冷算力中心

采用冷却液浸泡 IT 设备进行散热冷却,换热后的冷却液进入换热单元 CDU,与来自室外冷源的低温液体换热冷却,实现快速制冷,高效散热。冷却液可以选择氟化液、油类等不导电非腐蚀性液体。

浸没式液冷系统可分为一次侧、二次侧循环系统。一次侧由室外冷却塔(根据地区不同可选干冷器)、冷却水循环泵、定压补水、水处理、水箱等设备组成,二次侧由 TANK、CDU、冷却液循环泵等设备组成,CDU 将板式换热器、冷却液循环泵等集成为换热单元。图 2-3 所示为浸没式液冷算力中心的结构。

2.节水型室外机(简称干冷器)

一款专为液冷算力中心提供冷却水的散热节水型产品,具有高可靠性、大风量、高效换热、超低用水量等特点,其耐腐蚀、节水等特点,较好地匹配当前限水缺水地区高密机房的建设需求,提供的冷却水匹配液冷温控系统或其他需要冷却水项目,如图 2-4 所示。

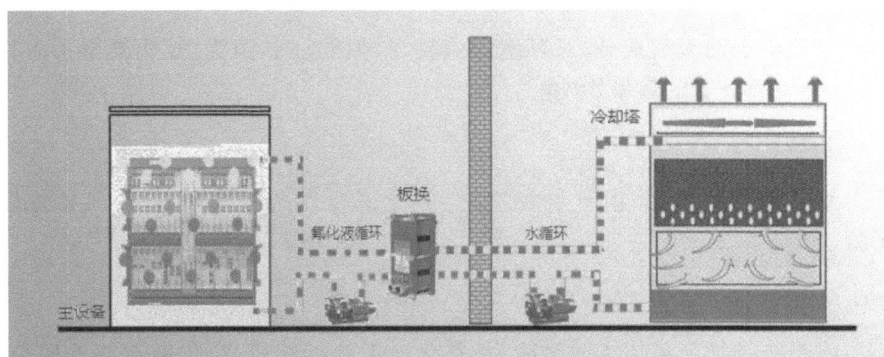

图 2-3　浸没式液冷算力中心结构

图 2-4　节水型室外机(简称干冷器)

综上所述,每种液冷介质都有其独特的优势和局限,理解这些特性对于设计高效、安全、经济的液冷系统至关重要。随着液冷技术的不断进步和应用领域的拓宽,未来可能会出现更多创新的液冷介质,以满足更广泛的市场需求。

2.2　介质的物理化学特性对系统的影响

介质的物理化学特性,包括密度、黏度、导热性、电导性、化学稳定性等,对系统设计、效率及长期运行的安全性至关重要。

1. 密度和黏度

密度和黏度影响介质在系统中的流动特性,高黏度介质可能导致泵送能耗增加,也可能影响热交换效率。

2. 导热性

导热性直接关系到热传递效率,如水由于其高导热性常用于需要高效散热的系统中。

3. 电导性

电导性对于电气设备的冷却尤为重要,水因其电导性可用于冷却电气设备,但也需防范短路风险。

4. 化学稳定性

化学稳定性影响介质在长期运行中的分解可能性,以及与系统材料的兼容性,化学稳定性高的介质(如氟化液)能减少对系统组件的腐蚀。

2.3 环境友好与安全性考量

2.3.1 生态毒性与生物降解性

选择液冷介质时,其生态毒性与生物降解性是不可忽视的因素。例如,虽然矿物油作为一种稳定的冷却介质,但在泄漏情况下,其清理难度较大,且对土壤和水生生态系统可能造成较长时间的影响。相比之下,一些生物基氟化液,尽管成本较高,但其较低的生态毒性及良好的生物降解性,使其在环境敏感区域的应用更具吸引力。未来,开发新型生物可降解液冷介质,将成为减少生态影响的重要方向。

2.3.2 全球变暖潜能值与臭氧消耗潜能值的考量

全球变暖潜能值(GWP)和臭氧消耗潜能值(ODP)是衡量介质对大气环境长期影响的两个重要指标。选择 GWP 低、ODP 为零的液冷介质,如某些新型氟化物,对于减少算力中心对全球气候变化的贡献至关重要。随着环保意识的增强,越来越多的组织和企业开始倾向于选择那些对环境影响最小的冷却方案,这不仅符合社会责任,也是长期可持续发展的必要条件。

2.3.3 操作安全性的多维度思考

操作安全不仅涉及介质的易燃性、爆炸性,还应考虑到其在极端条件下的稳定性,以及对操作人员健康的影响。例如,虽然水是安全的冷却介质,但在直接接触电子设备时,必须确保严格的绝缘措施以防短路。而氟化液虽然在电气绝缘性上表现优秀,但某些类型的氟化液在高温下可能产生有害气体,需采取相应的通风和监测措施。因此,设计安全的液冷系统需要综合考虑多种安全因素,确保系统在各种工况下的可靠运行。

2.4 介质处理与维护策略

2.4.1 定期检测与分析

定期检测是预防性维护的关键一环,它有助于及时发现潜在的问题并采取相应措施。对于不同的液冷介质,应设定相应的检测周期和检测指标。基于定期检测的结果,应制订预防性更换与清洗计划。对于特定类型的液冷介质,特别是对温湿度敏感的介质,如某些合成油或特殊配方的冷却液,需严格控制存放和操作环境的温湿度条件。过高或过低的温度、不当的湿度都可能导致介质性能下降、加速老化或化学性质改变。安装温湿度监控系统,结合环境调节设备(如除湿机、空调系统)来维持理想的储存和运行环境,是延长介质寿命的有效措施。例如:水基介质需关注电导率、pH、微生物生长情况等,以避免腐蚀和生物污染;氟化液则需检查其纯度、稳定性指标,确保长期使用的可靠性;矿物油则侧重于监控其老化程度、闪点变化等。通过实验室分析或现场快速检测工具,可以快速掌握介质状态,及时调整维护策略或更换介质。

2.4.2 污染控制

污染控制的目标在于维持介质的清洁度,延长其使用寿命。介质在长期运行过程中,难免会积累杂质、沉淀物或是因化学反应产生的副产品,这些都可能影响系统的热效率及稳定性。因此,当检测指标接近或达到预定阈值时,应考虑进行介质的部分更换或全量更换,同时对循环系统进行全面清洗,包括管道、散热器、泵体等关键部件,确保系统内无残留杂质,维持介质的纯净度和流动性。这包括:在系统设计阶段采用高品质过滤器和封闭循环系统,减少外界污染物的入侵;使用高效干燥器或脱水剂来控制水分含量,避免水解反应和微生物滋生；同时，定期清洗和更换过滤介质，确保过滤效率。此外，操作环境的清洁度管理也是防止污染的重要措施，如控制室内尘埃、湿度等环境参数。

2.4.3　泄漏预防与应对

泄漏是液冷系统中的一大风险，不仅会导致介质损失，还可能引发安全事故。建立一套完善的泄漏检测系统，这包括但不限于介质泄漏、污染事件的快速响应流程，配备必要的应急物资（如吸油材料、泄漏密封剂）、制订紧急停机和介质回收方案。同时，对运维团队进行定期培训，确保每位成员都能熟练掌握应急处置技能，能在第一时间有效控制事态，减少对设备和环境的影响。如安装传感器监测压力、液位变化，利用视觉或嗅觉检测系统快速定位泄漏点，是预防泄漏的关键。定期检查所有管道连接、密封圈、阀门等易损部件的状态，及时更换磨损部件。制定详细的泄漏应急处理流程，包括立即切断泄漏源、启动备用系统、安全疏散人员、快速清理泄漏物并修复破损，以最大限度减少损失和环境影响。

2.4.4　循环利用与处置

循环经济的理念要求我们尽可能延长产品的使用周期，减少废弃物产生。对于液冷介质，应优先考虑回收和再利用。这包括开发高效的介质回收技术，如离心分离、蒸馏提纯等，将使用过的介质恢复至接近新介质的性能水平。对于无法再利用的介质，必须遵循环保法规，采取无害化处理方式，如化学中和、焚烧或填埋，确保不对环境造成污染。

2.4.5　维护记录与培训

维护记录是系统健康管理的重要组成部分，它记录了系统运行的全过程，包括每次维护、检查、故障处理及介质更换的详细信息。这些记录有助于分析系统运行趋势，为未来的维护策略提供数据支持。同时，定期对操作人员进行专业培训，不仅包括介质特性、维护技巧的理论教学，还应涵盖实际操作演练，确保每位员工都能熟练掌握应急处理程序，提高整个团队的维护水平和响应速度。

通过上述策略的实施，可以显著提升液冷系统的稳定性和经济性，同时降低环境风险，为算力中心和其他依赖液冷技术的行业创造更可持续的发展路径。

第3章　弹性液冷算力中心的规划与设计

3.1　算力中心的生命周期

3.1.1　算力中心项目全生命周期

1.算力中心全生命周期的阶段划分

算力中心全生命周期,是指从建设意图产生到算力中心经济寿命结束的全过程。通常分为决策期、实施期和生产运维期,每一个时期又分为若干阶段。图3-1所示为算力中心全生命周期。

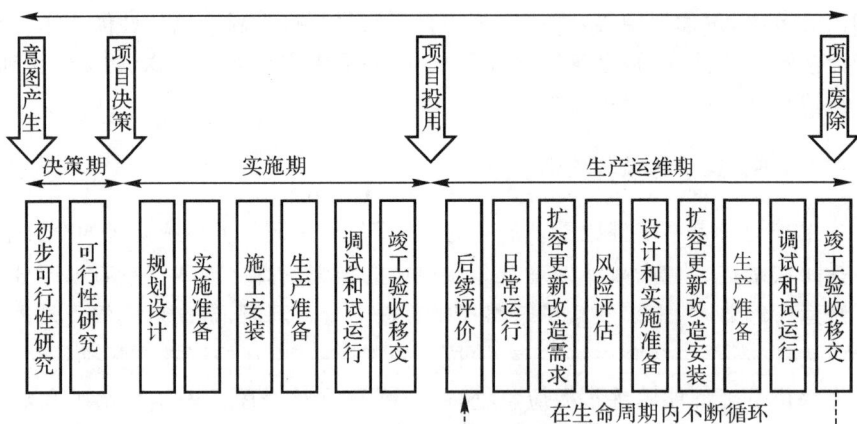

图3-1　算力中心全生命周期

1)算力中心项目的决策期

算力中心项目的决策期是指从建设项目意图的产生到对建设项目进行科学论证并进行项目决策的全过程,具体包括对项目的业务定位、建设规模、建设标准、市场前景等方面进行研究分析,对拟建项目可行性研究做出判断和决定的过程。

2)算力中心项目的实施期

算力中心项目的实施期是指从项目的规划设计开始到项目基本建设完成并竣工验收移交的全过程。

3)算力中心项目的生产运维期

算力中心项目的生产运维期是指项目基本建设完成后,从项目投入使用直到项目经济寿命结束的全过程。

2.算力中心基本建设周期

大型算力中心是一个专业化建筑,不同于一般的建筑物,其建设标准比一般写字楼、商业楼、厂房等高出很多。特别是在项目的全生命周期中,其机电部分的投入基本是土建投入的 3～4 倍,项目投资非常大。因此,算力中心建设项目具有投资回收期长、技术变化大等特点。如果采用一次性投资完成整个算力中心建设项目,势必会造成资金的长期占用,资金成本大大增加,这无疑是很不经济的做法。特别是商业化的算力中心建设项目,其建设模式与市场销售、业务需求、技术发展密切相关。因此,算力中心建设项目,必须考虑其全生命周期的经济性。通常采用分期、分阶段实施,达到先期基本建设完成、后期随需而建的目标。这就使得算力中心建设项目在其全生命周期内变得更加漫长而复杂,不仅如此,在后续生产运营期,还会不断进行扩容、更新和改造等工作。

为了更好地区分各个建设阶段,我们引入"算力中心基本建设周期"概念,是指:自项目开始至项目基本建设完成并达到预先规划要求,算力中心可以提供正常运营使用为止的一个周期。这也就是建设项目决策期和实施期的内容,不包含后期算力中心生产运营期内的扩容、更新和改造等内容。

根据项目建设的实际情况,通常将算力中心的基本建设周期细分为决策阶段、实施准备阶段、实施阶段和投产竣工阶段,如图 3-2 所示。各阶段的主要工作内容如下。

1)决策阶段

决策阶段包括算力中心项目的初步可行性研究以及可行性研究,确定算力中心的投资估算。

2)实施准备阶段

实施准备阶段包括算力中心建设工程的规划设计和实施准备。

3)实施阶段

实施阶段包括算力中心的设备采购和供应、施工安装和生产准备。

4)投产竣工阶段

投产竣工阶段包括算力中心设备的调试、试运行和竣工验收移交。

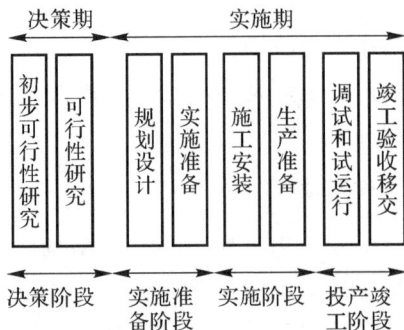

图 3－2　算力中心的基本建设周期

3.算力中心生产运维期

算力中心建设项目的生产运维期,是指项目交付使用到项目经济寿命结束的全过程,也就是项目进行生产运维活动,收回投资,实现预期投资目标的周期。由于算力中心自身的运维特点,其生产运维期与一般项目相比有很大的差别。这主要体现在,为了能够更好地满足企业业务需求的不断变化,同时保持算力中心可持续发展能力,算力中心运维期会有较为频繁的扩充、扩容和更新改造等项目活动。因此,算力中心项目生产运维期的工作内容主要包括后续项目的评价和后期算力中心的扩容、更新、改造等,其中算力中心的扩容、更新、改造又包括决策期、实施期两个阶段,并且这一过程在整个生产运维期内将不断循环直至算力中心不能满足使用要求,即算力中心的经济寿命结束。

3.1.2　算力中心全生命周期预测分析

算力中心生命周期指标应当确定为多少年限比较合理?这个问题一直困扰着CIO(首席信息官)们,目前还没有答案。但是生命周期指标意义重大,它不仅关系到投资建设项目的财务分析和经济性分析,更关系到投资建设项目的决策。对于商业化算力中心,投资回收期、投资收益率是投资决策所关注的重点问题。如果在项目决策阶段对算力中心生命周期指标没有一个全面的了解和认知,将无法进行投资回收期和投资收益率的分析,进而无法进行准确、科学的财务分析和经济性分析,最终导致项目决策的失误。因此,对算力中心全生命周期的预测分析就变得尤为重要。

影响算力中心全生命周期的因素众多,例如,从外围建筑、内部的主要机电设备到 IT 设备都有各自不同的生命周期。具体可参考财务制度中固定资产的折旧年限有关规定,并结合算力中心业务的运维特点而定。固定资产的折旧年限如表 3-1 所示。

表 3-1　固定资产的折旧年限

设备分类	机械设备	动力设备	传导设备	运输设备	自动化控制及仪器仪表			工业炉窑	工具及其他生产用具
					自动化、半自动化控制设备	电子计算机	通用测试仪器设备		
折旧年限/年	10～14	11～18	15～28	6～12	8～12	4～10	7～12	7～13	9～14

根据算力中心业务的运维特点,算力中心的生命周期主要是由房屋建筑物和主要设备本身的折旧年限、IT 设备及新技术发展、客户需求和经济性等综合因素所决定的。

首先,从建筑种类来说,算力中心生产运维的空间场所归属于生产用房,最长经济寿命为 30～40 年,但是建筑的承重、空间结构能否满足未来 30～40 年算力中心技术发展的需求呢? 算力中心的建设标准比一般建筑会更高,但作为专业化和商业化的建筑,根据美国、日本等多家算力中心运营商的经验,将 30 年作为算力中心生命周期指标是一个比较合理的数值。在这个生命周期中,对其建筑和结构的变化要求都不是很大。如果初期按照高标准的要求来规划设计,例如按照 TIA-942 Tier4《数据中心用远程通信基础设施标准》建立的算力中心建筑,在生命周期内,建筑物结构,包括楼层高度、楼板的承重、功能空间等方面基本上不会有太大风险。

其次,算力中心主要服务的对象是 IT 系统。在其 30～40 年的生命周期中,IT 系统的变革却非常大,IT 系统可能已经经历了多个生命周期。IT 技术的变革同时也带动了关键基础设施技术的不断变化,因此,还要关注这些关键基础设施的生命周期。这些关键基础设施的生命周期是由其折旧年限、新技术发展、IT 技术需求和经济性等多方面的因素所决定的。其中新技术的发展是算力中心关键基础设施更新换代,周期缩短的主要原因,这将取决于新技术的可行性、经济性和它对整个业务系统的支持力度。从国外运营商多年的经验来看,关键基础设施的经济寿命为 10～15 年,通常在正常运行 3～5 年后就需要开始启动下一轮的更新换代。但是可以看到,这个更新换代的过程不是一下完成的,通常是从周边系统开始慢慢替换,然后在 4～5 年的过程中慢慢实现的。这就要求在初期设计规划整个系统容量时,充分考虑到后期业务增长的要求。

3.2 需求分析与规模预测

3.2.1 需求分析

需求分析是一个多维度、综合性的工作,它涉及市场调研、业务理解、技术评估等多个方面,目的是明确算力中心的服务对象、服务内容、技术要求和预期目标。

1. 业务需求理解

1)服务对象定位

首先明确算力中心服务的主要行业和客户类型,如互联网企业、金融机构、科研机构等,不同行业对算力的需求和性能要求存在差异。不同类型客户对 IDC 服务的需求特征如图 3-3 所示。

客户类型	机房规模	设备等级	价格敏感度	选址集中度	低时延
互联网行业	★★★★★	★★★★★	★★★★★	★★★★★	★★★★★
云厂商	★★★★	★★★★★	★★★★★	★★★★	★★★★★
金融行业	★★★	★★★★★	★★	★★★	★★★★★
制造行业	★	★	★★★★	★	★
政府机构	★	★	★★★	★	★
视频/媒体	★★	★★	★★★		★★★
游戏行业	★★	★★	★★★	★	★★★★★

图 3-3 不同类型客户对 IDC 服务的需求特征

注:★代表需求程度。例如低时延,互联网行业要求时延很低,

如 10 ms,而制造行业时延需求一般,如 1 000 ms。

算力中心的服务业务模式包括批发型和零售型两种。批发型主要针对大客户,一般以模块为最小出租单位。针对超大型客户的定制型算力中心可以看作是批发型的延伸,近几年发展较为迅速。零售型主要针对小客户,一般以机柜为最小出租单位,早期也有服务商以机柜单元(U)为出租单位服务微型客户,但目前这种微型客户多以 Web 自助服务的形式,转向公有云。一般来说,批发型考验的是资源整合能力、快速建设和扩张能力,而零售型考验的是精细运维及运营能力。从国内外厂商来看,批发和零售均取得成功。目前国内,受新基建政策等影响,批发型更受快进快出的资本市场青睐。但从长期看,零售型更具有成长的韧性。图 3-4 所示展示了算力中心不同服务业务模式的区别。

		零售型	批发型
定制/代建/整体售卖	目标客户	中小型客户,类型多元	大型客户,当前主要为互联网(含云计算)厂商,电信运营商
	客户集中度	低	高
以模块为单位批发	租期	通常为1年	通常为5年及以上
	用户流动性	较高	极低
	销售单位	单机柜起租	单模块起租
以机柜为单位零售	单机柜价格	较高	较低
	平均单机柜电力和制冷密度	低(2~3.5 kW)	高(4.5~8 kW)
	数据中心启用到满租时间	一般2~4年	1年
	上架率	取决于地段和运营能力	取决于大客户
	能效	不确定	一般较高
以单元为单位零售	区位	综合考虑,一般选择一线城市核心区域,近年向一线城市周边及二线城市延伸	成本优先,一般选择一线城市周边或偏远地区
	定制性	较低	较高

图 3-4　算力中心的服务业务模式区别

2)应用类型分析

分析主要应用场景,如云计算、互联网应用、流媒体应用、在线游戏等,不同应用对算力密度、延迟、I/O 吞吐有着不同的需求。图 3-5 展示了 2019 年中国数据中心需求驱动力调查统计情况。

3)性能指标界定

根据业务需求明确算力中心的性能指标,包括计算能力(TFLOPS)、存储容量(PB)、网络带宽(Gbps)、延迟(ms)等。

2.技术趋势与标准

1)技术趋势跟踪

持续关注最新的计算技术、存储技术、网络技术发展趋势,如量子计算、边缘计算、高速网络等,确保设计具有前瞻性和可扩展性。

2）合规与标准

遵循行业标准和规范，如 TIA - 942 等，确保算力中心的合规性、安全性和可靠性。

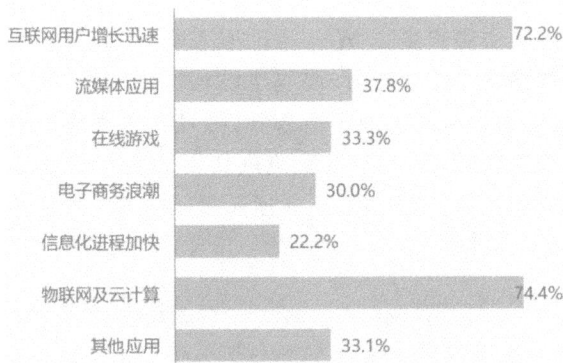

图 3 - 5　2019 年中国数据中心需求驱动力调查

3.能效与环保要求

1）能效目标设定

根据国家和地区的环保政策，设定 PUE 等能效指标，推动绿色低碳发展。

算力中心 2020 年用电量约占全社会总用电量的 2.7%，随着算力中心投产规模的增加，这一占比将持续上升。

传统算力中心的能耗构成如图 3 - 6 所示。算力中心能耗主要包括四部分：IT 设备能耗、制冷系统能耗、供配电系统能耗、照明及其他能耗。总能耗比 IT 设备能耗，即为 PUE。即使采用相同技术，算力中心在各地的能耗也不相同，年平均气温较低区域，用于制冷系统的能耗大幅度降低，PUE 较低。另外，各地的 PUE 要求也不同，一线城市和东部地区更为严格。除 PUE 外，不同地区电价也不相同。对算力中心约束性最强的是用电指标，一线城市的新规划算力中心往往难以拿到该指标，不管 PUE 多低、电价多高。因此，从电力单要素考虑，向一线城市周边区域、边远区域发展是大势所趋。除大型互联网公司外，传统 IDC（尤其是零售型）向外布局仍有阻力：客户上架、运维都更复杂，客户与其他算力中心联动复杂，政务客户等受不出省限制，等等。图 3 - 7 所示为部分城市的年平均气温和数据中心 PUE 要求。

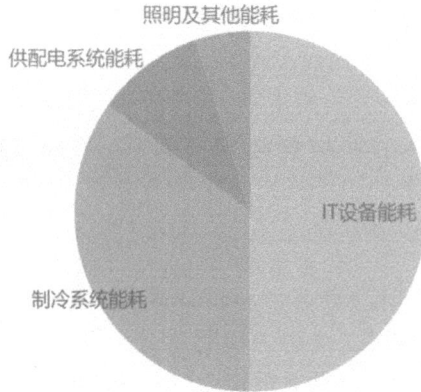

图 3-6　传统算力中心的能耗构成

	年平均气温/℃	PUE 要求
北京	12.3	原有 1.4,新建 1.3
上海	16.6	改建 1.4,新建 1.3
广州	22.0	优先支持 1.3 以下
深圳	22.6	1.4 以上的数据中心不享有能源消费的支持;低于 1.25 可享有能源消费量 40％以上的支持
杭州	16.5	新建 1.4,改造 1.6
天津	12.7	
武汉	16.6	
成都	16.1	
南京	15.5	新建 1.5
西安	13.7	
济南	14.7	新建 1.3,至 2022 年存量改造 1.4
青岛	12.7	新建 1.3,至 2022 年存量改造 1.4
张北	3.7	
乌兰察布	4.3	大型 1.4
贵安	15.3	
中卫	8.6	
廊坊	12.0	
南通	15.3	新建 1.5

图 3-7　部分城市的年平均气温和数据中心 PUE 要求

2)可持续发展考量

考虑使用可再生能源、余热回收、液冷等绿色技术,减少碳足迹。

3.2.2 算力中心分类

1.按规模分类

算力中心规模,按标准机架数量,可分为中小型($n<3\,000$)、大型($3\,000 \leqslant n<10\,000$)和超大型($n\geqslant10\,000$)。

2.按级别分类

算力中心可用性,可按《数据中心设计规范》(GB 50147—2017)分为 A 级、B 级和 C 级,业内也常按 TIA - 942 标准分为 T1、T2、T3 和 T4。也有算力中心服务商的宣传材料中,宣称级别为"n 星级"或者"Tn+",均为非标准说法。图 3-8 展示了数据中心级别划分。

	C 组	B 组		A 组
	T1	T2	T3	T4
可用性/(%)	99.671%	99.749%	99.981%	99.995%
年宕机时间/(h·年$^{-1}$)	28.8	22.0	1.6	0.4
冗余主干路径	没有,N	没有,$N+1$	有,$N+1$	有,$2(N+1)$
冗余接入运营商	否	否	是	是
供电电源	两回线路供电	两个电源供电	两个电源供电	两个电源供电
变压器冗余	N	$M(1+1)$	$M(1+1)$	$M(1+1)$
UPS 冗余及时间	M,15 min	$N+1$,30 min	$N+1$,30 min	$2N$,30 min
发电机规格	满足计算机和电信	满足计算机和电信	满足计算机和电信+1	全建筑负荷+1 备用
发电机冗余及储油量	N,8 h	N,24 h	$N+1$,72 h	$N+1$,96 h
机房专用空调冗余	N	$N+1$	$N+X$	$2N$
建设周期/月	3	3~6	15~20	15~20

图 3-8 数据中心级别划分

3.2.3 建设成本分析

算力中心整体成本(TCO)分为建设支出(CAPEX)和运营支出(OPEX)

两部分,如图 3-9 所示。

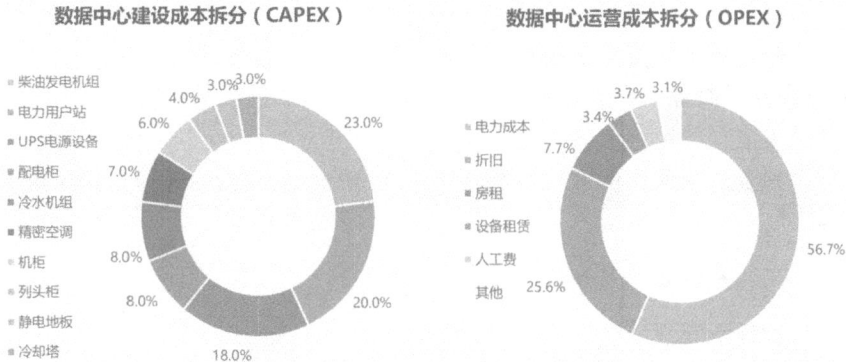

图 3-9 算力中心建设成本与运营成本

建设支出指前期必要的建设投资及一段期限折旧后的再投资,一般指一次性投入。

运营支出指的是每月运行设备的实际花费,主要包括电费支出、折旧、房租、设备租赁,以及现场工作人员的工资等。

对 IDC 服务商而言,电力成本占整体运营支出的 50% 以上。每种设备的不同选型都会影响算力中心的成本,动态近似评估可参考在线版的"施耐德数据中心成本计算模型"。

3.2.4 规模预测

规模预测是基于需求分析的结果,估算未来一定时期内所需的计算资源、存储资源、电力需求、物理空间等,为算力中心的物理设计、基础设施配置、预算编制提供依据。

1.业务量增长预测

1)历史数据分析

收集并分析过去的业务数据,识别增长趋势和季节性波动,采用时间序列分析、回归分析等统计方法预测未来业务量。

2)市场趋势分析

结合行业报告、市场调研数据,评估宏观环境、竞争对手动态、技术进步等因素对业务增长的影响。

2.算力需求量计算

1)峰值与常态需求

区分业务的峰值需求和常态需求,确保设计容量既能应对高峰时段的压力,又能在平时保持高效运行。

2)资源预留策略

考虑资源预留比例,以应对不可预见的需求增长或系统故障,确保服务连续性。

3.设施与能源需求评估

1)物理空间规划

基于服务器机架数量、制冷设备、电力设施等需求,估算所需机房面积、楼层高度、承重能力等。

2)电力需求计算

根据设备功率、PUE目标、冗余配置等因素,计算总的电力需求,规划供电系统。

3)冷却系统规模

根据计算热负荷、液冷系统的效率,设计冷却液循环量、泵站规格、热交换器容量等。

4.灵活性与扩展性考量

1)模块化设计

采用模块化设计思路,便于根据实际需求快速部署和灵活扩展,降低未来升级成本。

2)技术迭代兼容性

在设计阶段预留技术升级接口,确保算力中心能够平滑过渡到新技术、新设备。

需求分析与规模预测是弹性液冷算力中心规划中的关键步骤,它不仅需要精确的数据分析能力,还需要对行业趋势、技术发展有深刻的理解和预判。通过科学的方法和严谨的态度,确保算力中心的建设既满足当前需求,又具备面向未来的适应性和扩展性,为数字经济的快速发展提供强有力的支撑。随着技术的进步和市场环境的变化,持续的评估和调整策略也是必不可少的,以确保液冷算力中心的长期竞争力和可持续发展。

3.3 建 设 规 划

建设规划是液冷算力中心建设中至关重要的环节,直接关系到项目的可行性、运营成本、能效表现以及长期的可持续性。此过程涉及多方面的考量,旨在选出既满足当前需求又能适应未来发展需求的理想地点。图 3-10 展示了数据中心的建设规划内容。

图 3-10 建设规划图

液冷算力中心按自身的生命周期可以分为规划、设计、建设和运营四个阶段,在每个阶段,均有不同的产业链上下游,其中,建设阶段涉及面较广,包含用地、用电、用水、用网、IT 设备、非 IT 设备、土建及其他工程、软件系统等多个方面。图 3-11 展示了液冷算力中心的组成。

下面是对这一过程的详细探讨。

3.3.1 场地选择

算力中心同时具有地产属性和 IT 属性,因此业内常称其为"IT 中最像地产的,地产中最像 IT 的"。地产属性即场地和风火水电,IT 属性即计算、存储、网络和三者的软件定义。两种属性具有统一和对立的特点:一般情况下,IT 属性会受地产属性的限制,如云计算算力中心和大规模算力中心相结合更具有意义。另外,IT 属性也会反作用于地产属性,如采用高性能芯片的整体机柜,在未来有可能使得算力中心面积的需求大幅度降低。

图 3-11 液冷算力中心组成

1.地理位置

液冷算力中心选址以满足电子信息业务的需要为首任,尽可能避免灾难波及算力中心,尽可能降低运营成本。应考虑周边环境,具有高独立、易管理、资源独享、环境优美、配套设施齐全等优势,具体包括以下内容。

1)接近用户和业务中心

尽量选择靠近主要用户群体或业务活动频繁的区域,减少数据传输延迟,提升用户体验。

2)用地成本

不同地区算力中心租用价格不同,一线城市供应紧张、价格总体较高;中西部地区和东北地区供应充分,价格较低。表 3-2 所示为不同地区数据中心租用价格水平。

表 3-2 不同地区数据中心租用价格水平

地区	资源情况	价格水平
北京市、上海市 广州市、深圳市	供应紧张	总体较高
北京市、上海市 广州市、深圳市 周边地区	供应相对充足	比北京市、上海市、广州市、深圳市 低 20%～30%

续表

地区	资源情况	价格水平
中西部地区	供应充分	比北京市、上海市、广州市、深圳市低 50%
东北地区	供应相对充足	比北京市、上海市、广州市、深圳市低 50%

3）交通便利性

确保交通基础设施良好，便于设备运输、人员进出和日常维护，可以顺利到达市区、机场、火车站等。

交通高峰和管制时期有应急交通线路或措施。

设备及集装箱运输、吊装、运维地基结实、路径顺畅，没有障碍物和危险设备，如高压电线、小巷小径等。

4）自然灾害等风险评估

避开地震带、洪水区、台风频发区等自然灾害高风险区域，确保数据算力安全、稳定运行。

算力中心应远离河流、海岸线，或堤坝。

与加油站、机场等场所至少保持数公里的距离。

远离强震和强噪声源、强电磁场所，如铁道边、爆破车间、变电站、多雷击区域等。

远离产生粉尘、油烟、有害气体以及生产或储存具有腐蚀性、易燃、易爆物品的场所，如化工、电力、垃圾填埋场、煤矿、炼钢厂、水泥矿山、危险品仓库等。

远离军事设施和外国大使馆。

避开选择标志性建筑。

未来有没有可能周边设置危险类型的企业。

5）其他考虑内容

场地具备加湿水源、冷凝水排除、设置隔离围栏等条件。

不能在低洼或易受洪水侵入地带，如地下室、车库、山脚下、池塘边等，且水平面应高于该地区历史最高水位。

选择地质坚实的场所，不得在地质断裂带上，不得有橡皮土、软弱土层等不良地质情况，避免选择易积水和易下沉的地面。

其他考虑内容请参照相关国家和行业标准规范。

2.政策与法律环境

1）政策支持

选择对算力中心建设友好的地区,考虑是否有税收优惠、补贴政策等。

2)合规性

确保选址符合国家和地方的规划、环保、安全等法律法规要求。

3.电力供应

1)电网接入

考察当地电网的稳定性、电力供应能力和电价水平,理想地点应靠近大型变电站,以获得充足的、可靠的电力资源。图3-12展示了算力中心的电力供应链。

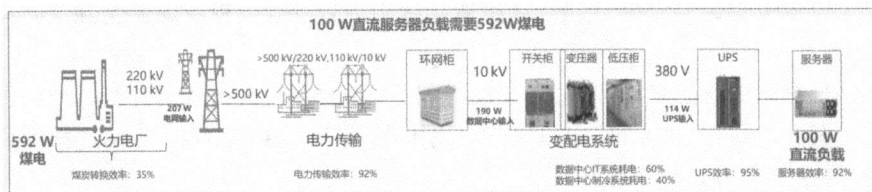

图 3-12 算力中心的电力供应链

减少电能转换环节,缩短传输路径,可提高供电效率。

2)可再生能源接入

评估接入太阳能、风能等可再生能源的可能性,符合绿色算力中心的发展趋势。

3)其他电力相关内容

供电制式:380 VAC(AC 为交流电)±10%,50 Hz。

供电容量:根据当前和未来算力中心规划需求,按照 IT 和辅助设备总负载需求,并考虑冗余制定,单路供电容量需满足全部负载需求。

供电回路要求:两路市电或一路市电一路油机,供电输入要求稳定可靠。

油机供电:按照算力中心设计要求或客户需求确定,储油量需满足供电时间要求。

所有安装设备及材料均应符合国家相应标准的质量规定,连接电缆必须提供产品合格证明。

电缆连接、设备调试、管路焊接等安装人员必须具备相应的资质,严禁无证操作。

4. 供排水

1）供水

加湿器水源需处于稳定供水状态，不应断续供水。

加湿器供水管水压范围为 0.1～0.8 MPa。

水管材质需符合给水管国家标准，规格为 DN20，并安装闸阀、Y 型过滤器、水压表等必要部件。

低温地区，为防止供水管冻结，需要根据当地环境气候情况对管路增加橡塑保温管，并视环境温度考虑是否增加电伴热带设备。

水质要求：洁净的自来水，水质硬度不宜太高，电导率介于 125～1 250 μs/cm 之间，温度介于 4～40 ℃之间。

2）排水

空调室外机安装区域有冷凝水排水口，需要连接管路将冷凝水导入排水沟。

算力中心要位于排水良好的区域，建议建设水泥地基前，规划好排水渠道，避免暴雨积水影响设备正常使用。

加湿器排水温度较高，为避免烫伤，冷凝水排水管需保温处理，同时排水管耐温大于 100 ℃。

采用水管导引冷凝水时，水管朝水流方向坡度不低于 0.5%。

冷凝水排水管末端需设置格栅网，防止虫鼠沿排水管进入算力中心。

低温地区，为防止冷凝水管冻结，需要根据当地环境气候情况对管路增加橡塑保温管，并视环境温度考虑是否增加电伴热带设备。

5. 网络连接

1）光纤网络

确保有高速光纤网络接入，满足大数据量、低延迟的传输需求。

2）网络供应商多样性

选择有多家网络服务提供商的地区，增加网络冗余，提高网络稳定性。

3）受物理距离和节点时延影响

从供给侧看，数据的传送时延包括传输时延和传输节点时延，而传输节点时延与单根据节点时延和节点数量有关，如表 3-3 所示。

表 3-3　不同业务对应算力中心的可选范围

业务种类	时延要求	地域范围
网络时延要求较高的业务,如网络游戏、付费结算等	10 ms 以内	骨干直联点城市或周边 200 km 范围内
网络时延要求中等的业务,如网页浏览视频播放等	50 ms 以内	骨干直联点城市或省级节点周边 400 km 范围内
网络时延要求及较低的业务,如数据备份存储、大数据运算处理等	200 ms 以内或更长	骨干直联点城市或省级节点周边 1 000 km 范围内

从需求侧看,根据业务敏感度,可以分为高时延敏感业务、中时延敏感业务和低时延敏感业务。对于中低时延敏感业务,可以从成本出发,选择建立在边远地区的大规模、超大规模算力中心。而对于高时延业务,则选择位于核心城市核心地段的算力中心,或选择离用户侧更近的边缘算力中心。影响时延的因素如表 3-4 所示。

表 3-4　影响时延的因素

影响因素	时延
信号传输时延	每 1 000 km 产生 10 ms 网络时延
同一运营商网络内部跳转	每次跳转产生 2～3 ms 网络时延
不同运营商骨干网间跳转时延	每次跳转产生 10 ms 网络时延
不同运营商城域网间跳转	每次跳转产生 40 ms 网络时延

目前,如果将业务进行分级,那么核心城市、核心地段的算力中心可以满足金融等业务需求,因此边缘计算的风口尚未真正来临。当前一线城市算力中心抢手,更多是从上架、运维、资源协调性、高可靠性等多方面考虑,并非单独从时延考虑。从长期看,随着自动驾驶、工业互联网、医疗等发展,边缘计算有较大发展机会。

6.防雷接地

1)防雷

为防止算力中心遭受雷击破坏,应设置独立避雷针,当处于附近避雷装置的防护范围之内时可以不再设置避雷针,保护范围按照国家建筑防雷设计规范确定。

独立避雷针应符合以下要求：

(1)避雷针通过 40 mm×4 mm 的热镀锌扁钢作为引下线与接地极可靠焊接。

(2)应采用搭接焊,其搭接长度必须符合下列规定:扁钢为其宽度的 2 倍(且至少 3 个棱边焊接);圆钢与扁钢连接时,其长度为圆钢直径的 6 倍。

(3)其他防雷内容请参照相关国家和行业标准规范。

2)接地

接地装置必须为由水平接地极和垂直接地极组成的综合接地网。

接地网宜采用钢材,接地装置的导体截面应符合热稳定和机械强度的要求。

接地体顶面埋设深度不应小于 0.8 m,角钢及钢管接地体应垂直配置。除接地体外,接地体的引出线应做防腐处理;使用镀锌扁钢时,引出线的螺接部分应涂刷防腐漆。

接地干线至少应在不同的两点与接地网相连接。

接地网的外缘应闭合,外缘各角应做成圆弧形,圆弧半径为不小于 1 800 mm。

综合接地网接地电阻应小于 1 Ω。

其他接地内容请参照相关国家和行业标准规范。

3.3.2　环境评估

1.气候条件

1)温度与湿度

分析年平均温度、湿度,考虑自然冷却潜力,如可能,选择四季温差小、自然冷却能力强的地区。

2)空气质量

评估空气中尘埃、污染物浓度,避免对精密设备造成损害。

2.地质条件

1)土壤稳定性

考察地基承载力、地震烈度,确保建筑的稳固安全。

2)地下水位

避免地下水位过高,降低防渗漏措施的复杂度和成本。

3.周边环境

1)噪声控制
评估周围环境噪声水平,避免对周边居民生活造成干扰。

2)环境保护
考察对周边生态环境的潜在影响,如是否会影响水源、动植物栖息地等。

4.社会环境

1)人力资源
考虑当地的技术人才储备、劳动力成本和培训资源。

2)社区关系
评估项目对当地社区的影响,确保得到社区的支持和理解。

3.3.3 法规政策与合规性

1)土地使用权与规划许可
确保所选地点符合当地的城市规划,获取必要的土地使用权和建设许可。

2)环保法规
遵循国家及地方的环境保护法律法规,完成环境影响评价报告,获得环保部门审批。

3)能源政策
了解并利用当地的能源政策,如可再生能源激励措施、能源价格补贴等。

3.3.4 自然灾害风险评估

1)地震风险
参考地震带分布图,进行地震安全性评价。

2)洪水与水文条件
评估历史洪水记录,进行洪水风险评估,确保场地高于百年一遇洪水水位。

3)极端天气
考虑台风、龙卷风、暴雨等极端天气事件发生的频率和强度,确保建筑结构的安全性。

3.3.5 能源与基础设施接入

1)电力供应

评估现有电网的稳定性和扩容能力,考虑是否需要直接与发电厂签订购电协议。

2)网络通信

确保有可靠的光纤网络接入,支持高速数据传输。

3)供水与排水

评估供水系统的稳定性和水质,以及排水系统的容量和合规性。

4)交通便利性

考虑物流运输的便利性,便于设备的运输和维护人员的通勤。

3.3.6　社会经济因素

1)劳动力资源

考察周边地区的技术人才供应,考虑人才招聘与培训成本。

2)社区关系

评估项目对当地社区的影响,包括就业机会、税收贡献及可能的负面影响,建立良好的社区沟通机制。

3.3.7　结论与建议

场地选择与环境评估是一个复杂且细致的过程,需要多学科、多角度的综合考量。建议采取以下策略。

1)多点评估

对多个候选地点进行全面评估,对比优劣,做出科学决策。

2)专家咨询

聘请环境科学、地理信息、法律等领域的专家参与评估,确保专业性。

3)可持续性视角

在评估中融入可持续发展理念,选择有利于节能减排、生态友好的方案。

4)长期规划

考虑算力中心的未来发展,确保选址具有足够的扩展空间和灵活性,适应技术进步和业务增长的需求。

综合考虑以上因素,场地选择与环境评估是一个综合性的决策过程,需要多学科专业知识的交叉运用。正确的选址不仅能降低建设与运营成本,还能提升算力中心的能效表现和可持续性,对整个项目的成功至关重要。因此,建议采用专业的评估团队,结合实地考察、数据分析与模拟预测,确保选址决策科学、合理。随着技术进步和环保意识的增强,未来的液冷算力中心选址还将更加注重绿色低碳和与环境的和谐共生。

3.4　建筑与电气设计要点

3.4.1　建筑设计要点

在设计液冷算力中心的建筑结构时,需要考虑以下几个关键点,以确保结构的稳定、安全、高效以及对环境的友好适应性。

1.结构安全与稳定性

考虑到液冷系统可能带来的额外重量,建筑结构需设计得足够坚固,以承受设备、冷却液及附属设施的总重量,同时满足抗震要求。采用合理的结构体系,如框架结构或剪力墙结构,提高建筑的整体刚性和韧性。

算力中心建筑结构安全等级适宜为一级,机房建筑的防火等级应为一级,屋面防水等级应为一级。

算力中心的设备区、能源供应区等重要设施必须确保抗震性能,以便在规定设防等级内地震发生时,仍然能够维持设备功能,即使出现功能上的障碍也能够迅速恢复正常。抗震构造措施应在当地抗震要求基础上适当提高。

算力中心机房建筑荷载按 ANSI - TIA - 942:2005 中 Tier3 或更高要求考虑,其余建筑按其功能性要求或工艺要求设计。

2.模块化与可扩展性

采用模块化设计,使得算力中心可以根据业务需求快速扩建或调整,同时便于维护和升级。设计时考虑标准化机柜尺寸、模块化电力和冷却单元,以及灵活的走线通道和空间布局。

3.能源效率与绿色建筑

遵循经济实用、绿色节能的原则。

优化建筑围护结构,采用高性能绝热材料减少热量流失,结合自然采光和通风设计,降低能耗。考虑屋顶绿化、太阳能光伏板等绿色建筑元素,提升能源利用效率和减少碳足迹。

建筑外墙应当具有良好的保温和隔热性能。应着重避免出现结露现象(楼板、送风管道等),提高能源利用效率,降低能耗。

4. 安防与消防

设计周密的安防系统,包括视频监控、门禁控制和入侵报警等。消防设计需符合当地规范,采用无水灭火系统(如惰性气体灭火系统)以减少对设备的损害,同时设置合理的疏散通道和紧急出口。

5. 环境控制

设计合理的气流组织,确保机房内外的温湿度控制在适宜范围内,减少冷热岛效应。对于液冷系统,还需考虑冷却液的防泄漏措施,设置专用的排水和收集系统。

建筑外形不张扬(以不易引起外界关注为宜);四周外墙不应设置外窗;建筑外观和外立面装饰要求简洁大方,并体现绿色节能的特色。

算力中心建筑要有多个冗余出、入口;通常不设置大型地下停车场。

6. 空间布局

"以设备为本,与运维管理流程相结合"是空间布局的原则。由里向外进行建筑空间设计,满足算力中心功能性要求。

体现可持续发展设计理念,强调高可用性,即按照模块化、标准化、高灵活性、高扩展性、高适应性和高弹性的使用要求进行空间布局设计。

按照重要性划分建筑空间,以便于实现安全措施的分级监控。空间布局设计必须满足未来运营中的设备定期检修、更换和退出等要求。

建筑净空:算力中心机房部分楼层梁下高度不应小于 4.5 m,装修完成面净空不应小于 3 m。

3.4.2　电气设计要点

电气设计是液冷算力中心能否稳定运行的关键,应重点关注以下几个方面。

1. 电源系统设计

算力中心电力供应规划应在满足目前使用供电容量要求的同时,充分考虑远期业务发展的扩容需求。

采用双路市电接入,配置 UPS 不间断电源和柴油发电动机作为备用电源,确保电力供应的连续性和稳定性。电源分配系统应设计为双总线架构,实现 $N+X$ 冗余,提高系统可靠性。自备发电动机设备容量、数量应按实际负载量及种类计算配置,同时还要考虑自备发电动机组未来扩容的可能性,并预留空间。电源系统规划结构如图 3－13 所示。

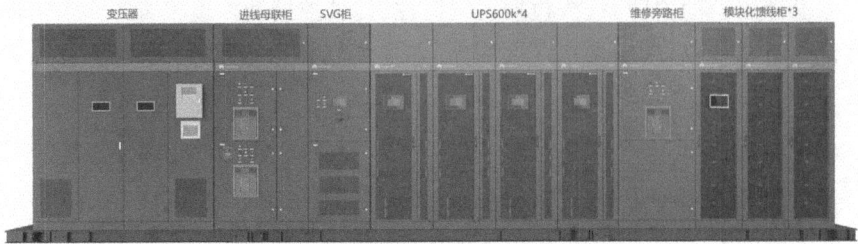

图 3－13　电源系统规划结构

2.低压配电系统

为满足算力中心对供电系统的高可靠性要求,应采取必要的技术措施消除可能出现在 UPS 本身及输出端的各种故障隐患。行之有效的办法就是配置 UPS"双总线输出"配送电系统。在变压器容量配置上考虑变压器负载 100％冗余热备份,有条件时应考虑独立设置 UPS 专用变压器,同时考虑低压系统未来可能扩容的需要。

考虑到经济性,在系统规划设计时,应根据负载不同的用电安全等级合理配置 UPS 系统。先期应考虑经济合理的冗余方式,后期可根据实际需要,最高可升级到 2N 并机双母线冗余(或更高安全等级)方式。

空调系统的供电应当采用独立双回路配电系统,同一区域内空调设备采用分组供电方式,避免供电大面积同时中断情况的发生,保证空调设备全年 365 天×24 h 运转。

根据计算负载和设备布局,合理规划低压配电柜、母线槽和电缆的布局,确保电流分配均衡,减少线路损耗。采用智能 PDU(电源分配单元)进行电力管理,支持远程监控和控制。

3.空调暖通系统

算力中心机房空调系统的目标是:保证算力中心机房环境的温度、湿度和洁净度符合相关规范标准要求,为算力中心机房设备提供一个可靠的运行环境,保证设备不间断的安全运行;保证算力中心机房的正压,防止外界未经处理的空气或有害气体的渗入,以及烟或混合物滞留在算力中心机房内部等。此外,还要满足算力中心工作人员日常办公的要求。

1)冷源、末端及管路配置

采用集中冷源时,如果存在分阶段增容的可能性,那么应在主管路上考虑不停机泄水情况下增容施工的相应措施。

采用集中冷源时,在算力中心机房内,冷冻水管道应采用环状管网,并且应根据系统冗余能力设置分段阀门以便于检修和增容。

在算力中心机房空调系统采用集中冷源且管网投入运行后,除原设计已考虑预留的集中冷源、系统管网、末端装置的增容容量外,超出部分的增容应采用分散冷源的方式。

系统应当考虑冗余设计,根据冷源、末端装置的具体情况采用不少于 N+1 的设备备用方式。

算力中心机房空调机组的冷源及冷却方式通常可分为风冷、水冷、双冷源机组等。一般采用大风量、小焓差设计,根据需要配置电加湿器和电加热器。

2)气流组织

算力中心机房一般采用地板下送风上部回风的气流组织方式,其送风通道和回风通道均可在需要的位置开设风口。

对于下送风方式一般采用架空地板作为送风静压箱,架空地板高度应根据负荷密度和算力中心机房面积等因素综合确定。

地板送风口数量应能够保障每个服务器机架有足够的冷却风量,送风口位置应设置在服务器机架进风处,地板送风口风速应达到 1.5～3.0 m/s。按相关规定,送风温差应控制在 6～10 ℃之间。

3)新风、消防排烟

应分别考虑算力中心各区域的洁净度要求,维持算力中心机房的正压,合理配置算力中心机房的新风系统。

应按照相应的消防规范考虑算力中心机房的防排烟系统和事故通风系统。根据规范设置相应的排烟分区和配置相应的防火阀。

当采用气体灭火系统时,应在进出算力中心机房的风管上设置相应装置,以便气体消防动作启动时能够自动关闭的隔断风阀。在外墙或隔墙的适当位置设置泄压装置,以防止围护结构因气体释放导致超压破坏。

4. 消防、给排水要求

消防、给排水系统关系到算力中心建设的合规性和可靠性,在规划设计时应重点考虑以下因素:

(1)在消防灭火设计中,应坚持"以人为本,防消结合"的原则,根据场地特征及相关规范选择采用相应的灭火系统。一般算力中心机房区域适宜采用气体灭火系统,其他区域可采用预作用水灭火系统。

(2)应确保市政管网中断情况下算力中心的用水要求,保障算力中心机房空调供水的安全,尤其是空调冷却塔的补水安全。

(3)算力中心机房应充分考虑防水措施,应避免任何与电气机房无关的水管穿越电气机房。大型算力中心机房多采用冷冻水空调方式,算力中心空调区有进水管和排水管进入,一旦发生水管爆裂现象,将会对机房设备的安全运行造成极大威胁,应当在建筑结构上充分考虑冷冻水空调末端及管道的漏水防御和排水等相关措施。

5. 接地与防雷系统

建立完善的防雷保护措施,包括外部防雷(如避雷针、避雷带)和内部防雷(如浪涌保护器、接地系统),确保设备安全。

算力中心雷电防护应当符合《建筑物电子信息系统防雷技术规范》(GB 50343—2012)A级标准要求。应具有完备的建筑避雷及引雷装置。良好的防雷接地可以使建筑免受雷电威胁,同时应进一步采取必要措施(如接地、室外控雷技术等)避免因雷电引发对数据及 IT 系统的二次破坏或干扰。

在变配电室低压母线上安装设置一级电涌保护器(SPD);UPS 输入配电柜、UPS 输出总柜、算力中心机房空调配电总柜应安装二级电涌保护器;PDU 内应安装三级电涌保护器;其他与室外有关的所有配电设备和线路均应安装一级电涌保护器。

计算机系统接地,要求采用公用接地系统。若有特殊要求时可留有安全保护地、防静电接地、交流工作地(零线接地)、直流逻辑地以及防雷接地端子。接地装置的设计应满足接地电阻值小于 1Ω 的要求。

6. 建筑智能化系统

算力中心的建筑智能化设计的目标是:满足算力中心的正常运营功能,增强可靠性,提升可服务性和经济性,降低后期运营成本。该系统的规划以及建筑智能化各子系统的选择,应当根据项目的实际营运需要和资金状况进行。首先,需要明确哪些子系统是算力中心运营所必需的,哪些是备选的,然后,再结合项目资金状况确定具体需求。

算力中心的建筑智能化设计内容包括信息通信设施系统、自动控制管理系统、公共安全系统三大部分。通过智能化集成,实现综合管理,使系统运行环境更加安全可靠。在智能化系统设计过程中,应当参照以上各系统的使用功能和使用区域分别设置建筑、设备监控中心和生产监控中心。

1）信息通信设施系统

信息通信设施系统包括通信接入系统、综合布线系统、语音通信系统、公共广播系统、信息网络系统、会议系统及信息导引和发布系统。其中通信接入系统和综合布线系统是整个通信设施的核心。从安全、可靠出发，算力中心通信接入系统要求至少设置两个独立的通信接入机房；考虑到不同的客户需求和通信冗余，应安排多家通信运营商线路进入；进入通信接入机房的电信管网和冗余线路，应当考虑来自不同方向的路由。

综合布线应根据建筑平面规划和各系统要求进行系统规划设计，并考虑在合理范围内采取屏蔽和隔离措施，以避免电力线路对数据和控制信号的干扰，确保系统的使用功能得到满足。算力中心机房区域和其他区域的综合布线系统设计应保持相对独立，同时要保证互联的方便性。

2）公共安全系统

算力中心的公共安全系统包括火灾自动报警系统和应急联动系统及安全技术防范系统。安全技术防范系统又可细分为安全防范综合管理系统、入侵报警系统、视频安防监控系统、出入口控制系统、电子巡查管理系统、访客对讲系统和停车场管理系统等。

3）自动控制管理系统

算力中心是能耗大户。为节电降耗，除强化日常管理外，还应采取必要措施优化自动控制系统。算力中心的自动控制系统应实现对非核心区域基础设施设备和算力中心核心区域的集中监控，主要分为算力中心机房集中环境监控系统和建筑设施监控系统，前者的监控对象主要包括供配电、UPS 及应急电源、漏水检测、精密空调、温/湿度、新排风、防雷和消防等设备设施；后者的监控对象主要包括冷冻系统、热交换系统、中央空调系统、新风系统、供配电系统和给排水系统等。

7.照明与应急电源

设计高效节能的 LED 照明系统，结合自然光利用，降低能耗。设置应急照明系统，确保在主电源故障时，人员能安全疏散。

3.5　液冷基础设施规划

3.5.1　液冷算力中心的设计

液冷算力中心主要分为冷板液冷算力中心和浸没液冷算力中心，它们的规划设计对比如表 3-5 所示。

表 3-5 液冷算力中心的规划设计对比

	设计内容	冷板液冷算力中心	浸没液冷算力中心
规划设计	机房环境	冷板服务器 20% 热量还需配置机房空调进行散热冷却,对机房环境温湿度要求高,需考虑防凝露设计	服务器全浸没冷却散热,液冷占比 100%,无须配置机房空调辅助散热,对机房温湿度要求低
	地板高度	活动地板下的空间只作为电缆布线使用时,地板高度不宜小于 250 mm;既作为电缆布线,又作为液冷管道路由通道时,地板高度不宜小于 600 mm	当线槽或桥架敷设在架空地板下时,地板高度不宜小于 300 mm;当管路敷设在地板下方时,架空地板净高不宜小于 600 m,并应满足消防管道、活动地板、工艺生产的要求
	梁下层高	需满足消防管道、活动地板、生产工艺的要求,梁下净高不宜小于 3.2 m	需满足消防管道、活动地板、生产工艺的要求,梁下净高不宜小于 2.8 m
	活动载荷	国标标准要求 8~12 kN/m²,针对冷板液冷算力中心不宜低于 12 kN/m²	新建算力中心不宜低于 13 kN/m²,根据液冷机柜具体部署密度计算;改建液冷,根据设备重量、底面尺寸、安装排列以及梁板布置等条件计算并校核
规划设计	漏液检测	服务器内配置漏液检测装置,为节点级漏液检测设计	在 TANK 周围设计漏液检测,为设备级漏液检测设计
机房改造	改造难易	可部分利用原有空调管路系统和空调冷量,改造需考虑原有电力、冷量满足度,机房载荷需根据设备布置进行校核	机房改造不能利用原有空调管路系统和空调冷量,需重新进行设备布置和管路系统设计

3.5.2 弹性液冷算力中心部件的组成

弹性液冷算力中心是一个高度集成的计算平台,它采用了液冷技术对算力中心内的全部或大部分计算、存储、网络等关键设备进行散热,以实现高效率、高密度、低能耗的运行目标。弹性液冷不仅限于服务器层面,而是贯穿算力中心的各个层次,如图 3 - 14 所示。

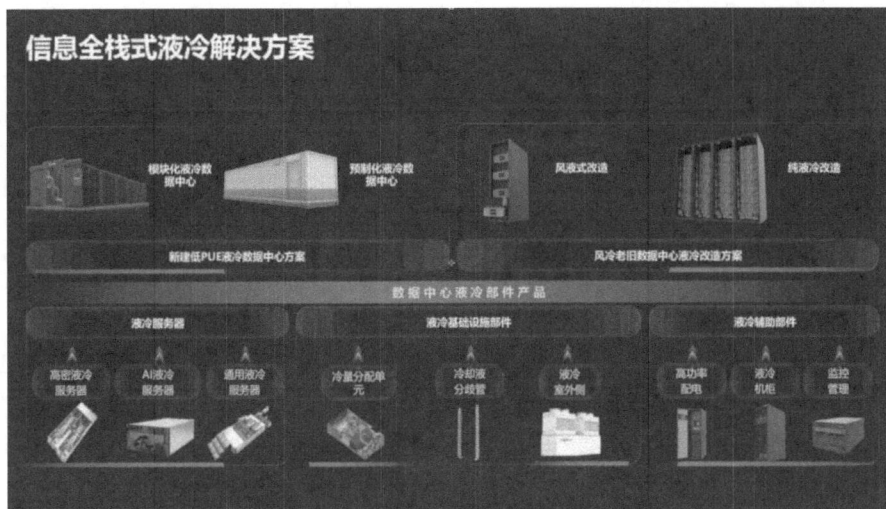

图 3 - 14　弹性液冷算力中心的部件组成

3.5.3　新建液冷算力中心微模块

新建液冷算力中心微模块的规划设计是一项复杂且细致的工作,涉及多个专业领域的交叉合作。下面是一些关键步骤和考虑因素。

1. 需求分析与规划

业务需求:明确算力中心的服务对象、业务类型、算力需求、预期增长率等,以确定微模块的规模、功率密度和扩展性。

能效目标:设定 PUE 目标值,考虑液冷系统对能效的贡献,以及是否满足当地政策和行业标准。

2. 液冷系统设计

冷却液选择:根据安全性、环保性、热传输效率等因素,选择适合的冷却液,如水基、氟化液或其他特殊冷却液。

冷却方式:决定直接接触式液冷、冷板式液冷或间接式液冷等方案,考虑成本、维护难度和适用场景。

循环系统设计:设计冷却液的循环路径、泵、热交换器、储液罐、过滤器等组件,确保高效、稳定的循环和热交换。

3. 微模块布局

模块化设计:采用标准化、预集成的微模块,包括机柜、电源、冷却、网络等子系统,便于快速部署和灵活扩展。

空间规划:依据冷却液管路、电缆管理、消防、安防等要求,合理安排机柜布局,优化气流组织和维护通道。

冗余设计:考虑 N+X 冗余配置,确保系统的高可用性和故障容忍度,包括电力、冷却系统等关键部件。

4. 能源与环境管理

能源效率:优化一次侧和二次侧的能源使用,实施智能温控策略,实现能效最大化。

环境监控:集成环境监测系统,实时监控温度、湿度、压力、水质等关键参数,确保液冷系统的稳定运行。

5. 安全与合规

安全性评估:评估液冷系统的泄漏风险、电气安全、化学安全等,制定应急预案。

合规性审查:确保设计方案符合国家和地区关于算力中心建设和运营的法律法规,以及行业标准,如《相变浸没式直接液冷数据中心设计规范》(TZSA 216—2023)。

6. 智能化与自动化

智能监控:部署先进的 DCIM(算力中心基础设施管理)系统,实现对微模块的全面监控与管理。

自动化控制:集成 AI 算法,自动调节液冷系统,优化能耗,预测并预防故障。

7. 可持续性考量

绿色能源:考虑使用太阳能、风能等可再生能源,减少碳排放。
材料与回收:选用环保材料,考虑设备的可回收性和再利用潜力。

8. 成本效益分析

投资回报分析:综合评估建设成本、运营成本与预期收益,确保项目经济可行性。

通过上述步骤的细致规划与实施,可以确保新建的液冷算力中心微模块不仅能满足当前的高性能计算需求,还能适应未来技术发展,同时符合环保、能效和经济效益的要求。

图 3-15 所示是液冷算力中心微模块典型配置,双排微模块,封闭热通道,PUE 低至 1.2 以下,年节省电费 117 万元。

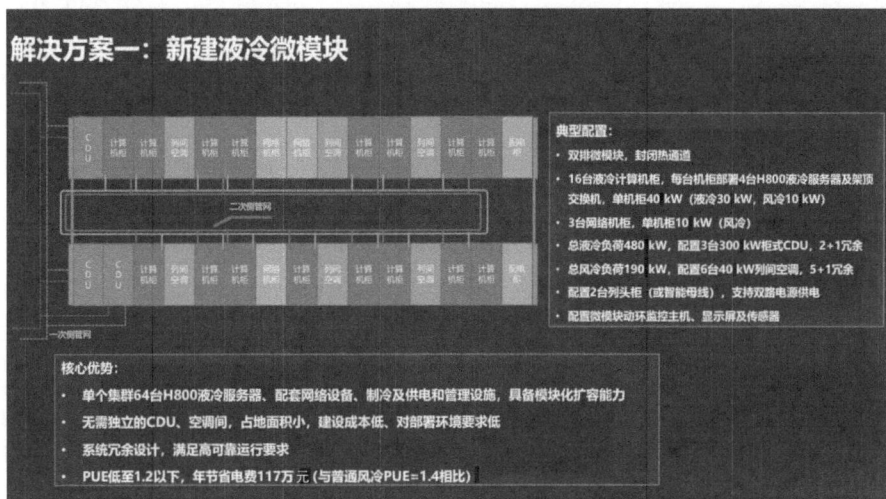

图 3-15　液冷算力中心微模块典型配置

3.5.4　利旧冷冻水冷源改造液冷算力中心

已建设算力中心,新增液冷服务器既要满足高性能计算的算力要求,又要保证在现有风冷机房内的良好散热,而且新增服务器部署不能改变原有机房环境。利用现有的冷冻水冷源进行改造,以适应液冷算力中心的需求,是一个兼顾成本效益与能效提升的策略,规划这样一个项目时,需要综合考虑以下几个关键环节。

1. 现状评估与需求分析

评估现有冷冻水系统:检查现有冷冻水系统的容量、效率、管道材质、水质状况等,确认其是否满足液冷系统的要求。

算力需求与功率密度:明确算力中心的未来业务需求,包括功率密度、冷却能力需求等,确保改造后的系统能够满足高密度算力部署。

2.设计与兼容性评估

液冷系统设计:基于现有冷冻水系统,设计合适的液冷架构,如冷板式液冷,确保与现有设备的兼容性和改造的可行性。

热交换系统设计:设计高效的热交换器,用于冷冻水与服务器冷却液之间的热量交换,考虑热交换效率和压力损失。

3.能效与 PUE 优化

能效分析:计算改造后的系统 PUE,评估能效提升潜力,确保改造后能显著降低能耗。

智能控制:集成智能控制系统,实现冷冻水流量、温度的动态调节,以匹配算力中心的实际负载变化,进一步提高能效。

4.安全与维护

安全评估:确保改造过程中及改造后的系统安全性,包括防泄漏措施、水质监控、电气安全等。

维护计划:制订详细的维护计划和应急预案,确保改造后系统的稳定运行和快速响应。

5.成本与投资回报分析

成本估算:包括改造成本、运行成本及潜在的节约成本,如能耗降低带来的长期节省。

投资回报周期:评估项目投资回报周期,确保改造方案具有经济合理性。

6.实施与测试

分阶段实施:根据评估结果和设计规划,分阶段进行改造,减少对现有业务的影响。

系统测试与调试:改造完成后进行全面的系统测试,包括压力测试、泄漏检测、性能验证等,确保所有系统正常运行。

7.合规性与认证

合规性审查:确保改造项目符合当地法律法规、行业标准和环保要求。

认证申请:申请相关行业认证,提升算力中心的市场竞争力。

通过上述规划步骤,可以有效地将现有冷冻水冷源改造成支持高密度、低能耗的液冷算力中心,促进算力中心的绿色低碳转型和高质量发展。

利旧冷冻水冷源改造液冷算力中心的方案有以下几种。

1.共用低温水系统方案

解决方案:

(1)IT 设备采用风冷＋液冷散热风、液冷负荷均由冷水机组＋开式塔承担

(2)冷冻水管网引出支路至 CDU。

(3)新增二次侧系统,包括 CDU、二次侧环网。

(4)要求 CDU 支持低温进水,具备较大流量的旁通能力或在 CDU 引水回路上增加旁通。

方案特点:

(1)设备利旧,无须新增冷源,如图 3－16 所示。

(2)冷冻水管网取水,施工方便。

(3)改造后 PUE 仍与原冷冻水系统相关。

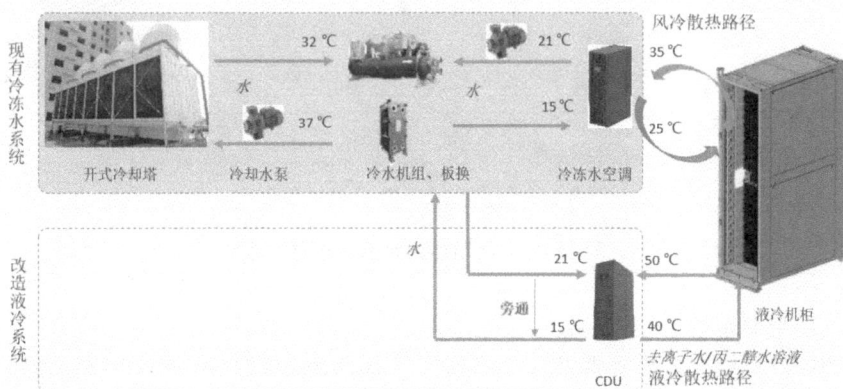

图 3－16　共用低温水系统改造方案

用户收益:

(1)机房噪声降低 15 dB 以上。

(2)机柜密度支持高达 50 kW 以上。

(3)支持满柜上架、规避局部热点。

(4)机房占地减少 60%。

2.共用冷却水方案

解决方案：

(1)IT设备采用风冷＋液冷散热风冷负荷由冷水机组＋开式塔承担。

(2)液冷负荷由开式塔承担。

(3)冷却水管网引出支路至板换。

(4)新增二次侧系统，包括CDU、二次侧环网。

方案特点：

(1)改动小，仅改变原有冷却水系统，如图3-17所示。

(2)可以关停大部分冷水机组，更加节能。

(3)增加一级换热以保证CDU进水水质和温度。

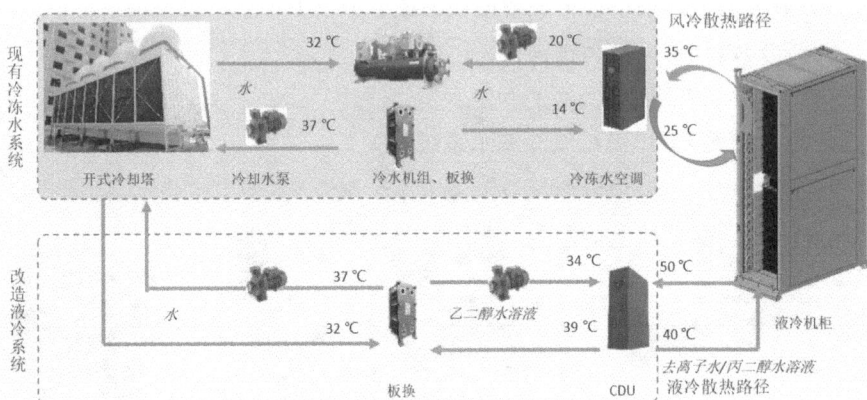

图3-17　共用冷却水系统改造方案

用户收益：

(1)PUE理论值降低0.1，实际PUE视改造后的风液负荷比例而定，且受风冷系统的PUE影响更大。

(2)机房噪声降低15 dB以上。

(3)机柜密度支持高达50 kW以上。

(4)支持满柜上架、规避局部热点。

(5)机房占地减少60％。

3.新增冷源方案

解决方案：

(1)IT设备采用风冷＋液冷散热。

(2)风冷负荷由冷水机组、开式塔承担,液冷负荷由闭式塔承担。

(3)新增液冷一次侧、二次侧所有设备,包括闭式冷却塔、一次侧循环水泵、一次侧补水、软化水装置、CDU、管道系统等。

(4)要求具备新增冷源的安装位置。

方案特点:

(1)改动小,无须改变原有制冷系统,如图 3-18 所示。

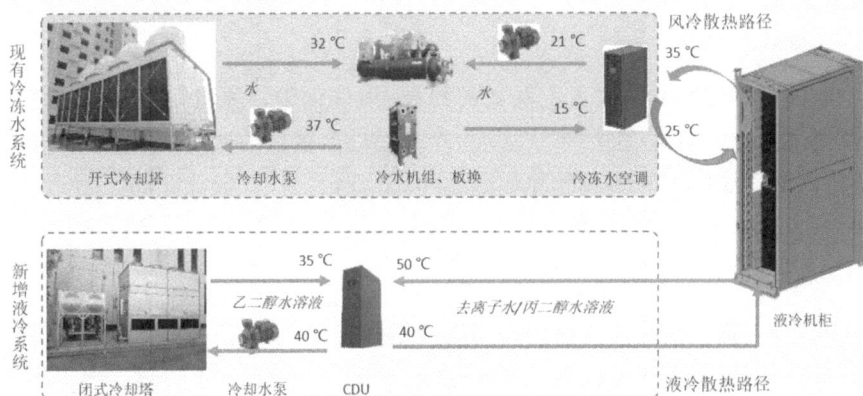

图 3-18 新增冷源系统改造方案

(2)可以关停大部分冷水机组,更加节能。

(3)闭式塔支持干模式运行,更加节水。

用户收益:

(1)PUE 理论值降低 0.1 以上。改造后 PUE 视风液负荷比例而定,且受风冷系统的 PUE 影响更大。

(2)WUE 降低 1.0 以上。

(3)机房噪声降低 15 dB 以上。

(4)机柜密度支持高达 50 kW 以上。

(5)支持满柜上架、规避局部热点。

(6)机房占地减少 60%。

3.5.5 风冷机柜部署液冷服务器

部署液冷服务器在原本设计为风冷的机柜中,通常需要采取一些特定的措施和技术解决方案,以确保液冷系统的有效运行和兼容性。下面是一些关键点。

1. 无改造部署方案

部分液冷服务器设计为即插即用型,例如浪潮信息的 NF5488LA5 服务器和宁畅的相关液冷产品,它们可以通过快插接头与移动式液冷 CDU(冷却分配单元)对接,无须对机房进行大幅度改造,即可直接放置在风冷机柜中。这样的设计允许用户在不改变原有机房基础设施的前提下,快速部署液冷服务器,享受液冷带来的能效提升。

2. 兼容性配件

可能需要安装特定的适配器或转换器,以确保液冷系统的冷却液管道与机柜内部结构的兼容,包括布线管理、冷却液进出接口的密封以及必要的支撑结构,以避免液体泄漏和确保冷却液循环的畅通。

3. 冷却效率评估

由于风冷机柜最初并未为液冷系统设计,可能需要评估机柜的散热能力和空间布局,确保液冷服务器的冷却需求得到满足,不会因为空间限制影响散热效率。

4. 安全措施

部署液冷服务器时,必须加强安全监控,包括安装漏液检测系统和紧急排水设施,以防止冷却液泄漏对服务器硬件和机房环境造成损害。

5. 能耗与环境监控

调整或升级原有的环境监控系统,以适应液冷服务器的运行要求,包括对冷却液温度、流量、压力的监控,以及对机柜内外环境温度和湿度的控制。

6. 维护与管理

制订新的维护计划,培训维护人员熟悉液冷系统的操作和维护流程,确保能够及时处理液冷特有的维护需求。

通过上述措施,可以在风冷机柜中成功部署液冷服务器,实现算力的高效提升和能效优化,同时保持了部署的灵活性和成本效益。

风冷机柜部署液冷服务器应用场景,如图 3-19 所示。

(1)已有风冷机房,无液冷冷源。

(2)少量液冷服务器需求场景,建设液冷冷源收益率低。

图 3-19　液冷机柜部署场景

风冷机柜部署液冷服务器产品方案特点：

(1)无须一次侧基础设施,无须改造机房。

(2)标准风冷机柜安装,快速部署。

(3)减少风扇转速,降低机房噪声。

(4)环境温度 25 ℃下,供液温度不高于 40 ℃。

3.5.6　闭式冷却塔与开式冷却塔区别

闭式冷却塔与开式冷却塔的主要区别有以下几个方面。

1.冷却原理

闭式冷却塔:采用全封闭循环系统,冷却介质(如冷却水)在一个密闭的盘管内循环,不直接与外界空气接触。热量通过盘管壁传递给外部的喷淋水或空气,然后由风机和换热器带走,从而实现冷却。

开式冷却塔:冷却介质(通常是水)直接喷淋在填料上,与空气直接接触进行热交换。部分水分通过蒸发吸热来降低其余循环水的温度,剩余的水流回到冷却系统中循环使用。

2.冷却方式

闭式冷却塔:通常采用风冷加水冷的双循环冷却方式,内循环的介质在盘管中冷却,外循环的水喷淋在盘管外吸收热量并通过蒸发等方式散失到空气中。

开式冷却塔:仅采用风冷方式,依赖空气流过湿热填料表面时的对流和水分蒸发来实现热交换。

3.冷却介质

闭式冷却塔:可以冷却多种介质,包括水、油、醇类、淬水液、盐水及化学液等,且介质成分稳定,无损耗。

开式冷却塔:主要冷却水,不适合冷却油或其他化学介质,因为这些物质可能对环境造成污染或腐蚀。

4.冷却温度

闭式冷却塔:适用于需要冷却高温介质的场合,可以处理更高温度的流体。

开式冷却塔:通常只能冷却到接近湿球温度,对于超过 65 ℃的水温冷却效率降低。

5.冷却效果与稳定性

闭式冷却塔:由于是双循环系统,冷却效果更佳,成分稳定,不易结垢和堵塞。

开式冷却塔:冷却效果受环境因素影响较大,如气温、湿度变化,且循环水中易落入杂质,成分不稳定。

6.维护与环境影响

闭式冷却塔:维护成本相对较低,因介质不直接暴露于外界,不易受污染和腐蚀,减少了水资源的损耗。

开式冷却塔:需要定期清理和补充水,易受环境影响导致效率下降,可能需要更多维护,且因蒸发损失需经常补充新鲜水,可能对环境造成一定影响。

7.成本

闭式冷却塔:初期投资通常高于开式冷却塔,但由于其节水、节能和维护成本低,长期运营成本可能更低。

开式冷却塔:初期投资较低,但长期运行成本可能因水资源消耗和维护需求而增加。

综上所述,选择闭式还是开式冷却塔需根据具体应用场景、成本预算、维护能力及环境要求综合考虑。表 3-6 展示了不同冷却塔的对比。

表 3 - 6　冷却塔对比

冷却塔类型	开式冷却塔	闭式冷却塔
体积	换热量相同时,体积小	偏大
冬季防冻	无法干工况运行	可干工况运行,冬季运行无需担心外部防冻风险;仅需考虑冷却液防冻需求
水质	开式系统,容易滋生藻类及盐类结晶,水质差,需要每年定期加药处理,容易结垢造成系统换热热阻增加	只需进行喷淋水处理,冷却水质较好
噪声	较高	低
飘水	飘水量占冷却水量的 3%～5%,水损失较大	仅喷淋小存在飘水,喷淋水量小,水损失较小
冷却液体种类	水,一般需增加板式换热器	乙二醇/丙二醇水溶液等
系统变流量调节	考虑布水均匀性影响,变流量范围有限	闭式运行,可全范围变流量运行
出投资	低	高
冷却水泵选型	水泵扬程偏大,相同流量下功率高	水泵扬程小,相同流量下功率低

　　液冷系统首选闭式冷却塔,液冷 CDU 的板换对水质要求高;室外环境温度条件好时,支持干工况运行。

3.5.7　冷量分配单元(CDU)分类

　　冷量分配单元(CDU)作为算力中心液冷系统的关键组成部分,可以根据不同的标准进行分类。图 3 - 20 展示了几种常见的分类方式。

1.风冷机架式 CDU

　　风冷机架式 CDU 主要应用于体验级液冷算力中心解决方案,功率小于 20kW,适合于缺少液冷基础设施场景、一体化高能工作站场景和液冷体验感知培训场景。风冷机架式 CDU 如图 3 - 21 所示。

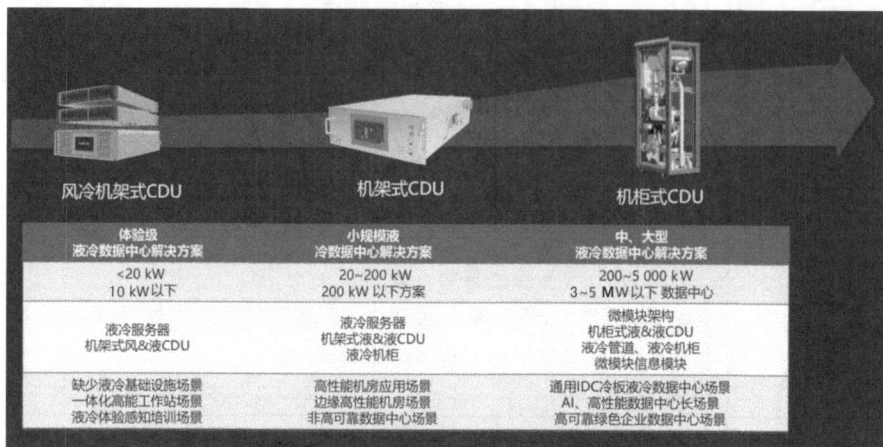

图 3-20　冷量分配单元(CDU)分类

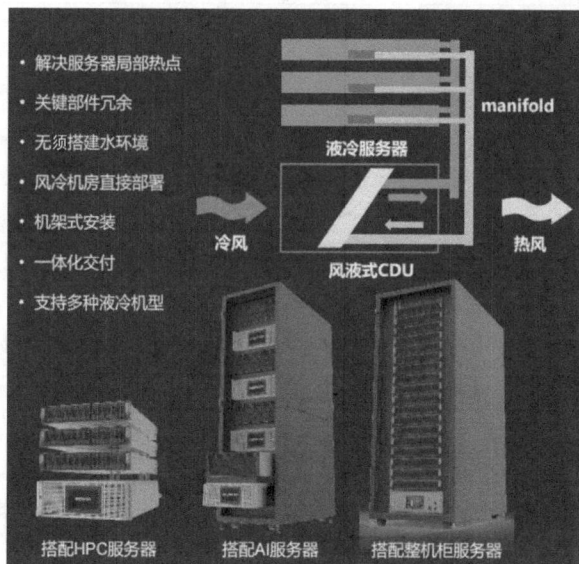

图 3-21　风冷机架式 CDU

2.机架式 CDU

机架式 CDU 主要应用于小规模液冷算力中心解决方案,功率在 20～200 kW之间,适合于高性能机房应用场景、边缘高性能机房场景和非高可靠算力中心场景。机架式 CDU 如图 3-22 所示。

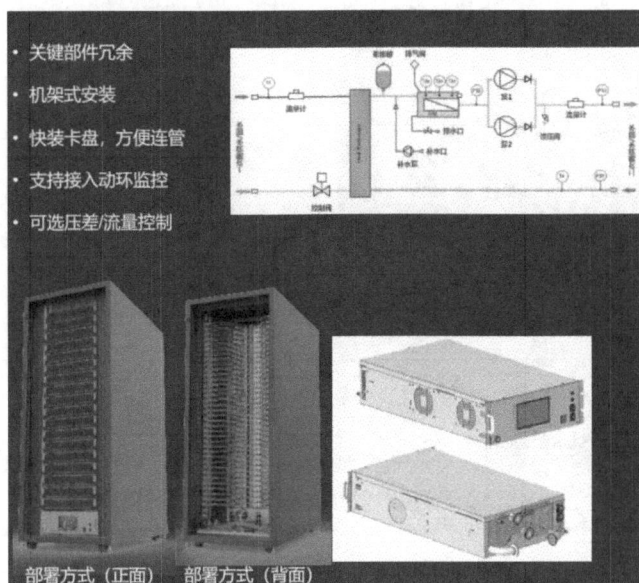

图 3-22 机架式 CDU

3. 机柜式 CDU

机柜式 CDU 主要应用于中、大型液冷算力中心解决方案,功率在 200~
5 000 kW之间,适合于通用 IDC 冷板液冷算力中心场景、AI 高性能算力中心
场景和高可靠绿色企业算力中心场景。机柜式 CDU 如图 3-23 所示。

4. CDU 是否支持开式冷却塔?

CDU 不支持直接用开式冷塔的循环水。

在液冷算力中心中,若采用开式冷塔循环水,一般需要增加中间换热。其
主要问题如下。

1)浓缩结垢问题

开式冷却塔不可避免地会浓缩循环水,循环水浓缩后,硬度上升,需要加
药絮凝,或软化,实际使用中若监管不到,硬度控制不好,结垢风险大,风险不
可逆。

冷板冷却,冷板侧水温高于冷机位置温度,使得 CDU 侧优先结垢,设备
风险大。

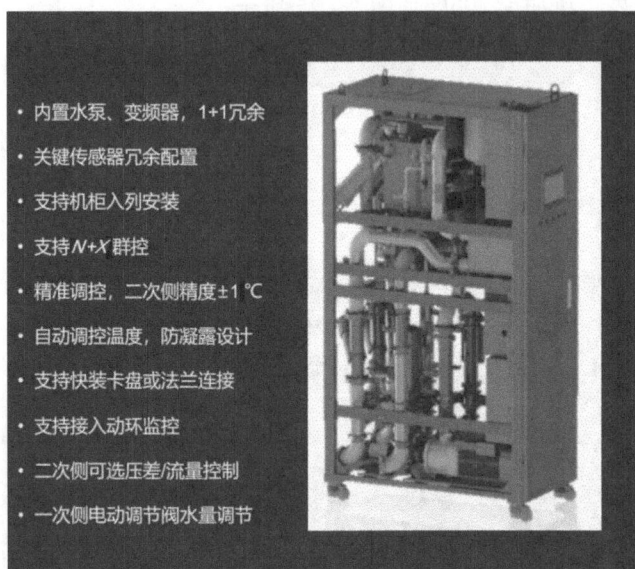

图 3-23　机柜式 CDU

2）管道氧化剥落物问题

开式塔循环系统会不断地接触氧气及其他腐蚀性气体，势必对管道造成腐蚀，管道中不断出现的黄锈泥。虽然经过滤器去掉了大颗粒，其在流动较慢的地方，也会不断沉积，造成板换堵塞。

氧化了的 +3 价铁离子也是冷却循环水的限制物，是因为 +3 价铁离子也呈现氧化性，会对 CDU 构成腐蚀。

3）氯离子腐蚀问题

钎焊板换以及采用不锈钢板换的换热器，其氯离子耐受能力都比较低，而开式塔的循环水势必会浓缩，超过氯离子浓度限制，就需要排放更换，以降低氯离子浓度。

钎焊板换内部换热板片状态不可见，不可更换，腐蚀情况不明，风险不可见，采用可拆板换，可定期清洗，检查，可发现腐蚀倾向，避免串液风险。

4）微生物/藻类问题

循环水工作温度基本常年在 25～32 ℃之间，通过开式冷却塔不免接触环境中的有机物质和菌类，如军团菌，菌类生物会产生菌丝和分泌物，黏附在换热器表面，造成腐蚀或堵塞。虽开式冷塔循环水一般都增加了杀菌剂，若管控不到，风险依旧存在。

开式塔循环水,不同于闭式循环,循环中可见到阳光,给藻类的产生创造了条件,藻类和菌类一样,也会对循环系统构成风险。

综上所述,虽然加药和软换可降低风险,但是不能从根源上消灭风险,条件满足的单位还是建议闭式冷却塔循环和 CDU 方案。

3.5.8　管道布置

液冷系统中的管道布置是确保高效热交换和系统稳定性的关键。合理的管道设计需考虑以下几个要素。

1. 流体动力学分析

基于系统的总热负荷和预期的冷却效率,计算所需冷却液的流量和压力,从而确定管道直径、长度和走向。管道设计应减小流体阻力,避免过高的流速导致的水锤效应、振动和磨损。

2. 布局与路由

管道应沿着最短路径布置,尽量减少弯头和接头的数量,以降低压力损失和维护难度。同时,管道应避免穿越易受振动或机械损伤的区域,确保系统的长期稳定运行。

3. 热管理

考虑热源分布和热点,设计冷液循环路径以有效覆盖所有需要冷却的设备,确保冷却液均匀分配,避免局部过热。

4. 材料选择

选择耐腐蚀、低摩擦系数的材料,如不锈钢等,以适应不同的冷却液性质,延长管道使用寿命。

5. 维护与检测

规划时应预留足够的空间便于管道的检查、清洗和更换,设置必要的阀门、视镜和压力表,方便系统维护和故障排查。

6. 服务器与机柜 MFD 连接方案

服务器与机柜 MFD 连接方案如图 3-24 所示,主要有以下几种方案:

(1)服务器为软管直出＋快接母头,Manifold 为快接公头。

(2)服务器为快接公头,Manifold 为软管＋快接母头。

(3)服务器为快接公头,Manifold 为快接公头,软管为两端母头。

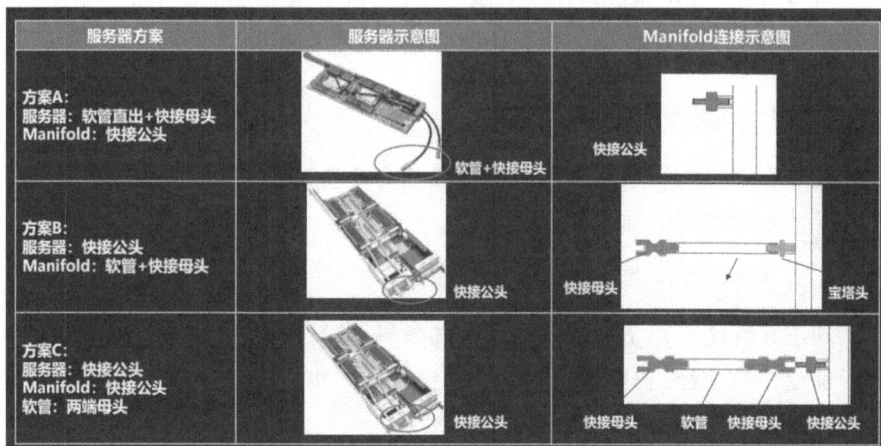

图 3-24 服务器与机柜 MFD 连接方案

3.5.9 泵站设计

泵站是液冷系统的核心,其设计需综合考虑泵的选择、布局、控制策略和安全措施。

1.泵的选型与配置

根据系统的总热负荷、流体特性(如密度、黏度)和管道特性,选择合适类型的泵,如离心泵或螺杆泵,确保足够的流量和扬程。泵应设置适当的冗余,如 $N+1$ 或 $N+2$ 配置,以保证系统的可靠性。

2.布局与安装

泵站应设计在便于维护和监控的位置,远离高温和噪声敏感区域。泵与电动机的安装应考虑振动隔离,使用减震垫或弹簧减震器,减少振动传播。

3.控制系统

集成智能控制系统,根据冷却需求自动调节泵的运行频率,实现节能运行。系统应具备故障报警、自动切换和远程监控功能,提高运行效率和安全性。

4.水质管理

设计过滤系统和化学处理单元,去除冷却液中的杂质和微生物,维持水质清洁,防止冷却系统内部的腐蚀和污染。

5.安全与环保

泵站应配备紧急停机装置,设置泄漏检测和应急排水系统,以防万一发生泄漏事故。同时,应遵循环保标准,确保冷却液的正确处理和排放。

综上所述,液冷基础设施的管道布置与泵站设计需综合考虑系统的效率、安全、可维护性以及长期运营成本。通过精细规划和科学设计,可以构建出高效、可靠、易于维护的液冷算力中心,为算力中心的可持续发展提供坚实支撑。

第4章 弹性液冷算力中心的建设

4.1 算力中心业主方设计管理

4.1.1 工程设计阶段的划分

算力中心工程设计一般可分为方案设计、初步设计和施工图设计三个阶段。

1. 方案设计

算力中心的方案设计主要用于政府规划部门的审批和业主方审查,设计深度应满足政府规划部门的审批要求和业主方需求,并应满足编制初步设计文件的需要。方案设计一般是在顾问公司、业主方提出的概念设计或招标文件的基础上,结合法律法规、标准规范进行细化。

2. 初步设计

初步设计阶段主要是确定各专业系统的设计方案,明确主机房和辅助区的工艺流程和人流、物流情况及建筑平、立、剖面图,明确设备的主要参数和选型要求及建设项目投资概算。初步设计的深度应满足编制施工图设计文件、施工招标文件和主要设备订货的需要。

3. 施工图设计

施工图设计阶段主要是对初步设计进行深化。各专业需增加节点图、管线布置图、施工说明等。建设单位有要求时,经济专业还需做施工图预算。施工图设计阶段的设计深度应满足图纸会审的要求,以及编制施工招标文件和设备材料订货的需要。

4.1.2　设计管理目标和中心任务

算力中心项目业主方设计管理是算力中心建设项目过程管理中不可缺少的重要组成部分,是项目建设过程中的关键环节。算力中心项目业主方设计管理的目标是在满足建设项目安全性、可靠性、适用性、经济性等要求的前提下,保障算力中心建设项目的质量、进度和投资三大控制目标的实现。

算力中心工程设计过程不仅是施工前期的工作,工程设计贯穿于工程建设的全过程。因此,算力中心设计管理与施工管理一样,贯穿于算力中心建设的全过程。其中心任务是对工程设计的质量、进度和建设项目投资进行控制。

4.1.3　设计管理模式与选择

1. 设计管理模式

算力中心的工程设计管理模式主要有以下两种:
(1)建设项目业主直接管理。
(2)建设项目业主委托项目管理公司管理。

2. 设计管理模式的选择

工程设计管理模式的选择取决于建设项目业主的工程技术力量和设计管理水平。一般来说,工程设计管理模式要与建设项目管理模式保持一致。不管采用哪种模式,最终决策人和最终风险承担人都是建设项目业主。建设项目业主可根据项目特点和需要聘请知名专家进行咨询,为决策提供建议。

4.1.4　设计管理内容

算力中心建设项目业主工程设计管理的主要工作是组织设计,配合和提供设计条件,控制设计规模、工程质量、工期与投资,组织审查和批准设计文件,协调设计外部协作关系和提供外部条件。其主要内容如下:
(1)组织工程设计方案概念设计招标、优选概念设计单位。
(2)提供勘察设计基础资料和建设协议文件、项目审批文件。
(3)组织协调勘察与设计单位之间、设计单位与材料供应、设备制造厂商、施工单位等之间的配合活动与互提资料、条件等。
(4)主持研究和审查确认重大设计方案。
(5)对工程设计中提出采用超出国家现行技术标准的新技术、新工艺、新材料、新设备,组织科研试验和鉴定并主持审查其成果,确认设计采用的成果。

（6）主持审查设计采用的重要设计标准、建筑物型式与结构体系、重要计算成果。

（7）组织专家进行优化设计。

（8）组织环境影响评价、水土保持、劳动安全与工业卫生、消防等专题设计审查与报批，组织办理城市规划主管部门的审批等。

（9）协调落实外部补充的规划设计条件。

（10）配合设计单位编制设计概算。

（11）按规定报送办理建设项目核准或备案手续。

（12）组织审查初步设计文件并按有关规定上报，主持审查招标设计和施工图设计文件与图纸。

（13）控制和审查施工过程中的设计变更。

（14）组织算力中心项目设计后评价工作。

（15）做好勘察设计文件和图纸的验收、分发、使用、保管和归档工作。

（16）按计划与合同办理勘察设计等费用的支付与结算。

4.1.5　设计阶段的管理

算力中心项目工程设计阶段的管理主要包括项目初步设计管理、项目技术设计管理、项目施工图设计管理、项目科研试验与接口管理、项目施工阶段的设计管理和项目设计文件的接收管理等。

4.1.6　工程设计过程的管理

1.设计过程管理的目的和控制点

工程设计过程管理的目的是控制设计质量，即在保证设计工作进度的条件下，向业主提交符合设计标准、适宜的、便于实施、能满足使用功能与效益的设计成果。

工程设计质量形成过程也是建设项目的使用特征、功能和效益的形成过程，影响设计质量的因素有设计单位的内部原因，也有外部协助的原因，设计管理活动的主要控制点包括三个环节管理：

（1）设计条件、设计大纲及工作内容。

（2）设计方案。

（3）设计成果。

2.设计质量控制要点

工程设计质量控制包括设计对象和设计结果两个方面:一是工程的质量标准,二是设计工作质量。具体管理控制的要点如下:

(1)设计前控制:重点在提供充分准确的设计条件和设计大纲。

(2)设计方案论证和审查。

(3)设计质量工作检查。

(4)设计成果评审:对设计文件的质量,主要依据其功能性、可信性、安全性、可实施性、适应性、经济性、时间性等质量特征是否满足要求来衡量。

3.设计进度控制要点

工程设计进度控制的目的是要求设计单位保质保量、按时间要求提供各阶段设计文件。其控制要点具体如下:

(1)勘察设计工作计划的编制。

(2)勘察设计工作进度计划的执行检查。

(3)工程设计进度的协调与管理措施。

4.设计投资控制要点

工程设计投资控制的中心任务就是采取预控措施,在设计满足质量和使用功能的前提下,有效控制投资额。主要控制的方法包括推广标准设计、限额设计、多方案技术经济比较等。

4.2　算力中心工程建设管理

4.2.1　确定算力中心的建设管理模式

1.算力中心的建设规模

按建设规模可以把算力中心分为超大型、大型、中大型、中型和小型五个级别,按类型可分为部门级算力中心、企业级算力中心和互联网算力中心等。

算力中心的建设模式虽然与算力中心的规模和类型没有必然的联系,但不同规模的算力中心对施工管理水平、工程管理的力度、施工能力的要求是不同的。大型和超大型算力中心规模大,系统复杂,对建设方的工程管理水平要求高,项目风险大。因此,对算力中心的建设方来讲,需要根据算力中心的建设规模,认真评估自身各项资源的现状,规划算力中心项目施工阶段的工程管理模式。

超大型、大型和中大型算力中心：

1)应用场景

智算中心、一体化大算力中心、云算力中心、运营商枢纽机房、政企核心 EDC。

2)典型特征

建筑级结构及外观设计。

多层堆叠,永久产权建筑。

中型算力中心：

1)应用场景

智算中心、政企自用算力中心、运营商汇聚机房、边缘 DC、灾难备份 DC。

2)典型特征

室外应用结构设计,普通外观及喷涂。

平层或两层部署。

小型算力中心/边缘 DC。

1)应用场景

政企自用 EDC、灾难备份 DC、边缘。

DC、移动应用场景。

2)典型特征

单箱部署,普通外观。

即插即用。

2.算力中心施工建设管理模式

建设方应根据自身的特点,选择适合自己的算力中心建设模式。选择何种管理模式最主要是从人力资源状况来考虑,评估自身人员能力和数量与项目规模的匹配程度,以决定施工建设的管理模式。

目前,建设管理模式主要有以下几种类型：自主管理模式、CM(Construction Management,施工管理)模式、代建制管理模式三大类。中型和小型算力中心通常采用自主管理模式;中大型、大型和超大型算力中心通常采用 CM 管理模式或代建制管理模式。如果建设方在人力资源和工程建设管理经验方面有充足的储备,中大型以上算力中心的施工管理可以考虑采用自主管理模式。否则,为有效规避项目风险,一般不建议采用自主管理模式。

1）自主管理模式

由于建设规模较小，系统相对简单，对工程管理人员的专业水平要求不高，通常在自己企业内部选择项目负责人，配备少量的工程协调联络人员和技术人员，通过招标选择工程项目承包单位。工程质量的检查核实由业主内部相关职能部门的技术人员把关，并聘请监理公司进行工程质量和安全的监督检查。

优点：业主可以以较少的人员投入完成项目建设。

缺点：工程项目的成果可否达到业主的要求，很大程度在于工程项目施工单位的工程管理能力和技术能力。大型项目采用该模式时，业主要有相当数量精通项目管理的专业人员参与项目之中。如业主无同类型工程建设经验，则项目存在较大的风险。

2）CM 模式

CM 模式又称为阶段发包方式或快速轨道方式，产生于美国。这种管理模式与其他项目管理模式的主要区别在于两个方面：一是有专业的从事项目管理的公司介入项目管理之中，也就是说，在项目运作过程中，有独立的主体承担项目管理工作；二是与传统的将设计图纸全部完成再进行招标和建设不同，在此模式下，设计一部分、招标一部分，甚至专业的承包商也参与设计，这样就可以加快进度、节省时间。基于模式的这两个优点，CM 模式在现今被不少企业所接受，得到广泛的应用。

在 CM 模式中，业主直接与承包商签订合同，CM 公司不对工程的总造价负责，只承担管理责任，以自己的管理经验为业主提供项目管理服务，而且在这种管理中，各项任务命令直接由业主来下达；咨询单位为项目提供咨询服务，CM 公司为业主提供专业的项目管理服务，承包商负责工程的建设或承担少量的工程设计，业主做出决策并对最终的工程负责。

优点：工程进度和质量有保证，业主可以很好地控制建设成本。由于业主要全程参与项目建设过程，可以及时发现问题并及时做出调整，可以保证建设成果符合业主要求。

缺点：业主必须熟悉算力中心工程建设，并且对专业团队有一定的了解。业主必须在整个项目建设过程中发挥积极的作用，并对出现的问题迅速做出相应的调整，项目风险与业主管理团队的经验有较大关联。

3）代建制管理模式

建设单位（建设项目业主）将投资建设的工程项目委托给熟悉建设程序和相关法律法规、具备一定专业技术力量的、有资格的代建企业进行全过程管理的模式。

代建制管理模式主要有三种操作方式：项目全过程代建方式、分阶段代建方式和联合代建方式。这三种操作方式虽然都是代建制管理模式，但其具体的代建运行过程有所不同。

在代建制管理模式中，首先是项目业主与项目管理公司签订合同，将整个项目全权委托给项目管理公司，之后由项目管理公司代行业主责任，对整个工程项目建设任务负责，既承担项目管理责任，又对项目提供咨询服务。项目管理公司所提供的咨询服务和专业管理服务是由一个主体完成。大型的项目管理公司可以做到咨询、管理、建造由一个主体完成。

优点：业主不必投入大量的人力、物力在项目管理上，也不要求业主有工程建设的专业知识。

缺点：目前的建筑市场发展较为混乱，目前我国适应代建制管理模式要求的相关人才比较缺乏，有能力的代建企业还不多。而代建企业的选择对项目成功有至关重要的作用。

4.2.2　项目建设流程

无论算力中心的规模大小，选择什么样的建设管理模式，项目的建设流程基本是一致的。针对具体项目，某些过程可能会省略或简化。

中小型算力中心通常在现有建筑中或与其他功能建筑同时设计、施工，不会单独为其进行大规模的建筑施工，因此，在项目建设流程中，初步设计、办理用地、规划审批等环节可以省略。但原有建筑对算力中心建设可能存在较多的制约因素，因此，建设选址非常重要。

大型、超大型算力中心建设往往由土建施工开始，所涉及的工程范围非常广。在工程实施环节中，要充分体现系统的可扩充性，提高系统的利用率，同时有效地利用建设资金。机房施工、系统配套通常不会一次到位，而是根据业务发展分阶段实施。因此，在工程实施过程中，一定要有整体观念，为后期施工预留条件。

算力中心的建设管理可以分阶段进行，如设计和工程施工可由不同的团队进行管理，也可以由同一团队（项目组）进行项目全过程管理。但不同的项目阶段均应具有完整的项目管理过程和相应的管理流程，以确保项目的每个阶段均在控制范围内有序进行。每一阶段都应有明确的启动、规划、实施、控制和收尾过程。

中小型算力中心的建设通常采用同一管理团队进行全过程管理，而大型和超大型算力中心通常会由不同的管理团队管理项目的不同阶段。

本章节要介绍算力中心工程施工管理的主要方法和重点关注的问题。工程施工是将设计图纸转化为产品的过程,最终的产品是否可以满足业主的要求,与施工过程管理有密切的关系。

在工程施工阶段应包含项目的启动、规划、实施、监控和收尾等诸过程。首先,由企业内部高层宣布该项目阶段的正式开始并任命项目经理;其次,项目经理应组建项目管理团队,成立项目组,由项目组管理项目施工建设;最后,由项目组之外的其他机构对施工成果进行验收。该机构可以是内部的,也可以是外部的。

项目管理团队的组建对于项目的建设非常重要,组建原则如下:

(1)确定项目经理人选,项目经理可在企业内部进行选拔,也可为项目而专门招聘。项目经理的职责和工作性质决定了他必须具有一定的个人素质、优化的知识结构、丰富的工程经验、较强的协调和组织能力及良好的判断力。

(2)根据项目范围和预算确定团队组成。当算力中心建设项目规模较小时,项目经理可以单独承担项目的管理职责,而大规模算力中心的建设,则必须由项目团队完成。大规模算力中心项目团队应由项目管理团队和技术专家团队组成。管理团队负责算力中心建设项目的过程管理,技术专家团队解决技术方面的问题。技术专家团队通常采取外聘的形式,成员为算力中心建设方面的专家。

(3)对项目起关键作用的岗位应优先考虑内部选拔。项目初始阶段,关键岗位人员的职责和能力都比较重要,有了他们的协助,项目就会有一个良好的开端。此类人员都是比较资深的员工,稳定性比较有保障。项目实施过程中,可能会有人员离职,但只要关键岗位的人员稳定,项目管理就不易受到致命的影响。

4.2.3　施工管理

1.施工管理过程

1)项目启动过程组

项目启动过程是确定并核准算力中心项目施工启动的阶段,其主要内容有以下两个方面:

(1)制定项目章程,并由企业高层颁布。章程宣布项目的正式启动,并说明项目各个阶段的具体要求,明确对项目经理的授权等。

（2）制定初步范围说明书。制定粗略的项目范围说明，其内容包括对算力中心建设成果的要求、建设边界、验收方法及高层的范围控制。

2）规划过程组

规划过程是算力中心施工管理中非常重要的环节，但常常被忽视，其后果主要是导致规划过程过于粗放，使后续管理中出现大量的、意想不到的计划控制及协调性工作，进而使施工进程受到极大的影响，严重时将造成施工无法进行。因此，在项目一开始就应该投入大量的精力做出详细的规划，同时投入大量的精力做协调工作，这样在执行过程中项目相关各方都遵循统一的计划来执行和监控，执行过程中的计划和协调工作会大大减少。

规划的重要作用还在于"处理不确定性"。项目前期，与项目有关联的相关部门（利害关系者）对项目的影响很大，由于利害关系者的原因，规划发生变更的概率非常高，而此阶段变更的成本相对较低，一旦到工程施工后期，情况则正好相反。因此，这也是重视规划的另一个原因。

在规划过程中应多听取利害关系者的意见，对项目的成功将非常有帮助。

在编制计划完成后，就有了一个确定的路线图。由于算力中心的建设是在复杂多变的情况下实施的，要确保实现最终目标，需要在计划资源时增加一定的储备量，以应对复杂多变的项目环境。

在编制计划并排除不确定性的过程中要明确一个概念——高复杂性≠高不确定性，风险不取决于复杂程度，而主要取决于有算力中心建设的工程实践经验。没有做过算力中心建设，则项目实施的风险相对较高，主要原因在于没有可利用的经验数据。

在规划过程中需要做的主要工作如下。

（1）制订项目管理计划。

在这个过程中，规划过程项目组应邀请所有的利害关系者参与，如设计单位、算力中心的使用部门、算力中心的运维管理部门等。该计划将明确如何规划、执行、监控及结束该项目阶段的基本信息。

（2）范围规划和定义。

该过程将产生算力中心施工过程的范围说明书和范围管理计划，以便指导项目组对项目范围进行有效的管理。范围定义一定要准确，才能使工作范围不蔓延。

（3）制作工作分解结构。

该过程的重要输入是算力中心的设计图纸和详尽的项目范围说明书，详细列明工程施工所需的材料列表。

(4)活动定义。

活动定义的主要的目的是识别为完成各个单项可交付成果所需要的具体活动。如:建设算力中心需要 1 000 m² 防静电地板,根据该输入条件可以知道,要完成1 000 m² 地板的安装工程需要有以下活动:地板搬运、地板支架的安装、地板面的安装。

(5)活动排序。

活动排序依据算力中心施工过程,对各项活动进行排序。如在安装防静电地板之前需要完成地面的清洁、保温面的铺设。将算力中心施工的诸过程按先后顺序进行合理排序。

(6)依据活动资源估算及持续时间估算制定进度表。

该过程分析活动的顺序、持续时间、资源要求和总体进度要求,制定出工程施工进度表、进度基准和项目日历。

(7)费用的估算和预算。

费用估算是为取得完成算力中心施工建设所需各种资源费用近似值的过程。费用估算的准确度在−25％～＋25％之间,该估算在施工图设计完成时提交。在算力中心工程施工前需要确定预算,准确度应在−5％～＋5％之间,在这个过程中,要制订出资金需求管理计划。

(8)质量规划。

该过程制定算力中心建设的质量标准,确定哪些标准与工程施工相关,以及要达到这些标准要求所必需的过程。需要制订出项目管理计划、质量测量指标、质量核对表和质量基准。

(9)人力资源规划。

该过程识别项目角色、责任、报告关系并形成以下文件:项目组织图、人员配备管理计划。

(10)沟通规划。

该过程确定项目相关各方的信息与沟通所必需的过程,制订出沟通管理计划。

(11)风险管理规划。

该过程决定如何对待、规划和执行算力中心施工过程中风险管理活动。通过风险识别和分析,制订出风险登记册和风险管理计划。

(12)采购和发包规划。

该过程确定采购对象,如何采购。应制订出采购管理计划、采购文件、评价标准及合同工作说明书。

3）执行过程组

执行过程指导与管理工程施工。它主要完成项目管理计划中所确定的各项工作，以满足项目要求。其工作重点是有效地协调人与资源，主要有以下过程。

（1）指导与管理项目执行。

该过程指导在施工过程中各类技术和组织界面，执行管理计划中确定的工作。

（2）实施质量保证。

该过程按照计划实施开展施工质量保证活动，确保使用了所有必需的施工过程以满足要求。

（3）项目团队的建设。

该过程改善团队成员的胜任能力和彼此间的配合，以提高项目业绩。

（4）信息发布。

该过程按沟通规划，向与项目相关的各方发布项目信息。

（5）询价与卖方选择。

该过程依据采购规划，取得信息、报价、投标书或建议书，审核报价书，在潜在卖方中选择合格者，并与其谈判并签订合同。在该过程中，如业主对项目非常了解，可要求卖方提供投标书，此时价格是关键。如业主对项目不了解，可要求卖方提交建议书，此时解决方案是关键。

4）监控过程组

该过程监控过程贯穿于算力中心工程施工的启动、规划、执行和收尾的所有过程，观察工程施工的执行情况，及时发现潜在的问题，在必要时采取纠正措施，进而控制项目施工的各个过程。主要有以下工作：

（1）监控项目工作。

该过程通过收集、测量、分发绩效信息，评价测量结果和估计趋势以改进施工过程。

（2）变更控制。

该过程控制造成变更的因素，确保变更带来对项目有益的结果，在变更发生时对其进行管理。

（3）范围核实与控制。

该过程核实施工范围，验收已完成的分项分部工程，并控制范围变更。

（4）进度控制。

该过程监控施工进度，当进度不符合要求时实施纠正措施，使施工进度符合计划要求。

(5)费用控制。

该过程控制工程施工费用的变更。

(6)实施质量控制。

该过程在项目施工过程中,应监控施工单位是否实施了质量保证措施,推荐预防措施和纠正措施。

(7)项目团队管理。

该过程观察团队成员的表现,解决问题以便增强施工执行效果。

(8)风险监控。

该过程跟踪项目施工过程中的已知风险,监视残余风险,识别新风险,实施风险应对计划。

(9)合同管理。

该过程管理合同以及买卖双方的关系,审查并记载卖方合同的履行。

5)收尾过程组

收尾过程是指正式结束算力中心工程的施工过程,将算力中心交给运维管理部门进行管理,该过程包括以下内容:

(1)项目收尾。

对于算力中心的施工,项目收尾只有一个,在这个过程中有行政收尾、交付施工成果和对施工过程进行总结,同时提供合同收尾程序,用于指导合同的收尾工作。

(2)合同收尾。

对于中小型算力中心的工程建设,合同相对较少;对于大型和超大型算力中心,合同可能非常多,合同收尾可能要进行多次。

2.过程组间的相互关系和交互作用

项目管理过程组之间是以它们所产生的成果相互联系,一个过程的成果一般成为另一个过程的依据或成为算力中心的最终交付的成果。因此,在算力中心的施工过程中,要有效地管理项目实施,必须重视每一个过程组。

五大过程组中的启动过程是一个承诺的过程,这个过程是上下级之间的承诺过程,上级承诺算力中心的建设目标,并授权下属可动用的资源;下级承诺保证完成算力中心的工程施工任务等。获得授权后,下属就要兑现承诺,首先要制订计划,然后执行计划。在执行的过程中要强调控制,控制是把实际执行情况和计划做对比,发现偏差并进行分析和判断。根据偏差可接受程度,采取相对应的措施。算力中心建设项目是否完成,是否可以结束项目,需要以计划阶段确定的验收标准来衡量。各过程不是互相独立的关系,而是相互重叠的关系,如图 4 - 1 所示。

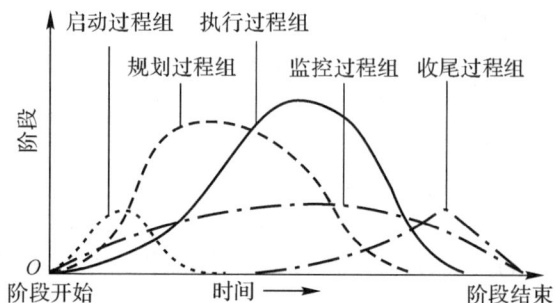

图 4 - 1　项目管理过程组

3.算力中心施工管理的九大领域

在算力中心的工程施工过程中,将涉及项目的整体管理、范围管理、时间管理、费用管理、质量管理、人力资源管理、沟通管理、风险管理和采购管理九大领域。

1)项目整体管理

强调统一并协调各项目管理过程组中不同过程与项目管理活动所需进行的各种过程和活动,使项目管理计划从无到有、由浅入深,指导并管理项目的执行,并通过分析执行与计划之间的差异,对项目计划的差异和变更进行控制,并在过程中总结经验。

2)项目范围管理

明确算力中心施工项目目标,界定工作内容,并将建设项目的目标分解到可以独立外包的程度,形成工作分解结构(Work Breakdown Structure, WBS),并以此作为控制项目范围变更的基准。在范围管理方面,我们要强调在算力中心的施工过程中,完成且只完成确保算力中心项目顺利完工所必需的全部工作。应该避免和防止"镀金"和"范围蔓延"情况的发生。

3)项目时间管理

在算力中心施工项目范围明确后,对项目目标进行进一步分解,并最终完成项目进度表的制作,并以该进度表作为施工过程的时间基准,以进度表衡量施工过程中的进度绩效。通过进度控制系统所规定的程序对进度变更加以控制,其目的是确保算力中心的建设项目按时完成。

4）项目费用管理

通过估算、整合，形成项目管理费用基准。该基准是一条线，而非一个数值。通过该基准可以知道在算力中心建设过程中，每一时间点应该花费的金额。对项目费用变更加以控制，目的是确保项目按照规定的预算完成。项目的进度和费用绩效都可以通过实现价值的技术进行测量，二者互为支撑，互相约束，加上算力中心项目建设的质量要求，就构成了项目管理的三大约束条件。

5）项目质量管理

其目的是达到算力中心施工项目既定的质量要求。质量管理是从技术层面指导施工项目工作的实施。质量管理大体上可以分为以下三个阶段：质量规划、质量保证、质量控制。

（1）质量规划过程主要应该明确哪些规范和标准适用于算力中心的建设，并且明确如何开展质量管理活动，建立质量管理工作流程，最终形成质量管理计划和质量基准，将其作为项目管理计划的一个组成部分和质量审计的依据。在质量规划的过程中，正确选择和识别适用的规范和标准非常关键，一定要避免那些不适用的标准被包含在质量管理计划之中，无谓地增加质量管理的成本。

（2）质量保证是按质量管理计划开展质量管理工作，在这个过程中要严格遵守质量管理工作流程。实施质量保证可以由项目管理主体组织内部的相关部门来完成，也可以由组织外部的机构或人员来完成，如由监理公司承担该项工作。

（3）质量控制的关键是及时发现施工过程中的低效和不合规项，实施质量改进和缺陷补救，避免将不合格的交付成果带入下一道工序或下一项目阶段。可以根据项目的具体情况，适时地组织和开展质量审计工作，以保证工程项目的质量不低于质量基准的要求。在质量管理的过程中，高级管理层必须重视质量管理，项目管理团队应认识到现代质量管理的一个基本准则：质量是规划出来的，而不是检查出来的；预防胜于检查，防患于未然的代价总是小于检查所发现错误的纠正代价。

6）项目人力资源管理

该过程针对项目管理实施主体——人及其组织的管理工作。

7）项目沟通管理

该过程将施工项目的信息及时地传递给需要信息的人，确保信息上传下达的顺畅。

8）项目风险管理

该过程不是只强调监控管理风险带来的威胁，还应强调要从风险中看到机遇，并要求对风险尽早识别、分析、应对，强调对风险征兆的管理，将风险带来的负面影响消除在萌芽状态，或使其向有利于项目的方向转化发展。

9）项目采购管理

该过程就是如何利用组织外的资源满足算力中心建设项目需求。

4. 算力中心建设的三大目标

工程施工管理是相互关联又相互制约的过程。在项目施工的过程中，项目管理人员应充分理解工程建设过程中的三大目标，即质量、时间、成本。应采用合理的方法、手段和工具使算力中心施工项目在预期的时间和费用内达到规定的目标。

在三大目标中，其中一项发生变化，另外两项会随之发生变化。因此，项目管理的三大目标也称为三大制约因素。应确立"质量目标第一、进度目标第二、成本目标第三"的原则，这是因为质量对建设项目的影响是最深远的。

非常重要的一点是，在制定三大目标时一定要科学、合理。质量目标要切合实际，不应无谓地追求最高质量标准，否则，建设成本将大幅度提高；在制定工程进度目标时，应尊重自然规律和施工工序要求，尽量避免赶工，否则工程质量将受到影响，成本也会增加。尽量避免、边勘探、边设计、边施工的"三边工程"；成本目标的制定必须依据项目的建设规模、系统的复杂性、建设材料和设备的档次、项目建设周期来制定，一旦建设资金受到限制时，不应以降低工程质量为代价。

需要强调的是，高价格≠高质量，低价格≠低质量。算力中心的产品质量包含以下两个方面：一是施工过程中选择的施工材料和设备的质量，二是工程施工质量。二者必须结合起来，才能满足算力中心的建设要求。

5. 项目施工过程中应注重合同与流程

项目管理过程中，对于外部单位，合同是工程管理的"宪法"；对于内部，完善的流程是项目成功的关键。

算力中心的建设，通常要求同时或先后有多个合同要进行管理，项目管理团队必须关注项目合同管理，这是因为合同的条款和条件会成为管理过程的关键依据，如产品或项目的验收依据、时间进度要求、工程造价目标等，同时还包含产品交付后的后续保修服务，对算力中心的后期运营有着至关重要的作用。

对于建设方来讲,风险最小的合同形式为"固定总价合同"。如建设方对时间进度有特别要求,为鼓励卖方提前完成项目,也可在进度目标上采取奖励措施,以补偿施工单位在项目赶工时所增加的施工成本。

完善的项目管理流程对项目成功具有非常重要的作用。管理流程是在项目规划过程中建立,用于指导项目团队成员的具体工作,让成员在进行项目管理时能够按照特定的程序完成相应的工作,这样做通常会得到良好的结果。许多建设方都存在"重制度,轻流程"的现象。在实际工作中会发现,只有制度是不能有效管理项目的,完善的流程在项目管理中更重要。

在算力中心的建设过程中,应根据项目自身的特点,有针对性地设立工程管理的目标和程序,具体包括工程质量目标、工期进度目标、成本控制目标、安全管理目标、文明施工目标;招标工作程序、监理工作程序、质量控制程序、工期控制程序、成本控制程序、重要材料控制程序、设计变更程序、隐蔽工程验收程序、竣工验收程序、合同管理程序、信息及资料管理程序等。

4.3 主要组件选型与采购

在液冷算力中心的建设过程中,主要组件的选型与采购是确保系统性能、可靠性和成本效益的关键环节。图 4-2 展示了液冷算力中心的主要构成部件。

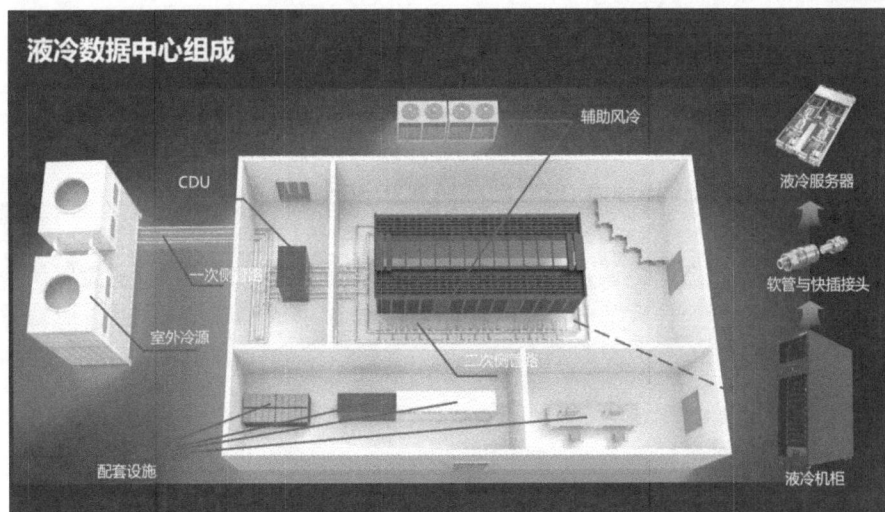

图 4-2 液冷算力中心构成

下面是一些核心组件的选型要点与采购建议。

1. 冷却液泵

1) 选型要点

泵的选择应基于所需的流量、扬程、压力损失和系统总热负荷。考虑泵的效率等级,优先选择高效率、低噪声的离心泵或磁力泵,以降低能耗。同时,泵应具备良好的耐腐蚀性,以适应不同的冷却液类型。

2) 采购建议

选择有良好市场口碑和售后服务的制造商,确保泵的品质和长期技术支持。考虑泵的可维护性和备件的易得性,以降低维护成本和停机风险。

2. 冷却液

1) 选型要点

根据系统设计需求和环境条件选择冷却液,考虑其热物理性质(如比热容、热导率、沸点和凝固点)、化学稳定性、环境影响、生物降解性以及与系统材料的兼容性。

2) 采购建议

选择经过严格测试和认证的冷却液,确保其符合行业标准和环保要求。与供应商合作,获取详细的化学品安全数据表(MSDS),并考虑长期供应的稳定性和成本。

3. 冷却盘管/冷板

1) 选型要点

根据服务器的热负荷、空间限制和安装方式选择合适的冷板或冷却盘管。考虑热交换效率、流体阻力、材料的耐腐蚀性和制造精度。

2) 采购建议

与服务器制造商协调,确保冷板或盘管与服务器的完美匹配,避免因尺寸不合或兼容性问题导致的效率损失。选择有定制能力的供应商,以适应特定的设计需求。

4. 热交换器

1) 选型要点

根据系统热负荷、冷却液和外界冷却介质(如空气或水)的特性选择热交换器。评估热交换效率、压降、维护便利性和耐久性。

2）采购建议

选择经过验证的高效热交换器设计，考虑其在实际运行中的能效表现。考虑是否需要采用可清洗或易维护的设计，以降低长期运营成本。

5.控制与监控系统

1）选型要点

选择具备高精度传感器、智能控制逻辑和用户友好的界面的 DCIM（算力中心基础设施管理）系统。系统应支持远程监控、故障预警、能效分析和自动调节功能。

2）采购建议

选择与液冷系统兼容性好的 DCIM 软件，考虑其开放性、可扩展性和与现有 IT 系统的集成能力。评估供应商的客户服务和技术支持能力，确保系统升级和故障解决的及时性。

6.管道材料与附件

1）选型要点

选择耐腐蚀、低渗透性、高耐压的管道材料，如不锈钢。附件（如接头、阀门、法兰）也应考虑材质的兼容性和系统密封性。

2）采购建议

选择符合行业标准的高质量管道和附件，考虑供应商的批量供应能力和交货期，以满足项目进度需求。与供应商合作，进行现场安装指导和质量检验。

在采购过程中，除了上述技术选型考量外，还应考虑成本效益分析、供应商的信誉与服务能力及长期合作的潜力。通过招标、询价、样品测试等多种方式，综合评估后做出决策，确保采购的组件既满足技术要求，又在预算范围内。此外，与供应商建立良好的合作关系，对于后续的技术支持和售后维护也至关重要。

4.4　施工安装流程与标准

在液冷算力中心的施工安装过程中，遵循严格的流程和标准是确保工程质量、系统性能和安全性的关键。下面是一个概括性的施工安装流程与相关标准。

1. 施工前准备

1）设计审查

确保所有设计图纸、施工方案符合相关标准和规范，如《数据中心设计规范》（GB 50174—2017），以及特定的液冷系统设计指南。

2）场地准备

完成场地平整、基础建设，确保施工区域满足安全、环保要求，符合建筑和电气安装标准。

3）物资采购与检验

按照选型结果采购设备和材料，进场前进行质量检验，确保所有组件符合预定标准。

4）工具检查

应提前检验工具的规格与数量，并做记录，避免施工过程中工具遗失，如表4-1所示。

应提前检验安装工具使用功能正常，质量合格，杜绝使用劣质工具，保障操作安全。

因现场情况不同，部分工具未能列举，以实际项目需求为准。

表4-1 施工工具

名称	参数及外观	名称	参数及外观	名称	参数及外观
防护手套		记号笔		人字梯	
五金工具箱		电信工具箱		电钻工具箱	
冲击钻		热风枪		液压钳	

续 表

名称	参数及外观	名称	参数及外观	名称	参数及外观
电阻表		40 m 激光测距仪		激光水平仪	
吸尘器		50 t 汽车吊车		电焊机套件	
手电筒		墨线盒		毛刷	

2. 主体结构施工

1）建筑施工

根据设计图纸进行主体建筑施工,包括土建工程、墙体、屋顶等,需遵守《混凝土结构工程施工质量验收规范》(GB 50204—2015)等标准。

2）电气基础设施安装

布设高压和低压配电系统,安装 UPS、发电机等,遵循《电气装置安装工程　电气设备交接试验标准》(GB 50150—2016)等标准。

3. 液冷系统安装

1）管道系统安装

根据设计图纸进行管道布置,遵循《工业金属管道工程施工规范》(GB 50235—2010)等相关规范。

进行管道焊接、连接,使用专业工具确保接口严密,进行压力测试以验证密封性。

安装保温层,特别是对室外或温度敏感区域的管道,以减少热损失。

2)泵站与换热设备安装

按照设计图纸安装泵站,确保泵体、电动机、控制面板等部件正确就位。

安装热交换器,注意水平和垂直度,确保流体流动顺畅,无泄漏。

循环水泵、定压补水、软水系统、管路辅件、控制系统在工厂模组化制造成为整体设备后,运往现场与管道连接即可运行。

(1)出厂前完成预调试、预测试,减少现场工作,减少重大活动等不可抗力产生的交期风险。

(2)配合一次侧预制管道,减少现场施工对客户园区产生的影响,最大程度上减少安全事故发生的可能性。

(3)关键部件与外界隔离,水泵等主要部件采用多级降噪措施,减少设备运行噪声对园区环境。

(4)关键部件封装于集装箱内部,避免日晒雨淋,水浸风蚀,保障设备运行可靠性。

3)冷却液填充与测试

在系统封闭前,彻底清洁管道,然后填充冷却液,使用专用过滤装置确保液体清洁。

执行系统充压测试,检查所有连接处,确认无泄漏。

进行初步循环测试,调整泵的运行参数,确保系统运行正常。

4.电气与控制系统安装

安装传感器、控制器和 DCIM 系统,确保所有电气连接符合《爆炸危险环境电力装置设计规范》(GB 50058—2014)等电气安全标准。

进行系统集成测试,包括控制逻辑验证、故障模拟与响应测试。

5.安全与环境控制

安装消防系统,包括自动喷水灭火系统或气体灭火系统,符合《数据中心基础设施施工及验收标准》(GB 50462—2016)等相关标准。

实施严格的环境保护措施,确保施工废弃物合理处置,减少施工期间的环境影响。

6.系统调试与验收

对整个液冷系统进行全面调试,包括冷却液循环、温度控制、故障报警等,确保各项性能指标达标。图 4-3 展示了液冷数据中心的交付方案与界面划分。

组织项目验收,邀请第三方检测机构进行性能测试,确保所有环节符合国家和行业标准。

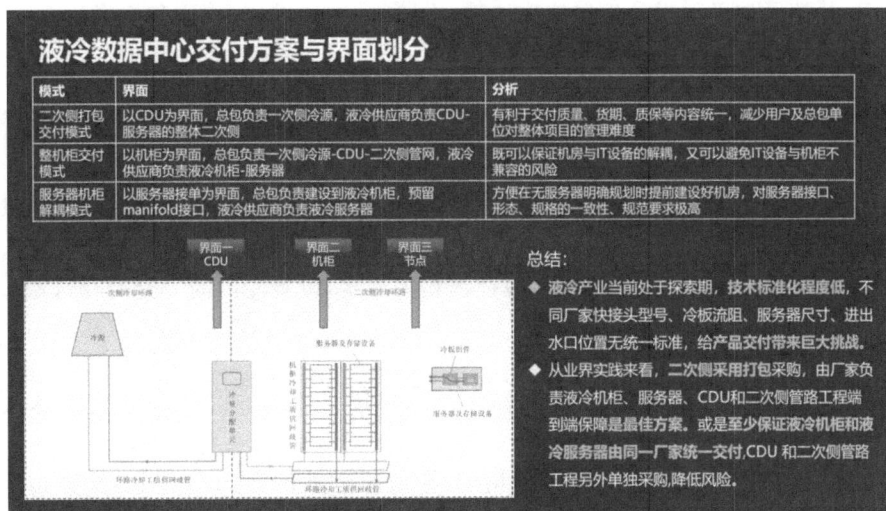

图 4-3　液冷数据中心交付方案与界面划分

7. 运维培训与文档交付

为运维团队提供系统操作、维护保养培训。

完成竣工图纸、操作手册、维护手册等文档交付,为后期运维提供依据。

遵循上述流程与标准,可以确保液冷算力中心的施工安装既高效又合规,为算力中心的长期稳定运行打下坚实基础。

4.5　安全规范与质量控制

在液冷算力中心的建设和运营过程中,确保安全规范的遵守和质量控制的实施是至关重要的。下面是一些核心的安全规范和质量控制措施。

4.5.1　安全规范

1. 电气安全

遵守《数据中心设计规范》(GB 50174—2017),确保电气系统设计安全可靠,实施等电位连接和接地保护。

电气作业人员必须持证上岗,操作前进行安全交底,作业过程中佩戴个人防护装备。

定期进行电气设备的绝缘电阻测试和接地电阻测试,预防触电事故。

2.消防安全

设计符合《数据中心基础设施施工及验收标准》(GB 50462—2015)的消防系统,包括自动报警、气体灭火和疏散指示系统。

采用无水灭火系统以保护电子设备,定期检查和维护消防设施,确保其处于随时可用状态。

储存和使用易燃、易爆物质应遵循相关规定,设置专门的安全储存区域。

3.化学品安全

冷却液的存储、运输和使用应符合《危险化学品安全管理条例》及相关标准,确保泄漏应急措施到位。

工作人员需接受化学品安全培训,了解冷却液的 MSDS 信息,穿戴适当防护装备。

4.作业安全

施工现场应设置明显的安全警示标志,作业区域应有足够的照明和通风。
高空作业、受限空间作业需制定专项安全方案,确保人员安全。
严格执行安全生产责任制,定期开展安全教育培训和应急演练。

4.5.2　质量控制

1.材料与设备检验

对所有进厂的材料和设备进行严格的质量检验,确保符合设计要求和相关标准。

采用合格供应商清单制度,定期评估供应商质量管理体系。

2.施工过程控制

实施施工质量"三检"(自检、互检、专检)制度,确保每个施工环节质量达标。

关键工序和隐蔽工程应进行旁站监督,留存影像资料,确保施工质量可追溯。

3. 系统测试与调试

安装完成后，对各系统（如电气、液冷、消防）进行单独和联动测试，确保系统功能正常，性能指标达到设计要求。

采用性能验证测试，如 PUE 测试，验证整体能效表现。

4. 质量管理体系

建立并执行 ISO 9001 质量管理体系，持续改进质量管理流程，确保质量控制的有效性和高效性。

定期进行内部审核和管理评审，对外部反馈和投诉进行及时处理，持续提升服务质量。

5. 文档管理

详细记录施工日志、检验报告、调试记录等，确保所有文档齐全、准确，便于后期维护和故障追溯。

通过严格遵守安全规范和实施全面的质量控制措施，可以最大限度地降低液冷算力中心在建设与运营期间的风险，保障人员安全，确保项目质量和运行效率，为算力中心的长期稳定运行奠定坚实基础。

4.6　系统调试与性能测试

系统调试与性能测试是液冷算力中心建设中至关重要的最后阶段，旨在验证系统设计的有效性、设备的兼容性，以及整体性能是否满足预期要求。这一阶段包括细致的调试流程和全面的性能测试，确保算力中心在正式投入运营前达到最佳状态。

4.6.1　系统调试

1. 单系统调试

1）电气系统

逐个测试 UPS、发动机、配电柜、PDU 等，确保电气安全、稳定，并进行电力切换测试。

2）制冷系统

对泵站、管道、热交换器、冷却塔等进行单独调试，检查冷却液循环无泄漏,温度、压力、流量等参数符合设计要求。

3)监控系统

验证 DCIM 系统、传感器、报警系统等是否能准确监控和控制各项参数,实现远程管理。

2.集成系统调试

将各独立系统整合,进行联合调试,如电气与制冷系统的联动控制,验证系统间的通信、控制逻辑和故障响应机制。

3.服务器接入测试

在部分服务器上接入液冷系统,进行实际运行测试,检查服务器与液冷系统的兼容性,确保散热效果。

4.6.2 性能测试

1.能效测试

测量 PUE,即算力中心总耗电量与 IT 设备耗电量的比值,评估算力中心的能效水平,确保达到设计目标。

测试液冷系统的 COP(制冷性能系数),评价其能效比。

2.热管理测试

使用热成像仪检查服务器、热交换器等关键部位的温度分布,确保无过热现象,热流分布均匀。

验证自动调温系统的有效性,服务器在不同负载下的温度控制是否稳定。

3.可靠性测试

进行冗余测试,验证在单点故障情况下,系统能否自动切换,保持不间断运行。

模拟故障场景,如断电、冷却液泄漏等,评估应急处理措施的有效性。

4.稳定性测试

运行满载测试,长时间观察系统性能,确保在高负载下仍能稳定运行,无异常报警或性能下降。

进行周期性负载变化测试,评估系统对负载波动的适应能力。

5. 安全测试

消防系统测试,验证火灾报警、自动灭火系统的响应速度和有效性。

电气安全测试,包括接地电阻、绝缘电阻测试,确保电气系统安全、可靠。

4.6.3 文档记录与优化

记录所有测试数据,形成调试报告,包括测试方法、测试结果、发现的问题及解决方案。

根据测试结果对系统进行微调优化,确保所有指标均达到设计标准或更高。

编制详细的运维手册,包含系统操作、维护、常见问题处理等内容,为后期运维提供指导。

通过系统调试与性能测试,不仅可以确保液冷算力中心的各项性能指标达标,而且能够提前发现并解决问题,避免正式运营后出现重大故障,为算力中心的高效、安全、稳定运行提供有力保障。

4.7 培　　训

1. 现场培训

CDC 的主要功能及整体架构介绍。

UPS 配电的操作说明及使用安全注意事项。

空调/液冷设备操作说明及使用安全注意事项。

监控操作说明及使用安全注意事项。

消防操作说明,各部件功能、操作及使用安全注意事项。

2. 课堂培训

CDC 产品规格、规格说明及特点介绍。

算力中心结构、装修材料、风雨密门、通道门、地板等。

机柜、综合布线柜、走线槽及冷热通道。

UPS 配电系统的简单原理、系统图、操作注意事项、日常维护,以及简单故障诊断。

制冷系统的使用说明、操作注意事项、日常维护、告警处理,以及简单故障诊断。

监控系统的原理拓扑图,监控界面介绍,系统操作说明,门禁、视频监控、漏水检测、设备通信操作使用说明,简单故障排除。

消防系统的各部件的功能介绍,控制器操作,报警处理,使用注意事项。

照明系统介绍。

防雷接地系统介绍。

培训安排相关人员参与,并事先做好统计,每次培训需要签到记录,如表4-2所示。

表4-2　培训签到记录表

项目名称	
培训时间	
培训地点	
培训人	

培训主要内容					

受训人员签到					
序号	签到人	签到时间	序号	签到人	签到时间
1			16		
2			17		
3			18		
4			19		
5			20		
6			21		
7			22		
8			23		
9			24		
10			25		
11			26		
12			27		
13			28		
14			29		

4.8 验 收

验收流程：

项目安装、调试完成后，项目经理组织客户、施工单位、监理单位等进行初验。

验收内容参照表 4-3。

初验合格后，由现场项目经理向客户及监理提交验收申请，进行验收；初验不合格需在整改合格后由现场项目经理向客户及监理提交验收申请，进行验收。

验收合格后，各方代表在验收报告上签字确认。

完成项目验收工作。

表 4-3 算力中心验收表

项目名称				
建设单位				
承建单位				
监理单位				

序号	验收项目	验收标准	验收情况 是	否	备注
1	实施环境	1. 防雷设施（地网电阻不小于 10 Ω）			
		2. 防静电接地地网（地网电阻不小于 4 Ω）			
		3. 供水水压符合 0.15 MPa，管径 DN20			
		4. 供电符合（380 V±38 V）/50 Hz			
		5. 提供"算力中心环境需求表"所需要的地面环境			
2	制冷系统	1. 室内机和室外机整洁，美观，无划伤			
		2. 制冷系统开机调试能够正常运转			
		3. 铜管焊接牢固，焊缝平整、美观			
		4. 室内机、室外机与集装箱本体固定牢固			
		5. 内机空气过滤网安装就位，无污垢、破损			
		6. 空调液晶操作屏及菜单功能正常			

续 表

序号	验收项目	验收标准	验收情况		备注
			是	否	
2	制冷系统	7.冷凝水排水顺畅			
		8.室外机电控盒等位置维护空间方便维护操作			
		9.提供相关资料、认证及使用说明书等			
4	配电柜	1.配电柜及结构件整洁,美观,无划伤			
		2.配电开关能够正常操作和切换			
		3.导线布设合理、美观,线径、颜色符合规定			
		4.配电柜与集装箱本体固定牢靠			
		5.各类标贴齐全正确			
		6.主电路接头间的相序和极性排列正确			
		7.配电柜液晶操作屏及菜单功能正常			
		8.提供相关资料、认证及使用说明书等			
5	UPS 配电 系统	1.UPS及结构件整洁,美观,无划伤			
		2.UPS系统开机调试能够正常运转			
		3.UPS供电、电池供电、静态开关转换等功能正常			
		4.各机柜PDU正常运转			
		5.导线布设合理、美观,线径、颜色符合规定			
		6.各类标贴齐全正确			
		7.UPS液晶操作屏及菜单功能正常			
		8.提供相关资料、认证及使用说明书等			
6	消防系统	1.气瓶及结构件整洁,美观,无划伤			
		2.消防系统开机调试能够正常运转			
		3.气瓶容量符合设计要求			
		4.设备相关认证标准			
		5.温感、烟感、声光报警器、紧急起停按钮、放气指示灯、消防柜及消防控制盒都能正常工作			
		6.消防联动供电、门禁、排烟等功能正常			
		7.提供相关资料、认证及使用说明书等			

续表

序号	验收项目	验收标准	验收情况		备注
			是	否	
7	监控管理系统	1.监控主机及配套件整洁,美观,无划伤			
		2.监控系统开机调试能够正常运转			
		3.监控系统针对配电柜的数据读取正常			
		4.监控系统针对 UPS 的数据读取正常			
		5.监控系统针对空调的数据读取正常			
		6.监控系统针对消防的数据读取正常			
		7.门禁系统正常工作			
		8.视频监控系统正常			
		9.各监控系统数据读取界面显示正常无误			
		10.提供相关资料、认证及使用说明书等			

注:本表每个中心一份,签字后客户处和施工方各留一份复印件,原件在公司存档。

验收签字

验收工程师:＿＿＿＿＿＿　日期:＿＿＿＿＿＿　电话:＿＿＿＿＿＿

现场督导:＿＿＿＿＿＿　日期:＿＿＿＿＿＿　电话:＿＿＿＿＿＿

客户代表:＿＿＿＿＿＿　日期:＿＿＿＿＿＿　电话:＿＿＿＿＿＿

第5章 运维管理与能效优化

5.1 运维管理概述

5.1.1 运维目标

从算力中心角度来看,算力中心运维管理就是:为提供符合要求的信息系统服务,而对与该信息系统服务有关的算力中心各项管理对象进行系统的计划、组织、协调与控制,是信息系统服务有关各项管理工作的总称。算力中心运维是算力中心生命周期中最后一个也是历时最长的一个阶段。所谓生产运维期指的是从算力中心项目交付使用,直到项目废除的全过程,也就是项目进行生产运维活动,收回投资,以实现预期投资目标的周期。在此阶段的运维管理,将依托于算力中心已交付的基础设施,通过科学的管理,最终使算力中心得以实现服务与经济上的目标。简单地说,运维管理就是用好、管好已建设交付的算力中心。因此,在算力中心生命周期中,运维管理主要肩负起以下重要目标:合规性、可用性、经济性、服务性四大目标。

1.合规性

合规性,要求算力中心在运维管理过程中能避免违反任何法律、法规、标准与合约文件等规定。这里要求算力中心在运维管理的管理框架设计与执行全过程(包括人员使用、流程设计、产品部署与厂商管理等),能充分考虑有关文件的要求,并在运维管理过程中留下相应的记录,建立起相应的管理评估机制,以向利益相关方证明其能达到合规性的目标。

2.可用性

可用性,要求算力中心在运维管理过程中能保证算力中心各功能组件保持支持既定功能的能力。这里要求算力中心在运维管理过程中能准确识别相关功能组件,了解该组件的设计能力,定义与该组件技术特点相匹配的监控指标,并通过主动与被动的管理,最大限度地保证算力中心各管理组件的可用性。

3.经济性

经济性,要求算力中心在整个运维管理周期中实现算力中心预先要求的财务目标。这里要求算力中心在运维管理过程中,要建立 IT 财务机制:一方面通过合理的财务预算、会计、成本分析等手段准确、及时地分析、记录运维管理过程中的各项支出;另一方面要制定相应的计价模式,将算力中心运维过程中的成本进行合理的分摊。此外,要通过财务管理,使算力中心在运维管理上实现成本与其他管理目标的相对平衡。

4.服务性

服务性,指算力中心应建立服务导向型的运维管理框架。要从服务的角度出发,分析客户与算力中心的各种交互界面,以此为源头构建各种管理流程,最终形成整体管理框架。比如,算力中心在管理体系的设计上可以参考 ITSM(IT 服务管理体系)的要求,建立服务台、服务水平管理、业务关系管理等流程,以此来驱动后台运维管理工作。

液冷算力中心运维的级别及内容如图 5-1 所示。

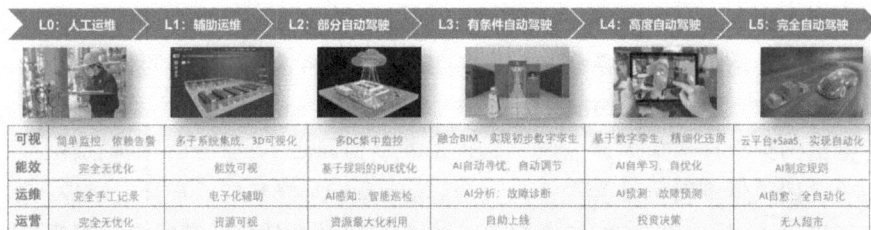

	L0: 人工运维	L1: 辅助运维	L2: 部分自动驾驶	L3: 有条件自动驾驶	L4: 高度自动驾驶	L5: 完全自动驾驶
可视	简单监控、依赖告警	多子系统集成、3D可视化	多DC集中监控	融合BIM,实现初步数字孪生	基于数字孪生,精细化还原	云平台+SaaS,实现自动化
能效	完全无优化	能效可视	基于规则的PUE优化	AI自动寻优,自动调节	AI自学习,自优化	AI制定规则
运维	完全手工记录	电子化辅助	AI感知、智能巡检	AI分析、故障诊断	AI预测、故障预测	AI自愈、全自动化
运营	完全无优化	资源可视	资源最大化利用	自动上线	投资决策	无人超市

图 5-1　液冷算力中心运维的级别及内容

5.1.2　运维对象

如前所述,算力中心的运维管理指的是与算力中心信息服务相关的管理工作的总称。因此,在探索算力中心运维管理方式之前,必须理清算力中心的运维对象,才能针对算力中心特定的运维对象建立相应的管理模式。算力中心运维对象共分成五类,如图 5-2 所示。

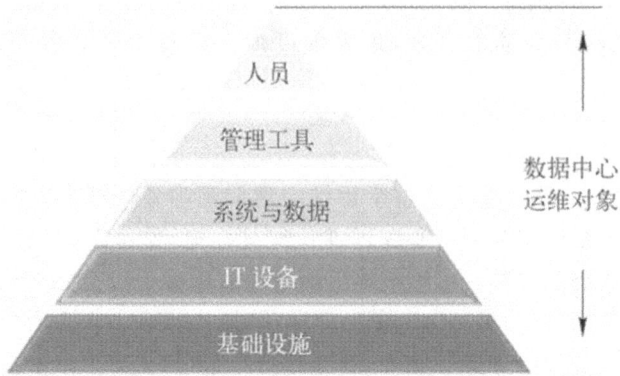

图 5-2 运维对象

第一类运维对象是基础设施部分。这里主要指为保障算力中心所管理 IT 设备正常运行所必需的网络通信、电力资源、环境资源等。这部分设备对于客户来说几乎是透明的,是因为大多数客户基本上只关注业务,并不会关注到算力中心的风/火/水/电。但是,这类设备如发生意外,对依托于该基础设施的 IT 应用来说,却是致命的。

第二类运维对象是在提供 IT 服务过程中所应用的各种 IT 设备,包括存储、服务器、网络设备、安全设备等硬件资源。这类设备在向用户提供 IT 服务过程中提供了计算、存储与通信等功能,是 IT 服务最直接的物理载体。

第三类运维对象是系统与数据,包括操作系统、数据库、中间件、应用程序等软件资源,还有业务数据、配置文件、日志等各类数据。这类管理对象虽然不像前两类管理对象那样"看得见、摸得着",但却是 IT 服务的逻辑载体。

第四类运维对象是管理工具,包括基础设施监控软件、IT 监控软件、工作流管理平台、报表平台、短信平台等。这类管理对象是帮助管理主体更高效地管理算力中心内各种管理对象,并在管理活动中承担起部分管理功能的软硬件设施。通过这些工具,可以直观感受并考证到算力中心如何管理好与其 IT 直接相关的资源,从而间接地提升 IT 的可用性与可靠性。

第五类运维对象是人员,包括算力中心的技术人员、IT 运维人员、管理人员以及提供服务的厂商人员。人员一方面作为管理的主体负责管理算力中心运维对象,另一方面也作为管理对象,支持 IT 的运行。这类对象与其他运维对象不同,具有很强的主观能动性,其管理的质量将直接影响到整个运维管理体系,而不仅仅是运维对象本身。

5.1.3 运维要求

由于算力中心运维对象涉及种类比较多,从供配电设施到 IT 设备、到应用系统、到各类人员,这无疑要求算力中心的运维管理应能适应上述所有的管理对象。另外,作为 IT 服务的物理载体,客户对 IT 服务实时性、安全性、可靠性等的要求最终将内化为对算力中心运维管理的要求。最后,如果该算力中心要通过一些专业认证,或为一些特殊行业提供 IT 服务,其运维管理必须符合相关标准与行业规范。下面列举了部分运维管理方面的要求。

1. 信息安全的要求

随着技术的广泛应用与信息的转型,信息对机构来说,已经变得与土地、人力与资金等传统资源同等重要。另外,随着信息面临的威胁逐年增加,如病毒、钓鱼网站、间谍软件、错误操作、越权使用、人员安全等,作为承载客户信息系统运行的算力中心而言,信息安全绝对是其运维管理的重要要求。

2. 运维管理服务化的要求

随着客户对 IT 系统依赖程度的增大,算力中心的工作质量将直接影响到客户的业务、市场甚至是公司形象等。信息系统宕机导致企业一天遭受数千万元的损失,甚至被监管机构处罚的例子屡见不鲜。这个变化使得算力中心的运维管理逐渐浮出水面,算力中心运维管理团队已从原来的机房管理者演变成了 IT 服务的提供者。如何定义算力中心工作与服务的关系,如何建立与客户之间的服务水平协议,如何快速地支持客户业务的 IT 服务需求,如何规划好 IT 系统建设更好地为业务部门提供发展的动力等,均成为算力中心运维管理规划过程中不可或缺的一部分。

3. 全面质量管理的要求

算力中心运维管理的目标之一就是要保障用户 IT 服务的按质提供,该目标又可细分成基础设施的可用性、IT 设备的可用性、配置管理的有效性、人员对设备操作的熟练程度、服务商管理的到位程度等多个方面。由于算力中心与制造企业不同,上述服务性的工作毕竟无法像工业产品那样容易衡量质量,而且就算是在检查的时候服务质量是合格的,也无法确保在需要该服务时服务质量也是合格的。因此,如何做好全面的质量管理是算力中心运维管理的主要内容。

4.管理制度体系化的要求

算力中心作为一个新生事物,对其运维管理也是近年才兴起的一门学科。因此算力中心的运维管理制度主要靠运维人员利用以往的经验,并总结算力中心管理过程中的经验教训而逐渐建立起来的。这样的管理制度能满足一定的管理要求,但由于没有一个标准的指导,而且在搭建初期主要遵循从下而上的方式,从而导致整个制度的体系化不足。这种体系化不足的缺陷会导致企业管理出现零散化,也就是当组织面临一个新的工作或管理要求时就会产生一个新的制度,而该制度与原有制度之间的关系则难以进行整合,最终会使管理者无所适从。

5.管理制度测量的要求

随着 IT 技术应用的广泛和深入,以及精细化管理的提出,量化管理已成为许多成熟企业努力的方向。作为直接支撑 IT 服务的算力中心来说,也需要导入这种量化的管理方式,用数字来说话。这就要求算力中心在构建运维管理体系时,要考虑将来的测量需求,并在流程中预留这些测量点,最后通过报表、记录的输出,达到对该制度进行测量的要求。

5.2 液冷算力中心与风冷算力中心运维差异

液冷算力中心相较于风冷算力中心来说,在运维范围上增加了一套液冷散热系统(包括一次侧冷源、CDU、二次侧管路),但缩小了风冷散热系统的规模。

增加部分均为闭式系统,再结合冷却液在线检测和自动补液功能,可极大减少新增部分的运维工作量。

对于中小型算力中心来说,风冷散热部分可由水系统转变为氟系统,运维工作量更小。

对于中小型项目来说,运维成本与风冷算力中心相当,对于大型算力中心来说,建议适当增加运维人员。

表 5-1 展示了液冷算力中心与风冷算力中心运维差异。

表 5-1　液冷算力中心与风冷算力中心运维差异

	液冷算力中心	风冷算力中心
一次侧冷源	闭式系统,水质稳定,运维工作量小。添加防冻液后,无须考虑冬季结冰问题	开式系统,水质不稳定,运维工作量大。冷却液冬季有结冰风险
服务器上下架	插拔水、电、网接头。注:液冷接头拔下时,液体可自动断开	插拔电、网接头
运维环境	风扇转速低,运维噪声小	风扇转速大,运维噪声大
运维重点	二次侧冷却液水质。二次侧漏液。二次侧补液(每年手动补液1~2次)	一次侧水质。冬季结冰问题

5.3　日常运维体系构建

日常运维体系是确保液冷算力中心持续稳定运行的基础,涉及人员配置、管理制度、技术工具和应急预案等多个方面。构建高效、规范的运维体系对于提升服务质量、降低运营成本、保障数据安全具有重要意义。

1.组织架构与人员配置

1)运维团队组建

根据算力中心规模和复杂度,组建包含运维经理、工程师、技术员等多层次的专业团队,确保涵盖电气、暖通、网络、硬件、软件等多领域的技能。

2)职责划分

明确各级运维人员的岗位职责,包括日常巡检、故障处理、系统优化、安全监管等,建立清晰的责任链条。

2.制度与流程建设

1)运维规程

制定详尽的运维操作规程和维护计划,包括设备巡检、定期维护、变更管理、故障处理流程等,确保运维工作的标准化、规范化。

2)安全管理制度

建立健全安全管理制度,包括物理安全、网络安全、数据安全、人员安全等,确保符合 ISO 27001 信息安全管理体系等国际标准。

3.监控与管理系统

1)DCIM 系统

利用算力中心基础设施管理系统(DCIM),实现对电源、制冷、环境、安全等系统的实时监控,自动化数据采集与分析,及时预警潜在问题。

2)KPI 监控

设定关键性能指标(KPIs),如 PUE、设备故障率、响应时间等,定期评估运维效果,持续优化。

4.维护与故障处理

1)预防性维护

制定预防性维护计划,定期对设备进行检查、清洁、保养,更换易损件,预防性替换到达寿命期限的设备。

2)快速响应机制

建立故障快速响应机制,包括 24 h 值班制度、分级响应流程、紧急情况处理预案,确保故障得到及时有效的处理。

5.技能培训与知识管理

1)人员培训

定期对运维团队进行技术培训和安全教育,提升专业技能,熟悉最新技术趋势和解决方案。

2)知识库建设

构建运维知识库,记录故障案例、解决方案、最佳实践等,便于知识共享和传承,提升团队整体运维能力。

6.应急管理与灾难恢复

1)应急预案

制定针对各种可能突发事件的应急预案,如电力故障、火灾、网络安全事件等,明确应急流程、责任分工和资源配置。

2)灾难恢复计划

设计灾难恢复(DR)方案,包括数据备份策略、备用系统激活流程、业务连续性计划,确保在灾难发生时能够迅速恢复关键业务。

7. 持续改进与优化

1）性能审计与评估

定期进行运维体系的绩效审计，评估运维效率、成本控制、服务质量等，发现改进空间。

2）技术创新与应用

跟踪行业新技术、新工具的发展，适时引入自动化、智能化运维解决方案，提升运维效率和算力中心能效。

构建日常运维体系是一个动态、持续的过程，需要运维团队与管理层的共同努力，通过不断优化管理流程、强化技术能力、提升响应速度，确保液冷算力中心在复杂多变的环境中保持高效、稳定、安全的运行状态。

5.4　维护保养计划与执行

维护保养计划是液冷算力中心运维管理的重要组成部分，旨在通过预防性措施来减少设备故障，延长使用寿命，确保算力中心的持续稳定运行。下面是维护保养计划的制订与执行要点。

5.4.1　维护保养计划的制订

1. 分类与分级

将维护任务分为日常巡检、定期维护、深度清洁、设备更换等类别，并根据设备重要性、故障风险和对业务影响程度进行分级，确保重点设备得到优先关注。

2. 周期安排

根据设备厂家推荐、行业标准和以往经验，确定每项维护任务的执行周期。例如，电气设备每月检查一次，冷却系统每季度深度清洁一次，服务器三年进行一次硬件健康检查。

3. 资源规划

评估所需人力、物力资源，包括工具、备件库存、专业服务外包等，确保维护活动得以顺利执行。

4.文档编制

为每一项维护任务编写详细的作业指导书,包括操作步骤、所需工具、安全注意事项等,确保执行人员有明确的操作指南。

5.4.2 维护保养计划的执行

1.任务分配与跟踪

利用运维管理系统将维护任务分配给相应团队或个人,设定提醒与截止日期,跟踪执行进度和结果。

2.执行前准备

确保所有必要的工具、备件、安全装备准备就绪,提前通知相关部门或客户可能的维护影响,减少业务中断。

3.现场执行

执行维护任务时,严格按照作业指导书操作,记录每一步骤的执行情况和结果,包括设备状态、发现的问题、采取的措施等。

4.质量控制

对于关键维护活动,实施双人复核制度,或在重要步骤完成后由高级工程师进行质量检查,确保维护质量。

5.文档更新与归档

维护结束后,更新设备维护记录和资产数据库,记录更换的部件、耗材使用情况,归档维护报告,为后续分析和改进提供依据。

6.总结与反馈

定期召开维护总结会议,分析维护效果,讨论遇到的问题及解决方案,收集一线反馈,用于优化维护保养计划。

5.4.3 液冷算力中心的运维方式

图5-3展示了液冷算力中心的运维方式。

冷却液贮藏运维:

(1)参照安全说明书储藏和运维。

(2)冷却液废弃处理需合规。

(3)TANK 区域工具保持隔离清洁。

(4)运维需考虑冷却液回收平台。

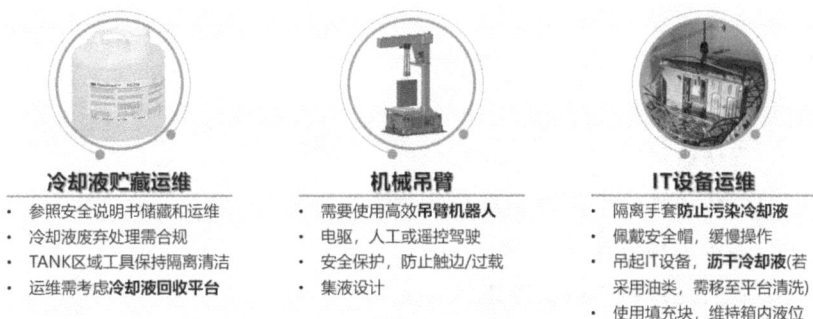

图 5-3　液冷算力中心的运维方式

机械吊臂运维：

(1)需要使用高效吊臂机器人。

(2)电驱、人工或遥控驾驶。

(3)安全保护,防止触边/过载。

(4)集液设计。

IT 设备运维：

(1)隔离手套防止污染冷却液。

(2)佩戴安全帽,缓慢操作。

(3)吊起 IT 设备,沥干冷却液(若采用油类,需移至平台清洗),操作如图 5-4 所示。

(4)使用填充块,维持箱内液位。

图 5-4　IT 设备拔出和插回操作

浸没液冷运维要点：

（1）安全性。

（2）需要重视冷却液的安全性问题，并保证机房区域的通风。

（3）冷却液损耗。

（4）A 客户称年泄漏率≤0.5％，即＜4 L/（TANK·年）；如果采用油类冷却液，需采用专用清洗剂（如有机溶剂）。

IT 设备运维准备：

（1）确认通道顺畅，TANK 周围整洁无杂物。

（2）确认运维所需辅助设备工作正常。

（3）确认工具防具齐全。

（4）确认设备线缆标识及其唯一性。

注意：

（1）操作过程避免影响其他设备运行。

（2）需根据节点 U 位数判断挂钩数量。

（3）若采用油类冷却液，维护时需对设备清洗。

5.4.4　持续优化与改进

1.性能监测与分析

通过 DCIM 系统持续监测设备性能和系统运行状态，对比维护前后数据，评估维护效果。

2.成本效益分析

定期回顾维护成本，分析维护活动的投资回报率，优化资源分配，提高维护效率。

3.技术革新应用

关注行业新技术、新工具，如 AI 辅助预测性维护，自动化巡检机器人等，适时引入以提升维护保养水平。

通过精心规划与严格执行维护保养计划，液冷算力中心能够有效减少意外停机，延长设备使用寿命，降低长期运营成本，为用户提供持续、稳定的服务。

5.5　监控与故障预警系统

5.5.1　系统架构

监控与故障预警系统是液冷算力中心运维管理的中枢神经，它通过实时监测算力中心的各项运行参数，提前发现潜在问题，及时发出预警，确保算力中心稳定、高效、安全地运行。

1.传统监控方案

传统监控系统由以下部分组成，如图 5-5 所示。

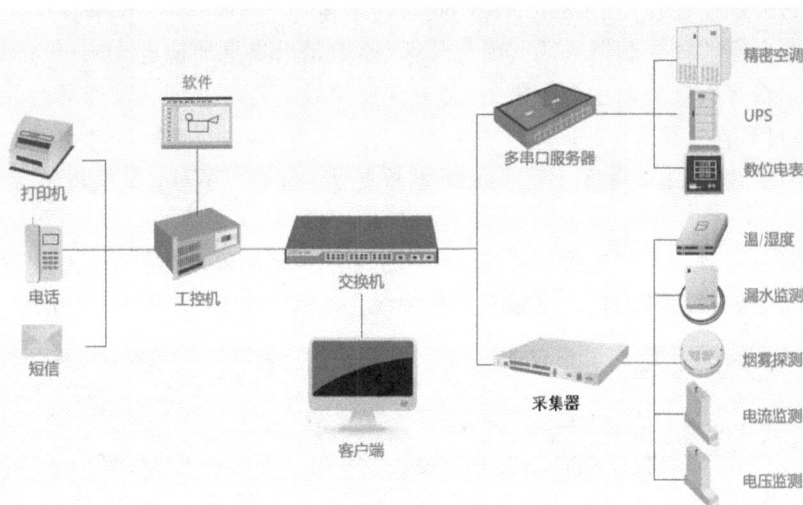

图 5-5　传统监控方案

（1）监控软件。

（2）中间硬件。中间硬件指监控主机、串口卡/串口服务器、开关量模块、采集器、转换模块、开关电源、模块箱等。

（3）被监控对象。被监控对象指 UPS、空调、开关、温/湿度、烟感等。

每个机房配置一台串口服务器或采集器，连接各种中间硬件和被监控对象。在监控中心监控主机上运行一套监控软件，监控软件通过远程访问串口，定时发送查询指令和解析回复的数据，实现对各种被监控对象的监测。

2.新一代监控与故障预警系统方案

根据建设算力中心的国际标准,算力中心分为 TWebr 4、3、2、1 四级,TWebr 4 为容错级,TWebr 3、2 均为冗余型、TWebr 1 为基本型,综合考虑使用性能,系统应满足 TWebr 3 标准建设监控与故障预警系统。

本系统需要达到设备与线路冗余,确保算力中心达到 TWebr 3 标准:可靠性≥99.982%,年宕机时间≤1.6 h。

为了达到 T3 算力中心的高可靠要求:

(1)底端监控控制器采用工业级设计,全端口过流过压保护和防反接、错接保护,设备应有可靠的抗雷击和过电压保护装置;平均无故障时间(MTBF)大于 20 万 h,平均修复时间(MTTR)小于 2 h。

(2)底端监控控制器采用 ARM 低功耗架构。

(3)底端监控控制器采用实时操作系统,数据采集更加稳定。

(4)告警数据采用主动上报机制,确保底端设备告警上传到管理平台的时间不超过 2 s。

(5)监控平台支持 1+1 冗余配置可扩展,符合 TWebr 3 机度冗余度标准。

(6)采用嵌入式监控管理系统,统一的操作界面对环境监控、动力设备监控、门禁管理、视频监控、入侵报警的集中统一监控及管理,如图 5-6 所示。

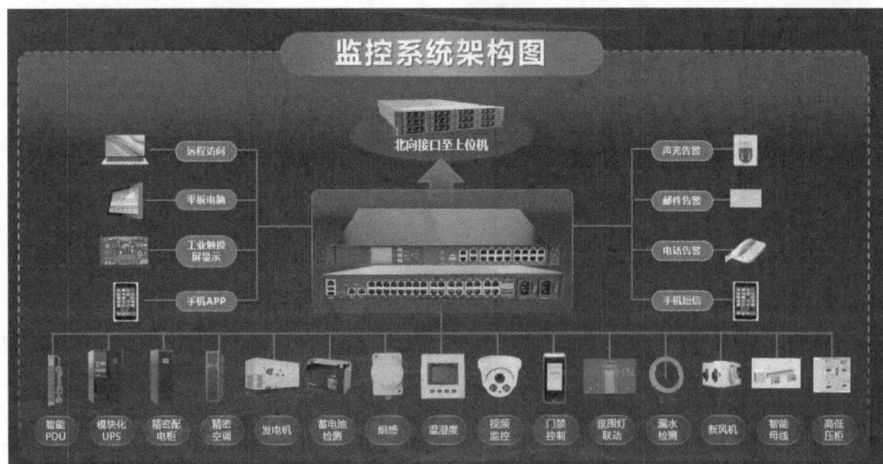

图 5-6　新一代监控与故障预警系统方案

(7)采用全国产化器件、ARM 架构嵌入式监控主机、Linux 操作系统和 MySQL 等开源数据库、安全可靠,节能环保。

5.5.2　系统组成

该系统涵盖以下几个关键组成部分。

1.实时监控系统

1)传感器部署

在算力中心的关键位置部署多种传感器,包括温度、湿度、压力、流速、电压、电流、功率等,实时收集环境和设备状态数据。

2)数据采集与集成

集成不同来源的数据,形成统一的监控平台。

3)可视化展示

通过图形化界面展示实时数据和系统状态,使运维人员能够直观掌握算力中心的运行状况。

2.分析与诊断

1)数据分析算法

运用机器学习、人工智能技术对历史数据进行分析,识别异常模式,预测故障趋势。

2)原因分析

一旦发现异常,系统能够自动或辅助人工进行原因分析,快速定位问题所在,如冷却液循环异常、电力供应不稳定等。

3.故障预警机制

1)阈值设定

它为各项关键参数设定阈值,当数据超过预设范围时,立即触发预警。

2)多级预警体系

它根据故障严重程度和影响范围,设立不同级别的预警,如警告、警报、紧急警报,确保及时采取相应行动。

3)通知与响应

它通过短信、邮件、电话、微信或系统内通知等多种方式,迅速将预警信息传达给相关人员,启动预定义的应对流程。

4.自动化响应

1)自动调整

对于某些预设的、低风险的异常情况,系统能自动进行调整,如温度偏高时自动增加冷却液流量。

2)联动控制

实现跨系统间的联动控制,如电力故障时,自动切换至备用电源,同时调整制冷系统以适应电力变化。

5.维护管理集成

1)工单系统

预警信息可以直接转化为维护工单,分配给相应的维护团队,追踪处理进度直至问题解决。

2)历史记录与知识库

每次预警和处理过程都应被记录,形成案例库,为未来的故障处理提供参考和学习资源。

6.定期评估与优化

1)系统评估

定期对监控与预警系统的有效性进行评估,包括响应时间、误报率、漏报率等指标。

2)持续优化

根据评估结果和新的运维需求,不断调整监控策略、优化算法模型、升级硬件设备,以提升系统的准确性和效率。

一个高效、智能的监控与故障预警系统,不仅能够显著提高液冷算力中心的运维效率,减少非计划停机,还能够有效延长设备寿命,降低运维成本,为算力中心的长期稳定运行提供坚实保障。

5.5.3　系统核心要素

1.嵌入式系统,可靠性高

嵌入式监控主机,操作系统由 Windows 变更为 Linux,有效杜绝 Windows 系统天生的不稳定和不安全,以及各种病毒的干扰,不易中毒也不受传播各种病毒,使整个系统稳定性大大提升。

2.接口一体化设计

监控主机软/硬件一体化设计,高度集成,功耗为 3～5 W,使用寿命更长,主机自带串口,报警输入输出端口,自带短信报警和电话语音报警功能,无须采集模块、串口服务器、通信转换模块、开关电源、模块箱、短信猫、电话语音卡等中间模块,减少故障点;各种被监控设备,传感器直接端子插拔式安装,即插即用,施工方便,布线简洁;具有消警复位按钮,当现场出现报警,一键快速复位,方便管理员维护。

3.完全 Web 方式管理和浏览

监控主机同时支持 B/S 和 C/S 两种架构,完全 Web 方式管理和浏览,同时也支持客户端软件管理。普通办公电脑/笔记本通过 Web 浏览器即可随时随地方便管理系统,方便维护。

4.采用 Linux 操作系统和 MYSQL 数据库

系统采用开源免费的 Linux 操作系统和 MYSQL 数据库,不需要为此支付任何费用。有效避免因使用盗版 Windows 和 SQL Server 商业数据库所带来的各种风险。

5.全国产化

软/硬件产品实现全国产化自主知识产权,保障算力中心信息安全,打破了国外技术垄断,为监控行业提供可靠、高效、安全的技术支持,推动信创产业的发展,推进算力中心运维管理行业国产化进程。

5.5.4　监控需求分析

系统主要涉及各种动力设备、环境设备和安防系统,各子系统主要监控对象包括以下内容。

1.动力监控部分

1)精密配电柜
监测配电柜内的供电输入参数,各支路配电开关状态及负载电流等。
2)UPS
监测 UPS 的输入、输出电流、电压、频率、温度、旁路等运行参数和工作状态。

2.环境监控部分

1)精密空调

监测精密空调的运行参数及状态,并可实现远程开关机启停控制和参数设置。

2)温度、湿度

监测算力中心内重要区域的温度、湿度数值及变化情况。

3)漏水

监测算力中心内空调四周有无漏水发生。

3.安保监控部分

1)门禁管理

采用进门刷卡(或指纹)+出门按按钮(或刷卡、指纹)的验证方式,实现对人员出入情况的管理。

2)视频图像

监视算力中心区域的实时图像,并进行视频录像。

3)消防

在算力中心内安装烟感探测器,监测算力中心内的火警情况。

4)防盗

装备红外探测器,监测算力中心内的人员活动情况。

5)天窗控制

当消防系统检测到有火警信号时,联动控制开启天窗。

5.5.5 系统性能要求

1.可靠性

系统符合电磁兼容性和电气隔离性能设计要求,不会影响被监控设备的正常工作。

系统具有自诊断功能,对软/硬件故障能够自动重启恢复。

监控设备具有良好的接地,抗干扰能力强。

设备选用高可靠的工业级设备,保障系统 365 天×24 h 不间断运行。

2.稳定性

系统采用多总线方式,某一子系统的故障不影响其他子系统的正常运行。

系统成熟、稳定,支持大部分主流厂家设备的接口通信协议。

3.实时性

使用同类设备单总线采集方式,保证监控数据的实时性。

前端设备数据采控时间<2 s。

远程监控数据刷新时间<4 s。

短信、电话报警发出响应时间<30 s。

4.安全性

该系统基于 Linux 操作系统,抗病毒能力强,高安全性,最大限度保证网络安全,具有多级权限管理和功能模块化权限管理。

该系统具有多级权限管理。

所有告警和历史数据保存到大容量存储芯片中,彻底摆脱硬盘机械读写数据带来的安全隐患。

软/硬件产品均实现全国产化自主知识产权,保障算力中心信息安全。

5.维护性

监控主机集串口、DI、DO、12 V 电源于一体,可直接接烟感、漏水、UPS,空调等被监控设备,方便微模块布线整洁与后期维护。

系统支持在线修改,在不停止监控系统的情况下对监控设备进行参数等的修改。

支持告警复位,当发生告警时,联动声光报警器报警,管理人员可通过监控主机复位按钮对告警进行复位,处置警情,方便管理维护人员现场维护.

支持 Web 远程升级和现场 U 盘升级两种模式,当网点出现故障或升级改造时,最大限度降低维护成本,提高维护效率。

6.扩充性

系统支持 RS232/485/422、TCP/IP、SNMP、OPC、DDE、MODBUS 等各种标准化协议和接口,可快速、方便地将各种监控对象集成到系统中。

5.5.6 方案实现

1.动力环境监控

1)配电监测

(1)监控内容。

设计对算力中心内供配电的运行参数及开关状态进行实时监测,一旦发生故障及报警通过平台发出对外报警。配电拓扑监控如图 5-7 所示,配电参数监控展示如图 5-8 所示。

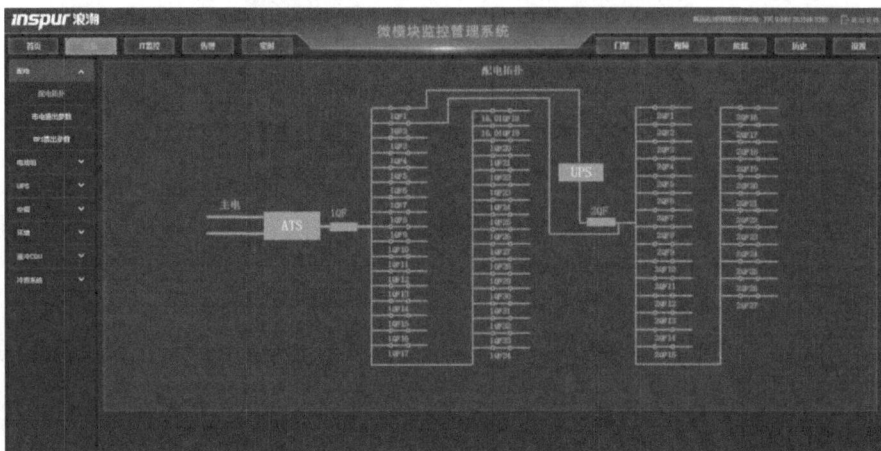

图 5-7　配电拓扑监控

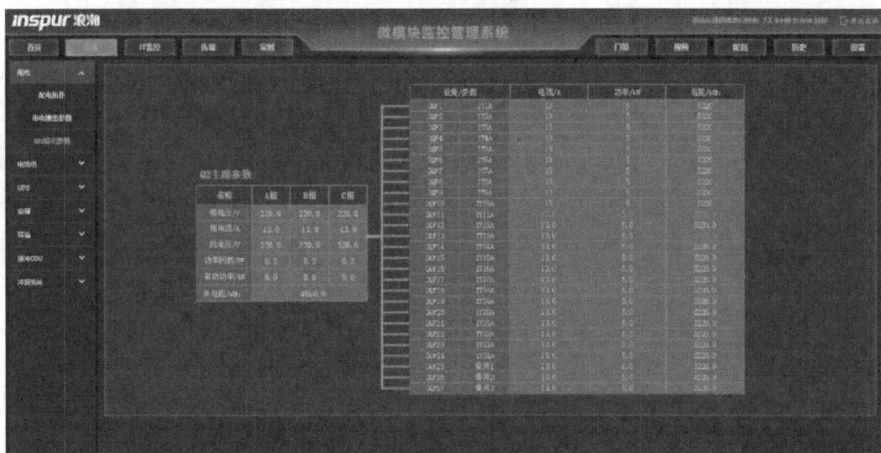

图 5-8　配电参数监控

(2)实现方式。

通过供配电设备提供的 RS485(或 RS232)智能接口及通信协议,采用总线的方式将供配电的监控信号直接接入监控主机的串口,由微模块监控软件进行供配电的实时监测。

(3)实现功能。

实时监测供配电进线电源的三相电压、三相电流、三相电能等参数,各支路的电流、有功功率、电能等参数,以及各支路的开关状态。

系统可对监测到的各项参数设定越限阈值(包括上下限、恢复上下限),一旦供配电发生越限报警或故障,系统将自动产生报警事件,并第一时间发出电话拨号、手机短信、E-mail、声光等对外报警。

提供曲线记录,直观显示实时及历史曲线,可查询三年内相应参数的历史曲线及具体时间的参数值(包括最大值、最小值),并可将历史曲线导出为Excel 格式,方便管理员全面了解供配电的运行状况。

2)UPS 监测

(1)监控内容。

设计对微模块内 UPS 电源的各部件工作状态、运行参数等进行实时监测,一旦发生故障及报警通过微模块监控软件发出对外报警,如图 5-9 所示。

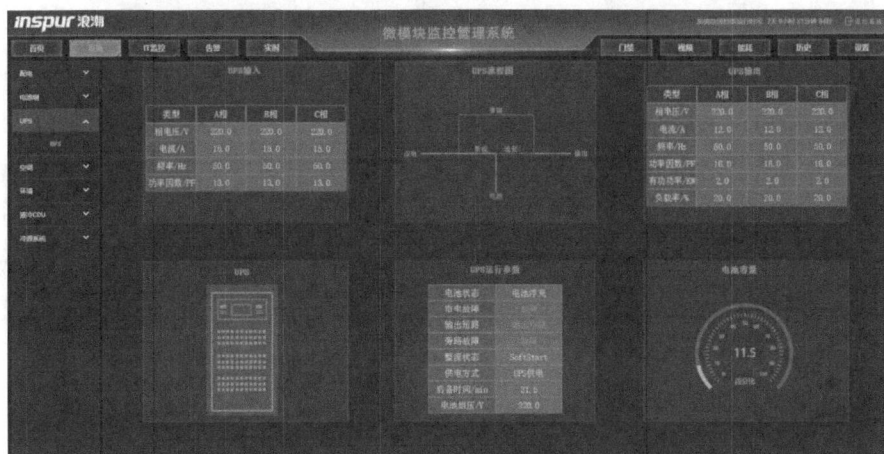

图 5-9　UPS 监控

(2)实现方式。

通过 UPS 设备提供的 RS485(或 RS232)智能接口及通信协议,采用总线的方式将 UPS 的监控信号直接接入监控主机的串口,由监控平台软件进行UPS 的实时监测。

(3)实现功能(只监不控)。

实时监视 UPS 负载、频率、市电状态、旁路状态、电池供电状态等各部分的运行状态与参数。

系统可对监测到的各项参数设定越限阈值(包括上下限、恢复上下限),一旦 UPS 发生越限报警或故障,系统将自动产生报警事件,并第一时间发出电话拨号、手机短信、E-mail、声光等对外报警。

提供曲线记录,直观显示实时及历史曲线,可查询三年内相应参数的历史曲线及具体时间的参数值(包括最大值、最小值),并可将历史曲线导出为 Excel 格式,方便管理员全面了解 UPS 的运行状况。

3)蓄电池监测

(1)监控内容。

设计对微模块内每组蓄电池的参数进行实时监测,一旦发生故障通过监控平台发出对外报警,如图 5 - 10 所示。

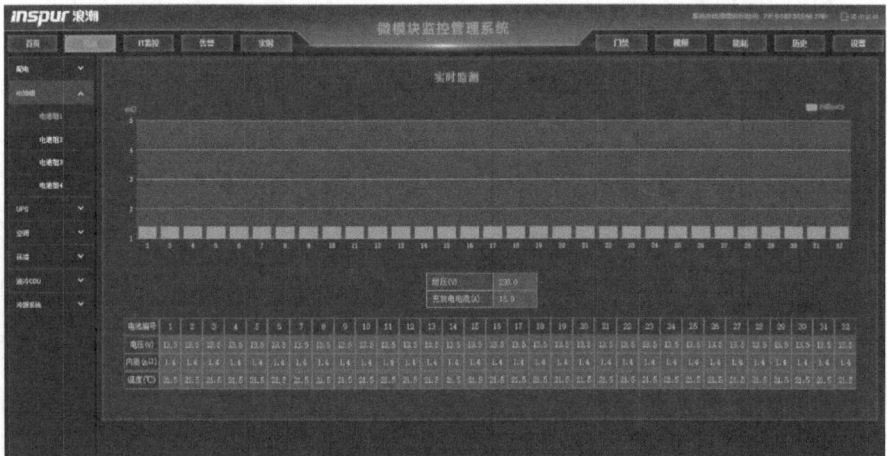

图 5 - 10　蓄电池监测

(2)实现方式。

通过加装单电池监测模块与每节电池进行连线监测,收敛模块采集 TA 模块的数据信息,并通过 RS485 智能接口及通信协议采用总线方式将信号接入监控主机的串口,由监控平台软件进行蓄电池的实时监测。

(3)实现功能。

实时监测蓄电池组的单体电压、极柱温度、内阻、总电压、充放电电流、环境温度。

系统可对监测到的各项参数设定越限阈值(包括上下限、恢复上下限),一且蓄电池发生故障,系统将发生报警,同时产生报警事件进行记录存储并有相应的处理提示,并第一时间发出电话拨号、手机短信、E-mail、声光等对外报警。

提供曲线记录,直观显示实时及历史曲线,可查询一年内相应参数的历史曲线及具体时间的参数值(包括最大值、最小值),并可将历史曲线导出为Excel 格式,方便管理员全面了解蓄电池的状况。

蓄电池组的单节电压、电流、内阻等关键参数可通过柱状图或图表方式展示,系统实时监测各项参数设定越限阈值(包括上下限、恢复上下限),一旦参数异常图表变色提示。

4)精密空调监控

(1)监控内容。

微模块温度出现异常时,将导致微模块其他设备运行所需的环境失去保障,因此对微模块内空调的运行状态和参数进行实时监测,同时可对空调进行远程的开关机控制,如图 5-11 所示。

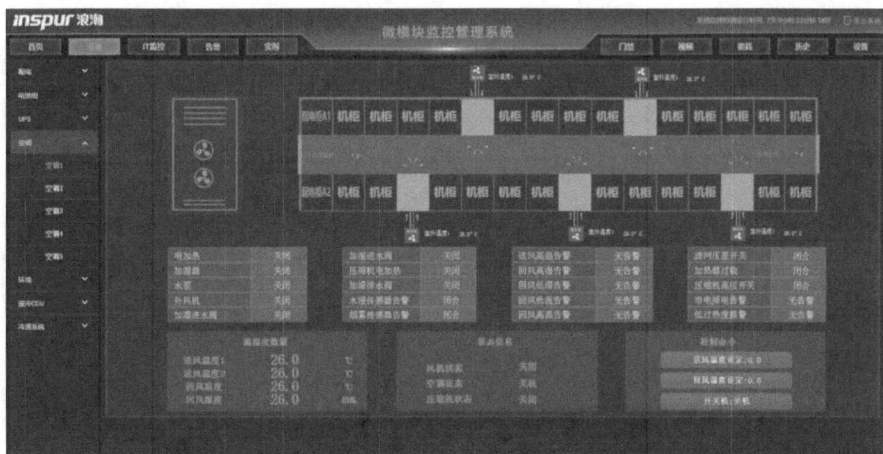

图 5-11 精密空调监控

(2)实现方式。

通过空调设备提供的 RS485(或 RS232)智能接口及通信协议,采用总线的方式将空调的监控信号直接接入监控主机的串口,由监控平台软件进行空调的实时监测。

(3)实现功能。

实时监视空调机组、风扇、制冷、回送风温度和湿度等的运行状态与温度、湿度、告警复位、温度偏差、回风温度、除湿偏差、主控方式等的设定,并可对空调实现远程开关机的控制。同时支持与其他子系统的联动控制,如当温度过高时自动联动启动空调进行制冷。

系统可对监测到的各项参数设定越限阈值(包括上下限、恢复上下限),一旦空调发生越限报警或故障,系统将自动产生报警事件,并第一时间发出电话拨号、手机短信、E-mail、声光等对外报警。

提供曲线记录,直观显示实时及历史曲线,可查询三年内相应参数的历史曲线及具体时间的参数值(包括最大值、最小值),并可将历史曲线导出为Excel 格式,方便管理员全面了解空调的运行状况。

5)环境监测

(1)监控内容。

环境出现异常时,将导致微模块其他设备运行所需的环境失去保障,因此对微模块内环境的运行状态和参数进行实时监测,同时可对微环境进行远程的温度、湿度、通风设定,如图 5-12 所示。

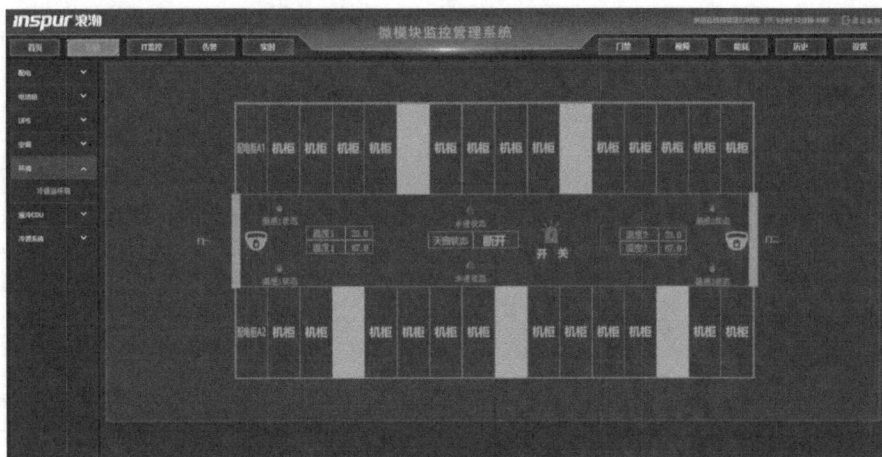

图 5-12　环境监测

(2)实现功能

通过数据库进行逻辑设定,当环境温度、湿度、烟雾监测到的各项参数设定越限阈值(包括上下限、恢复上下限),一旦微环境发生越限报警或故障,系统将自动产生报警事件,并第一时间发出电话拨号、手机短信、E-mail、声光等对外报警。由监控平台软件进行微环境的实时监测。

可根据不同时间来显示不同时期的温度/湿度曲线,共 24 h、7 天、30 天三项选择;纵坐标为温度(℃)/湿度(℃),横坐标根据时间选项来拉放时间轴。

提供曲线记录,直观显示实时及历史曲线,可查询三年内相应参数的历史曲线及具体时间的参数值(包括最大值、最小值),并可将历史曲线导出为 Excel 格式,方便管理员全面了解空调的运行状况。

6)液冷 CDU 监测

(1)监控内容。

对液冷系统的整个工作流程进行监测,保障微模块制冷系统运行正常,如图 5 - 13 所示。

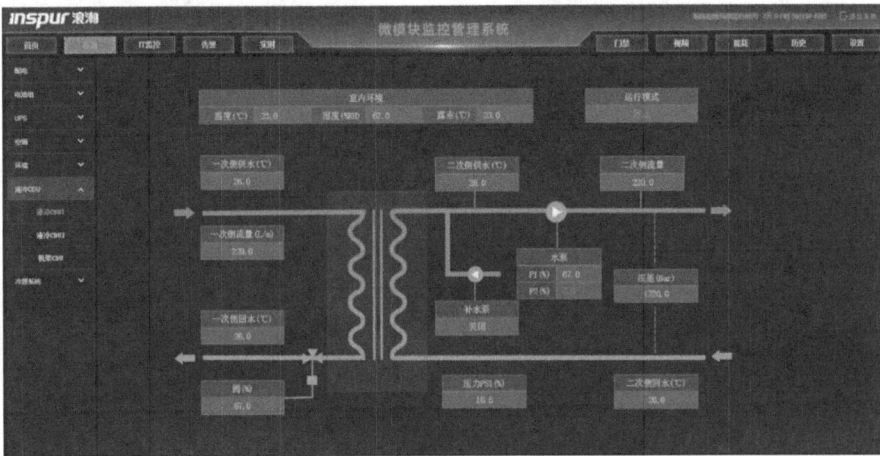

图 5 - 13　液冷 CDU 监测

(2)实现方式。

通过对液冷系统的水泵、水阀等设备以及温度、压力、流量等传感器进行数据实时采集,达到对液冷系统的实时监测。

(3)实现功能。

实时监测液冷系统的运行情况,对数据进行分析整合,以可视化的方式实时展示液冷系统的工作流程,运行异常时系统自动报警,同时产生报警事件进行记录存储及有相应的处理提示,并第一时间发出电话拨号、手机短信、E-mail、声光等对外报警。

2.安保监控

1)防盗报警监控

(1)监控内容。

考虑到微模块设备的安全,在微模块的重要区域安装吸顶式红外探测器实时监测微模块的人体入侵情况,一旦发生报警通过监控平台发出对外报警。

(2)实现方式。

吸顶式红外探测器的信号直接接入(报警主机,通过报警主机的 RS485 智能接口及通信协议采用总线的方式将信号接入监控主机的串口)监控主机的 DI 口,由监控平台软件进行防盗报警的实时监测。

(3)实现功能。

支持红外自动时段屏蔽和手动布撤防,深夜 00:00 至凌晨 6:00 自动布防,白天自动撤防,微模块夜晚施工维护时可通过按钮手动撤防,精准防盗、防止误报。

支持红外自动布撤防,全天候自动布撤防,系统可识别非法开门情况,巡检人员正常开门自动撤防,关门后自动布防,精准防盗、防止误报。

实时监测各防区的报警情况,并可通过监控平台软件实现远程布撤防(各点探测器的报警情况),一旦发生报警,系统将自动产生报警事件,同时进行记录存储及有相应的处理提示,并第一时间发出电话拨号、手机短信、E-mail、声光等对外报警。

系统支持与其他子系统的联动功能,当吸顶式红外探测器有人触发时自动联动打开照明灯光、自动联动相应位置的摄像机进行录像等。

2)安防与消防

(1)监控内容。

设计在微模块出入口、机柜间的通道、走廊等重要区域安装彩色半球摄像机、硬盘录像机,进行全天候的视频图像监视。

(2)实现方式。

彩色半球摄像机通过视频线直接接入硬盘录像机,同时将硬盘录像机接入与监控主机相同的内部网络中,通过监控平台软件进行图像监控。

(3)实现功能。

实时监视各路视频图像,通过在电子地图上点击相应的图标即可查看该摄像机的当前画面。

灵活设置录像方式,包括 24 h 录像、预设时间段录像、报警预录像、移动侦测录像以及联动触发录像等多种方式。

可设置录像分辨率(CIF、2CIF、D1),每路视频图像按 CIF 分辨率录像时存储空间约为 3 GB/天,系统配置硬盘,支持硬盘存满时自动从头覆盖,循环录像。

支持历史视频检索回放功能,可根据录像的类型、通道、时间等条件进行检索,回放速度可调。

支持与其他子系统的联动功能,如门打开或发生防盗报警时联动摄像机进行录像,同时弹出相应的视频画面窗口等。

3)门禁监控

(1)监控内容。

出于对微模块安全的考虑,设计对微模块门进行门禁管理,采用进门刷卡、出门按按钮的进出验证方式,由监控平台软件进行微模块出入的门禁管理。

(2)实现方式。

使用瑞尔时代公司的网络门禁控制器,通过网络门禁控制器设备提供的TCP/IP 接口及通信协议,采用网络的方式将门禁信号接入监控主机,由监控平台软件进行门禁的实时监测。

(3)实现功能。

实时监控各道门人员进出的情况,并进行记录。

可对人员的进出区域、有效日期、进出时段等进行授权,并可对人员进行权限组划分。

可对门控器进行远程设置操作。

支持集中发卡功能。

支持与其他子系统的联动功能,如发生火警时联动门禁控制器自动打开各道门的电锁以便逃生等。

4)消防监测

(1)监控内容。

设计在微模块内安装烟感探测器进行实时火警监测,一旦发生报警通过监控平台发出对外报警。

(2)实现方式。

采用 8 路隔离数字量输入模块采集烟感探测器提供的干接点信号直接接入监控主机的 DI 口,由监控平台软件进行消防的实时监测。

(3)实现功能。

实时监测微模块内的消防火警信号,一旦发生报警,系统自动切换到相应的监控界面,且火警状态图标变红闪烁显示,同时产生报警事件进行记录存储及有相应的处理提示,并第一时间发出电话拨号、手机短信、E-mail、声光等对外报警。

3.IT 监控

1)服务器监测

（1）监控内容。

设计对微模块内服务器运行参数和状态进行实时监测,监控服务器的CPU、内存、硬盘使用率、网络状态等参数,一旦发生报警通过监控平台发出对外报警,如图 5-14 所示。

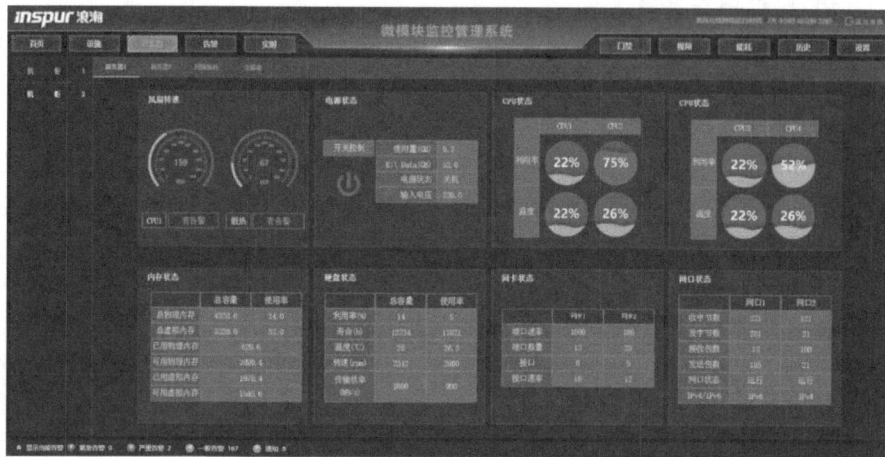

图 5-14　服务器监测

（2）实现方式。

监控主机通过交换机接入服务器网络,通过 TCP/IP 网络协议监控服务器的参数和状态,由监控平台软件进行服务器的实时监测。

（3）实现功能。

实时监测微模块内的服务器的 CPU、内存、硬盘使用率、网络状态,一旦发生报警,系统自动同时产生报警事件进行记录存储及有相应的处理提示,并第一时间发出电话拨号、手机短信、E-mail、声光等对外报警。

2）交换机监测

（1）监控内容。

设计对机房内交换机运行参数和状态进行实时监测,监控交换机的端口、连接状态、网络流量、运行状态等参数,一旦发生报警通过监控平台发出对外报警。

（2）实现方式。

监控主机通过交换机接入交换机网络,通过 TCP/IP 网络协议监控交换机的参数和状态,由监控平台软件进行交换机的实时监测。

（3）实现功能。

实时监测机房内交换机端口、连接状态、网络流量、运行状态等参数,一旦发生报警,系统自动同时产生报警事件进行记录存储及有相应的处理提示,并第一时间发出电话拨号、手机短信、E-mail、声光等对外报警。

3)网络拓扑监测功能

(1)监控内容。设计对机房内网络设备线路运行通断状态进行实时监测,一旦发生网络线路中断通过监控平台发出对外报警,如图 5-15 所示。

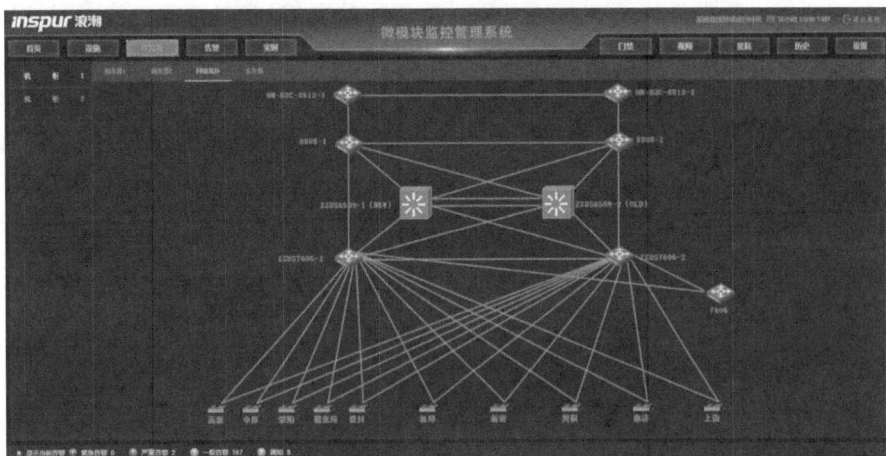

图 5-15　网络拓扑监测

(2)实现方式。

监控主机通过交换机接入网络,通过 TCP/IP 网络采集网络设备的线路通断情况,由监控平台软件进行实时监测。

(3)实现功能。

实时监测机房内交换机、服务器、核心路由等网络设备的网络通断情况,一旦发生报警,系统自动同时产生报警事件进行记录存储及有相应的处理提示,并第一时间发出电话拨号、手机短信、E-mail、声光等对外报警。

5.6　算力中心基础设施管理系统

随着高性能计算、云计算、大数据、人工智能等领域的迅猛发展,算力中心的算力需求急剧增长,随之而来的高能耗和热管理问题也日益凸显。液冷技术作为一种高效能的散热解决方案,因其卓越的冷却能力和能源效率,逐渐成为大型算力中心尤其是高密度算力中心的首选。在此背景下,液冷算力中心的基础设施管理系统（DCIM）应运而生，它不仅继承了传统 DCIM 系统的功能，还针对液冷特有的运维需求进行了优化和创新，确保算力中心能够稳定、高效、可持续地运行。

5.6.1　基础设施管理系统建设目标

本系统需要通过监控分析液冷算力中心基础设施的运行信息（如状态、参数、配置等），掌握液冷算力中心基础设施运行情况（当前与趋势）；能够对液冷算力中心大楼、楼层、冷通道、机柜、设备、门禁、视频等进行三维可视化建模，提供三维可视化管理工具，管理算力中心资产、基础设施资源（空间、电力、冷量等），规范相关人员规范工作流程，实现精确规划；完善分析处理能力、报告处理能力、审计处理能力。

同时，进一步优化、细化节能措施，尽可能降低能源消耗。加强节能管理，建立健全能源管理体系，建设能耗在线监测分析系统并使之有效运行。

系统的主要功能需求如下。

1. 基础设施监控

基础设施监控支持算力中心 UPS、配电柜、柴油发电机、液冷设备等基础设施集中监控，全面直观展示算力中心基础设施运行状态，精准定位故障，分析预防故障。

2. 告警管理

告警管理能够收集与展示各个子系统的告警信息，从产生时间、所属专业、事件类型、告警级别、维保项目、厂家信息、告警活动情况多个角度分类，针对不同的分类从告警窗口中都能得到统一的反映。告警管理具备告警提示、告警记录、告警确认、告警清除、告警查询统计、告警关联合并等功能。

3. 自检测管理

自检测管理系统运行状态自检测系统实时对自身运行情况进行监测，对系统运行问题进行自动修复。

4. 门禁管理

门禁管理能够接入多个门禁设备，集中管理；能够融合到本系统界面中，具有统一的用户权限控制；支持进出记录查询、发卡授权、人员维护、设备管理、时间组管理；门禁验证时，系统能够弹框显示抓拍的照片、人员信息等。

5.视频管理

视频管理支持不同厂商的视频接入系统管理;能够融合到本系统界面中,具有统一的用户权限控制;支持实时视频 1/4/9/16 多宫格同时显示;支持球机控制(方向、调焦、聚焦和光圈)、预置点设置和调用;支持录像信息检索,历史视频回放;故障发生时,系统能够自动弹出附近的视频图像。

6.能耗管理

能耗管理监控相关区域和设备用电情况,支持查询日、月、年和指定区域多个维度的用电量报表,可视化展示机柜能耗利用率,根据 PUE,分析能耗分布,提供节能控制方案,优化机柜负载均衡。

7.资产管理

资产管理支持算力中心资产全生命周期智能管理,提供面向算力中心内部统一的资产管理平台;具有资产统计视图、盘点管理、库存管理、巡检管理、保养管理和资产预警等功能,支持资产导入等。

8.运维工单管理

运维工单管理支持数字化运维算力中心,具有工单统计视图、工单管理、知识库管理和定时工单任务等功能,实现对于工单的全生命周期闭环管理。针对算力中心基础设施设备,系统支持设备维护保养管理,可以主动管控算力中心维保提供商的例行维保动作,提升设备维保的过程质量,保障算力中心的可靠运行。根据主算力中心的日常巡检、维护作业、日常值班制度、交接班制度、警情处理流程等,实现对日常运维作业的全生命周期闭环管理。

9.报表管理

报表管理具有用电量报表、用水报表、值班报表和日志报表,支持灵活的自定义报表查询与导出。

10.告警管理

告警管理满足用户自定义报警级别、报警通知方式和进行报警缓冲、报警分发和报警确认管理。

11.三维可视化管理

三维可视化管理对整个算力中心大楼、环境、楼层、机房、机柜、资产进行三维建模,以三维可视化的方式展示算力中心物理环境和设施、设备的运营数据,能够快速查看设备参数和异常信息,支持动环三维可视化、热场温度云图及热场气流三维可视化等管理功能。

12.集成功能

集成功能系统提供南向和北向接口,北向可支持 WebService(RESTful)、SNMP、FTP 等协议与上层管理系统进行对接,南向可支持 WebService(RESTful)、SNMP、Modbus 等协议与第三方子设备和子系统进行对接,可以满足不同场景的需求,实现对机房电源及环境监控系统、视频监控系统、出入口控制系统、建筑设备监控系统、电力监控系统、火灾自动报警系统、能源管理系统等子系统的集成,实时获取各子系统监控数据和远程控制。

为满足以上需求,需要建设液冷算力中心基础设施管理系统。

5.6.2　DCIM 系统的核心要素

DCIM 系统通过统一的操作平台和统一的通信平台,完成对动力系统(供配电系统)、环境系统、视频监控系统、出入口控制系统、建筑设备监控系统、电力高低压配电监控系统、火灾自动报警系统、能源管理系统等各子系统无缝数据集成,实时获取各子系统数据,通过对各子系统数据处理、分析及逻辑判断,实现上述各子系统的集中视图、集中监控、集中告警、集中数据分析和统一运维管理。对于各子系统集成,采用分布式部署、集中管理原则通过分布式部署嵌入式监控主机,完成各子系统数据采集和控制交互,从而达到子系统之间的数据无阻塞交互、各子系统之间实现互通互联。系统作为开放式信息交互平台,能够采用多种方式实现不同子系统厂商产品的信息接入及功能集成,如采用 MODBUS、BACnet(BACnet/IP)、LonWorks、TCP/IP、SNMP、OPC 等多种方式。

针对分布式机房内相对独立的系统,通过独立部署嵌入式监控主机的方式经由运维网络实现各系统之间的互联互通。所有信息汇聚至 DCIM 系统,DCIM 系统对外提供 B/S 分布式远程访问,在运维网络的任意一台工作站上,运维人员均可采用 B/S 方式对自身授权范围内的子系统进行实时操作。整体操控界面采用组态方式,提供多种展示工具,实现动态图形、文字、图像相结合,满足运维人员的查看、查询及管理需要。系统通过嵌入式监控主机完成各子系统之间的协议对接、标准协议转换、数据转换,实现综合监控系统与各子系统间的通信联网和数据交互。

1. 液冷系统监控与管理

1）冷却液循环监控

冷却液循环监控实时监测冷却液的温度、流量、压力及纯净度，确保冷却液循环系统的稳定运行。

2）泄漏检测与防护

泄漏检测与防护集成先进的泄漏检测系统，一旦发现冷却液泄漏立即启动应急措施，防止对 IT 设备造成损害。

3）泵与换热器管理

泵与换热器管理自动调节泵速和换热效率，根据负载动态调整冷却能力，优化能耗。

2. 算力资源与能效管理

1）算力资源优化

算力资源优化基于实时算力需求，智能调度服务器集群，提高算力利用率，减少冗余算力造成的能源浪费。

2）能源效率分析

能源效率分析综合分析 IT 设备、冷却系统和供配电系统的能源消耗，提供能效优化建议，降低 PUE 值。

3. Web 管理与浏览

支持 B/S 结构，支持完全 Web 方式管理和浏览，支持各主流浏览器，无须安装第三方插件，通过 Web 浏览器即可随时随地方便管理 DCIM 系统，方便各级管理人员维护管理。

支持 Web 方式增删改系统设备、参数名称、告警阈值等常规管理维护信息，支持 Web 方式告警通知配置管理、资产信息维护、历史数据查询，可通过 Web 远程在线升级与系统维护。

同时支持 C/S 结构，支持客户端软件管理，客户端软件与 Web 端具有相似管理界面。

4. 安全性

DCIM 系统部署在 Linux 操作系统上，有效杜绝 Windows 系统不稳定和不安全以及各种病毒的干扰，最大程度保证机房网络安全。

系统对管理和维护操作进行跟踪记录，为事故提供辅助分析。

系统具有多级权限管理,系统无人操作一定时间后可自动注销、锁定。

5. 可靠性

系统符合电磁兼容性和电气隔离性能设计要求,不会影响被监控设备的正常工作。

系统具有自诊断功能,对软/硬件故障能够自动重启恢复。

嵌入式监控主机具有良好的接地,抗干扰能力强。

各区域机房、冷通道均采用嵌入式监控主机分布式独立监控运行。

管理平台关注数据管理和展现等业务功能,支持集群方式部署,整个系统架构优良,稳定可靠。

系统平均故障间隔时间(MTBF)>30 000 h,系统硬件的平均故障间隔时间(MTBF)>150 000 h,平均故障修复时间(MTTR)<0.5 h。

设备选用高可靠的工业级设备,保障系统 365 天×24 h 不间断运行。

系统成熟稳定,支持上万种主流厂家设备的接口通信协议。

6. 稳定性

嵌入式监控主机采用多总线方式,某一子系统的故障不影响其他子系统的正常运行。

所有监控设备采用 UPS 供电,由所在机房 UPS 设备提供 220 V AC 电源,并满足 365 天×24 h 不间断运行。

DCIM 系统支持双机热备份功能,当主机出现故障时,备机自动切换接管监控任务,主机恢复后可自动接管监控任务,主备机监控系统始终保持一致。具有主备机对外表现为一个对外 IP 能力,并且主机故障时,备机自动接管该对外 IP 提供服务。

7. 扩展性

系统支持 RS232/485/422、TCP/IP、SNMP、OPC、MODBUS、BACNET 等各种标准化协议和接口,支持符合行业和国际标准的软件和硬件,可快速、方便地将各种监控对象集成到系统中。

监控管理服务器可直接接入采控模块,完成对模拟量、数字量监控信号的采集。

系统通过 WebService(RESTful)、SNMP、FTP 等标准化协议和接口,可以方便地和第三方系统进行信息交换。

系统软件使用相应的组态工具(如设备组态、页面组态、策略组态)实现系统的组建、维护和扩充,以增强系统的易维护性和人性化特点。

系统硬件通过模块化结构设计,满足本次项目的监控需求,以适应不同区域和不同数量监控对象灵活调整的需要。另外,它还可以方便地扩容和升级,以适应业务的发展。

5.6.3 DCIM 系统方案

1. 系统部署结构

如图 5 - 16 所示,DCIM 系统一般由以下三部分组成:数据采集层、数据服务层和展示交换层。各部分的主要功能如下。

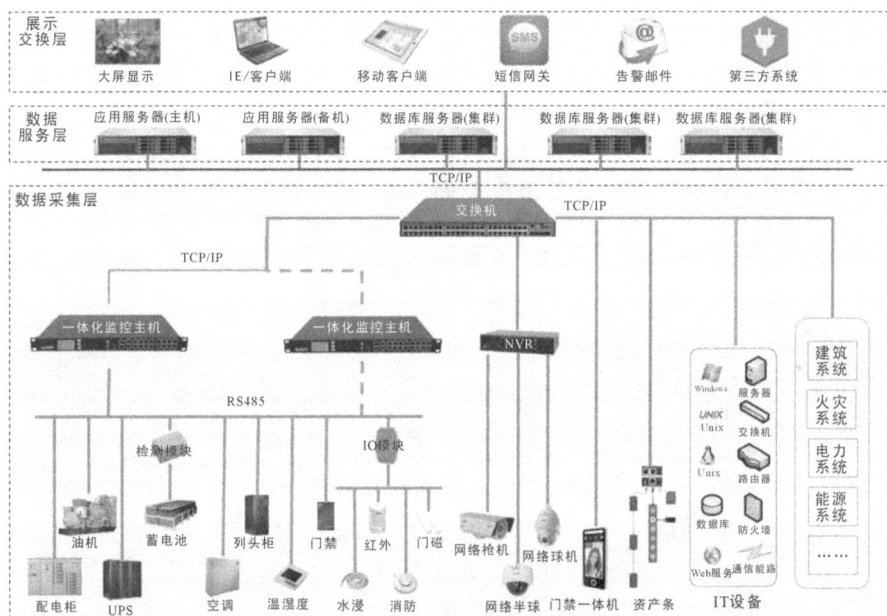

图 5 - 16 DCIM 系统部署结构

1)数据采集层

数据采集层设计为系统的数据入口,是系统管理所需基础设施数据的来源,其通过嵌入式监控主机采集现场各种传感器的监控数据。嵌入式监控主机具有独立运行能力,内置 Web 服务,提供远程人机界面管理维护功能,可以存储数据,并将数据上报到集中监控层。

2）数据服务层

数据服务层采用主备应用服务器和集群数据库服务器结构，具有多种南北向数据接口，可方便实现新设备和子系统的接入，也可向第三方系统提供数据接口服务。系统具有高扩展性，集成数据处理、报警管理及发送、联动控制、三维可视化、能耗分析、门禁管理、视频监控、资产管理、工单管理和大屏显示等功能子系统，同时具有 Web 服务、数据库服务、数据缓存服务、消息服务等多种服务子系统。

3）展示交互层

展示交互层支持多种类型展示交互，包括 Web 浏览器、C/S 客户端、可视化大屏、移动客户端、短信电话邮件通知和第三方系统集成等方式。通过多种类型方式，实现数据展示、告警通知、三维可视化展现、报表展现、资产工单管理等功能。

2. 功能架构

系统应采用模块化的架构进行设计，确保系统的稳定可靠运行，任何模块出现故障不会影响同级别的其他模块的正常工作；系统应采用分布式系统架构，确保系统后续的扩容能力和系统反应速度，如图 5-17 所示。

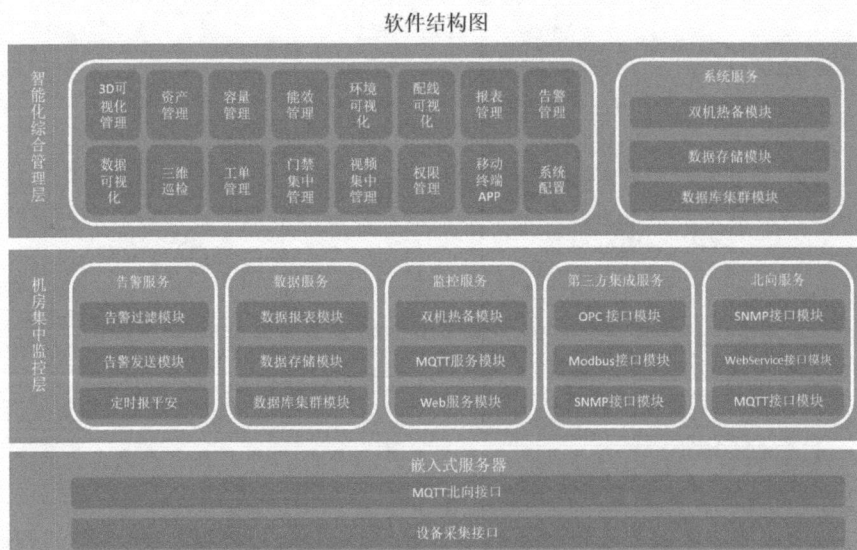

图 5-17　DCIM 软件结构图

DCIM 系统基于网络分布式部署,运维可采用网络内的任意一台工作站维护管理,运维人员权限相同时,系统将以相同的界面操作,管理权限范围内的子系统,并具备授权的所有操作功能。系统提供的 B/S 方式进行管理,以最大限度保护投资,完成运维管理功能。

3. 系统历史数据存储方案

以下是系统历史数据存储方案的一个案例。

管理平台 CPU 采用 Intel Xeon 4314(16 C,185 W,2. 4 GHz)×2,内存 32 GB DDR4 3 200 MHz×4,存储 10 TB SATA×3;RAID5 存储,实际可用存储空间 20 TB。

管理平台测点数量预估为 50 万点,存储 5 年,根据测点特性,支持按时间存储、按变化率阈值存储或者按照时间-变化率阈值组合存储。

系统历史数据采用国产时序数据库 TDengine 存储,配置数据采用关系型数据库 MySQL 存储,缓存数据采用高性能内存数据存储系统 Redis 存储。其中历史数据需要保存 5 年,会随着时间推移,数据量不断增大,历史数据存储的方案设计极其重要,以下内容将详细进行说明。

TDengine 是一款国产开源的时序数据库管理系统(TSDB),专门用于高效存储和处理大规模时序数据。它在高性能、高可靠性和高扩展性方面表现出色,被广泛应用于物联网、工业互联网、日志分析、金融和监控等领域。

国产时序数据库 TDengine 的容量规划方法,可参考官方的文档,链接为 https://docs. taosdata. com/2. 6/operation/planning/。

内存需求:

每个数据库需要的系统内存可通过如下公式计算:

$$\text{Database Memory Size} = \text{maxVgroupsPerDb} \times \text{replica} \times (\text{blocks} \times \text{cache} + 10 \text{ MB}) + \text{numOfTables} \times (\text{tagSizePerTable} + 0.5 \text{ KB})$$

maxVgroupPerDB 缺省值是 64,cache 缺省大小是 16 MB,blocks 缺省值是 6,本项目一个 DB 中约有 50 万张表,无标签,则这个 DB 总的内存需求为 $[64 \times 1 \times (16 \times 6 + 10) + 500\ 000 \times (0 + 0.5)/1\ 000]$ MB $= 7\ 034$ MB。

服务器内存 128 GB,可满足需求。

存储需求:

TDengine 的压缩比不会低于 5,有的场合,压缩比可达到 10 以上,取决于实际场景的数据特征。压缩前的原始数据大小可通过如下方式计算:

$$\text{Raw Data Size} = \text{numOfTables} \times \text{rowSizePerTable} \times \text{rowsPerTable}$$

结合本项目的情况,每个存储测点对应一个子表,每行数据大小为 16 Byte,不同存储周期的存储需求估算如表 5-2 所示。

表 5-2　存储统计表

测点存储间隔/min	单测点每天存储条数	单测点每年存储条数	单测点5年存储条数	每行数据大小/Byte	测点数量	5年原始存储大小/TB	5年压缩后存储大小/TB
30	48	17 520	87 600	16	500 000	0.70	0.35
60	24	8 760	43 800	16	500 000	0.35	0.18
20	72	26 280	131 400	16	500 000	1.05	0.53
10	144	52 560	262 800	16	500 000	2.10	1.05
5	288	105 120	525 600	16	500 000	4.20	2.10
4	360	131 400	65 700	16	500 000	5.26	2.63
3	480	175 200	876 000	16	500 000	7.01	3.50
2	720	262 800	1 314 000	16	500 000	10.51	5.26
1	1 440	525 600	2 628 000	16	500 000	21.02	10.51

综合表 5-2,服务器存储空间为 20 TB,远远满足存储需求。

国产时序数据库 TDengine 官方提供的资源估算方法工具,链接为 https://www.taosdata.com/config/config.html。

利用这个工具,如图 5-18 所示,计算了每分钟存储 50 万测点一次的情况,结果为每天硬盘存储增量为 5.76 GB,那么 5 年存储的情况为(5.76×365×5) GB=10 512 GB=10.51 TB。

与表 5-2 测算结果一致,满足系统设计需求。

5.6.4　DCIM 系统的功能

DCIM 系统包含的主要功能如下。

1. 动力环境监控管理子系统

动力环境监控管理子系统通过统一的区域结构树和多层电子地图方式,快速定位监控设备,集中监控管理配电柜、UPS、蓄电池、精密空调、温/湿度、漏水、门禁、视频等设备的运行参数。

图 5－18　资源估算方法工具

通过子系统可以查看和管理动力环境监控信息,具有平台统一的区域结构树和电子地图导航功能,用户登录系统后,进入动环子系统,首先看到电子地图导航,在该页面内置电子地图引擎,支持多级电子地图导航,在地图上可以看到算力中心园区直接下辖的大楼、楼层和分机房分布情况,单击分机房节点可进入该分机房的设备实时监控界面,查看各机房的监控参数,层次分明,逻辑清晰,结构简单。

园区电子地图页面,可以通过标签看到算力中心大楼位置和汇总状态图标,点击状态图标可以查看到告警列表如图 5－19 所示。

楼层电子地图页面,可以查看到环境数据信息、微模块、告警等信息,如图5－20 所示。

微模块页面,可以看到微模块监控首页和详细的设备监控页面,如图5－21 所示。

2．出入口门禁集中管理子系统

门禁管理子系统界面融合在 DCIM 系统中,采用统一的平台用户权限控制和平台区域树管理门禁设备。

门禁管理子系统支持人脸识别门禁、指纹识别门禁或普通刷卡门禁等多种设备接入,界面也支持管理多个门禁设备,统一管理,具有集中的进出记录查询(人脸、指纹、卡号和密码)、发卡授权、人员维护、设备管理、时间组管理等功能。

图 5-19　园区电子地图页面

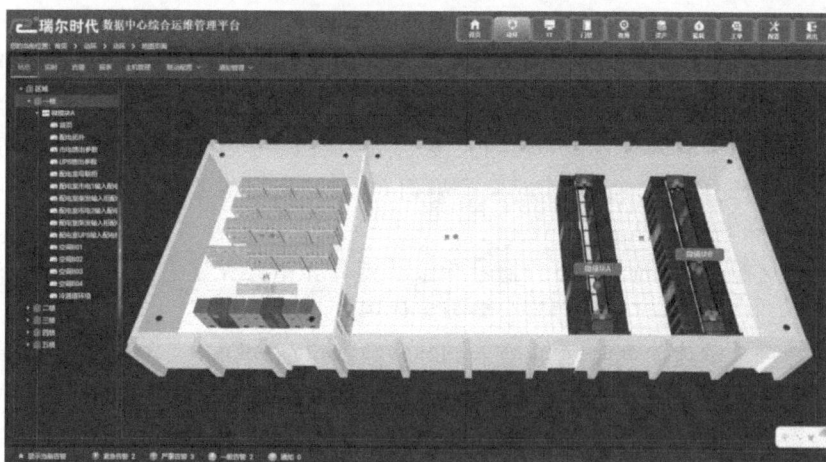

图 5-20　楼层电子地图页面

门禁验证进出时,系统界面会弹框显示抓拍的照片、人员信息等。

门禁的人员信息、权限信息、时间组信息等维护操作,支持双向自动同步,无论通过门禁控制器触屏配置,还是管理界面配置,会自动双向同步信息。

图 5-21　微模块监控页面

1)发卡授权

系统记录平台上所有用户信息与相绑定的门禁设备。可以对用户信息进行增加、修改和删除操作,并信息同步到门禁上面,进行(人脸、指纹、卡号和密码)发卡授权。

图 5-22 展示了门禁人员管理界面。

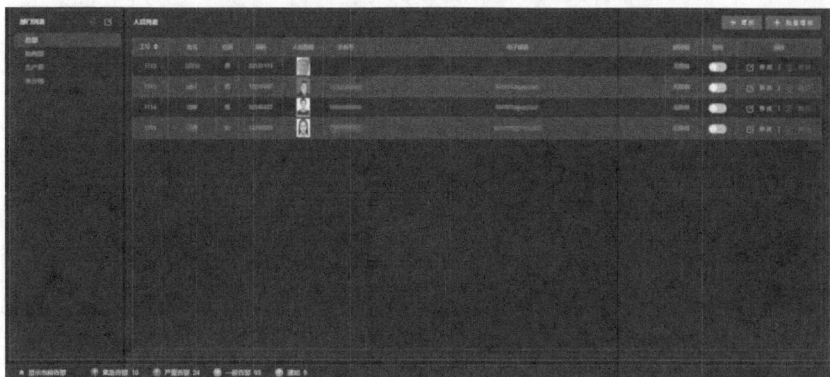

图 5-22　门禁人员管理界面

图 5-23 展示了门禁人员信息编辑界面。

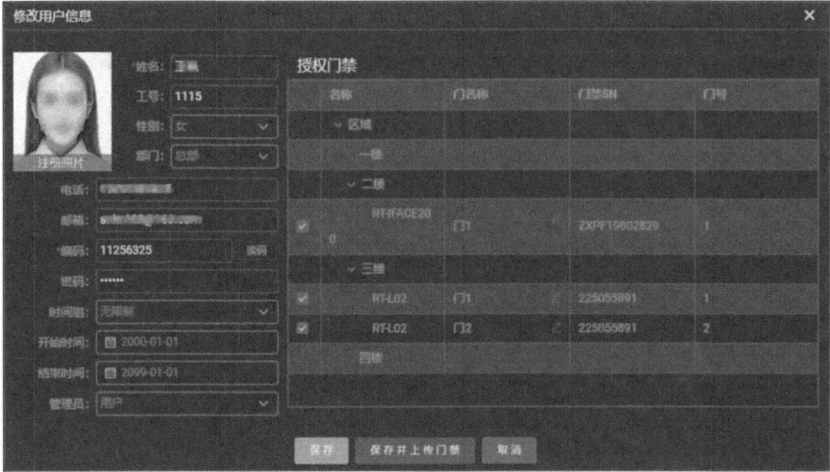

图 5-23　门禁人员信息编辑界面

2)设备管理

对于接入系统的多个门禁设备进行管理，添加、删除门禁设备，并通过平台区域树进行归类管理；还可以查看门状态和远程开门。门禁的人员信息、权限信息、时间组信息等维护操作，支持双向自动同步，无论通过门禁控制器触屏配置，还是管理界面配置，会自动双向同步信息，如图 5-24 所示。

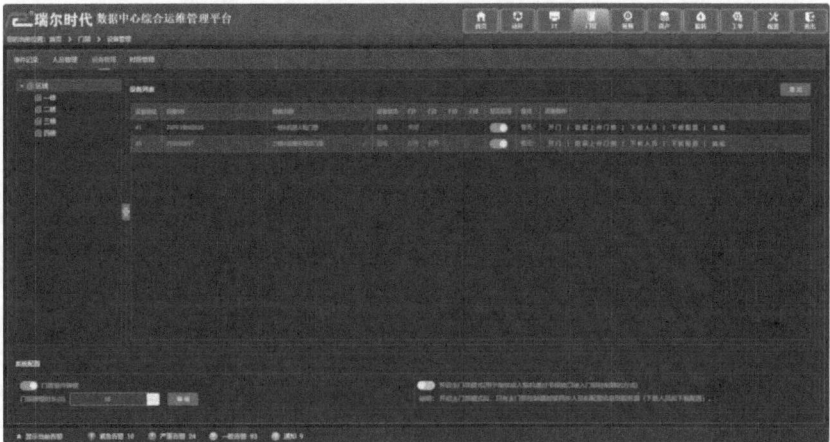

图 5-24　门禁设备管理

3)时段管理

系统可配置人员权限时间段,授权人员只可在规定时间段内刷卡开门,时间段外开门无效。

4)刷卡记录

系统记录门禁设备相关的所有事件内容,包括开门、关门及相关异常告警信息。用户可以选择上面的开始结束时间端,来过滤事件内容,查找需要关注的事件信息,如图 5-25 所示。

同时门禁验证进出时,会弹框显示抓拍的照片、人员信息等。

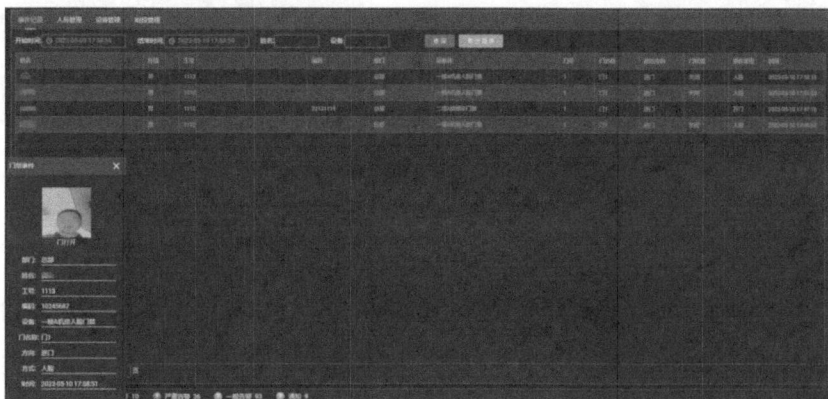

图 5-25　刷卡记录

3.视频集中管理子系统

视频集中管理子系统界面融合在 DCIM 系统中,采用统一的平台用户权限控制和平台区域树管理视频设备。

支持 Web 端无插件视频管理和监控,Web 端集中管理多个 NVR,能够分组管理。

支持 Web 端实时视频查看,支持 1/4/9/16 多宫格分屏浏览视频,支持球机控制(方向、调焦、聚焦和光圈)、预置点设置和调用,如图 5-26 所示。

支持 Web 端调用历史视频,通过时间条可以定位显示,如图 5-27 所示。

支持告警联动显示视频功能,故障发生时,Web 端自动弹出周边摄像头的实时图像,并且后台自动截图;历史告警事件查询时,可以看到相关截图照片信息,如图 5-28 所示。

图 5 - 26　实时视频

图 5 - 27　历史视频

4.建筑设备监控系统集成

通过对建筑设备监控系统提供的开放性数据接口协议进行专业开发定制,将系统的集群服务器与建筑设备监控系统服务器进行网络连接,实现系统对建筑设备监控系统的集成,可在图形化的界面中方便地实现建筑设备监控系统的数据显示,如图5-29所示。

图 5-28　告警联动显示视频

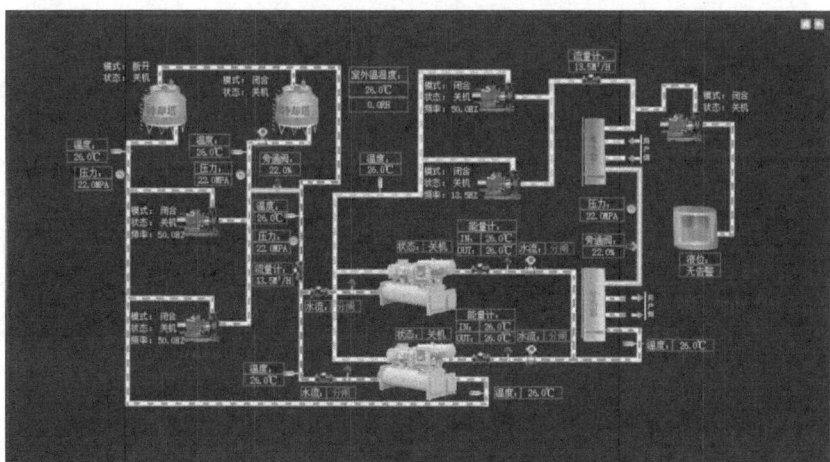

图 5-29　建筑设备监控系统集成

　　空调的相关数据及控制功能由建筑设备监控系统采集,系统从建筑设备监控系统获取机房空调的运行状态、工作温度等相关数据。

　　1)集成接口协议概述

　　接口协议:通过开放性的 Modbus 接口协议、SNMP 接口协议或 OPC 接口协议方式获取建筑设备监控系统的数据。

　　2)安全性措施

权限划分：可分别对建筑设备监控系统的查看、管理权限进行独立设置。

3）实现方式概述

基于建筑设备监控系统厂商提供的开放接口专项开发，利用厂商规定标准的相关方法和接口服务，采集相关数据信息。

5.电力高低压配电监控系统集成

通过对电力高低压配电监控系统提供的开放性数据接口协议进行专业开发定制，将系统的集群服务器与电力监控系统服务器进行网络连接，实现系统对电力监控系统的集成，可在图形化的界面中方便地实现电力监控系统的数据显示。

1）集成接口协议概述

接口协议：通过开放性的 Modbus 接口协议、SNMP 接口协议或 OPC 接口协议方式获取电力监控系统的数据。

2）安全性措施

权限划分：可分别对电力监控系统的查看、管理权限进行独立设置。

3）实现方式概述

基于电力监控系统厂商提供的开放接口专项开发，利用厂商规定标准的相关方法和接口服务，采集相关数据信息。

6.火灾自动报警系统集成

通过对火灾自动报警系统提供的开放性数据接口协议进行专业开发定制，将系统的集群服务器与火灾自动报警系统服务器进行网络连接，实现系统对火灾自动报警系统的集成，可在图形化的界面中方便地实现火灾自动报警系统的数据显示。

1）集成接口协议概述

接口协议：通过开放性的 Modbus 接口协议、SNMP 接口协议或 OPC 接口协议方式获取火灾自动报警系统的数据。

2）安全性措施

权限划分：可分别对火灾自动报警系统的查看、管理权限进行独立设置。

3）实现方式概述

基于火灾自动报警系统厂商提供的开放接口专项开发，利用厂商规定标准的相关方法和接口服务，采集相关数据信息。

7.三维可视化管理子系统

三维可视化子系统通过统一的操作平台和统一的通信平台,完成对动力系统(供配电系统)、环境系统、安防系统(视频、门禁系统)、IT 系统、资产、容量等各子系统无缝数据集成,实时获取各子系统监控数据,通过对各子系统监控数据处理、分析及逻辑判断,实现上述各子系统的三维可视化集中视图、集中监控、集中告警、集中数据分析和统一运维管理。

1)全景场地三维可视化

支持区域大楼和算力中心场景三维建模,支持总览整个区域大楼和机房三维视图。支持大楼、机房三维视图动画旋转,以不同角度浏览大楼、楼层、机房布局,方便快速导航定位,如图 5 - 30 所示。

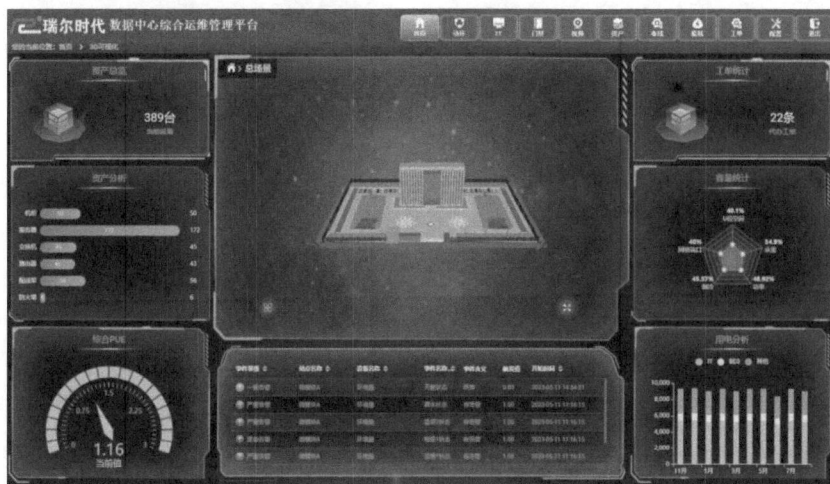

图 5 - 30 全景场地三维可视化

两侧展示栏将汇总算力中心的重要数据信息,通过图形化的方式形象展示。可展示的数据包括资产类型统计图、用电统计图、PUE(电源使用效率)统计图等。PUE(电源使用效率)已成为国际上比较通行的算力中心电力使用效率的衡量指标。PUE 是指算力中心消耗的所有能源与 IT 负载消耗的能源之比。PUE 越接近于 1,表示一个算力中心的绿色化程度越高。PUE 是衡量一个机房是否节能的关键指标之一。

2)楼层或微模块三维可视化

可以通过鼠标的滚轮来放大缩小三维视图,通过双击或鼠标移到场景内的设备模型,可查看机房内被监控设备的设备参数和运行状态,如图 5-31 所示。

图 5-31 楼层或微模块三维可视化

支持三维动画告警展示,当机房内有设备发生告警,设备红色闪烁方式告警提示,直观展现机房报警设备。

3)动环三维可视化

界面可以通过鼠标的滚轮来放大缩小三维视图,通过双击或鼠标移到场景内的设备模型,支持查看分机房内被监控设备的设备参数和运行状态,如图 5-32 所示。

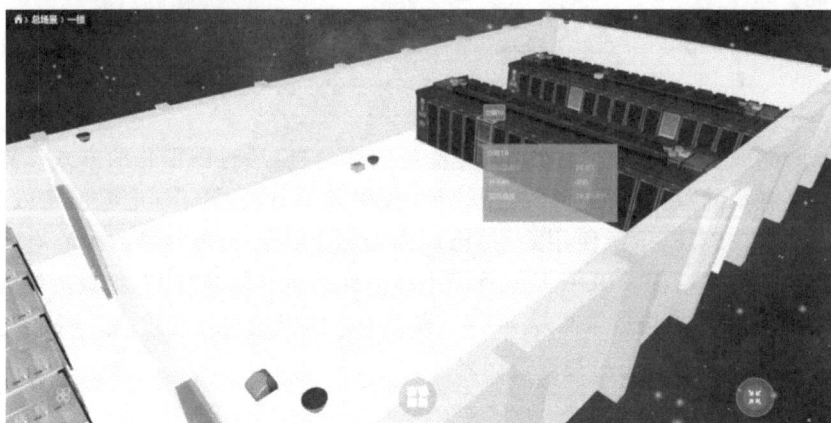

图 5-32 动环三维可视化

支持三维动画告警展示,若分机房内有设备发生告警,设备红色闪烁方式告警提示,直观展现分机房报警设备。

鼠标放在设备模型上面,也会显示该设备的关键数据。

鼠标双击设备模型,将拉进视角,显示详细的三维模型,并展示监控信息和资产信息,如图 5-33 所示。

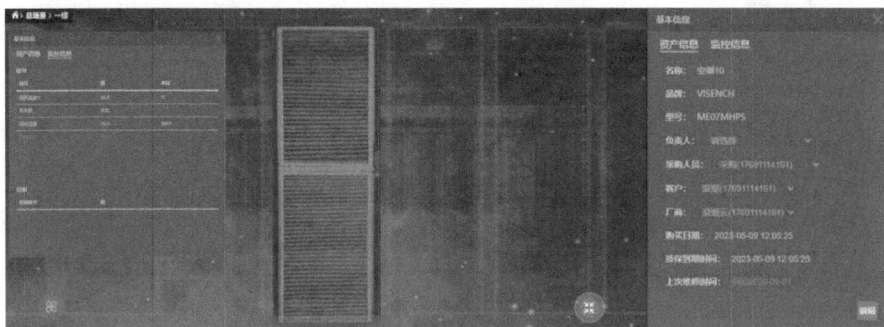

图 5-33　资产三维可视化

4)温度云图三维可视化

系统支持分机房三维温度云图,动态模拟分机房温度分布情况。

通过动环接口,读取到各个温湿度探测器的传感数据,结合三维温度云图技术,在三维场景中动态展示温度云图,热点位置一目了然,如图 5-34 所示。

图 5-34　温度云图

机柜温/湿度点位监控可视化呈现,如图 5 - 35 所示。

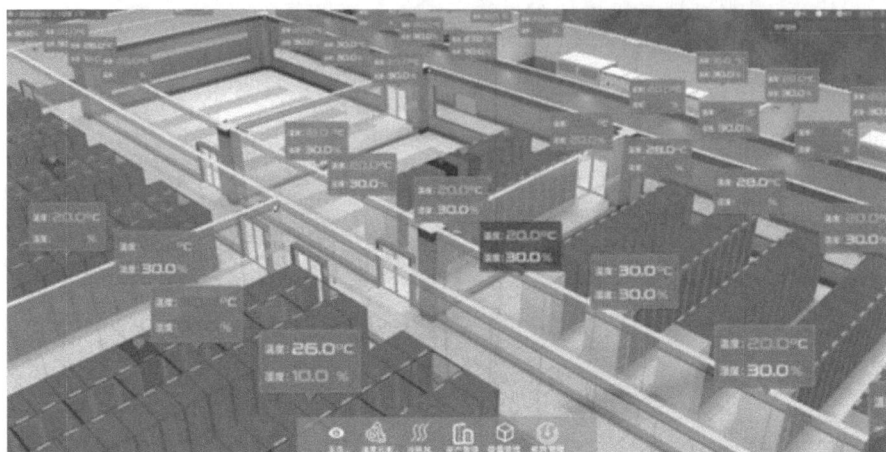

图 5 - 35   温/湿度监控

5)冷热风气流图

通过系统数据接口,读取到各个温湿度探测器和空调的传感数据,结合三维风图技术,在三维场景中动态展示冷热风气流图,直观了解风的流动方向和温度热点,如图 5 - 36 所示。

图 5 - 36   冷热通道气流三维模型

6）能耗三维可视化

系统支持三维能耗管理，支持三维额定功率容量展示：依据每个机柜内的资产额定功率情况统计，以三维可视化框图的方式展示区域内每个机柜的额定功率使用情况，如图 5 - 37 所示。

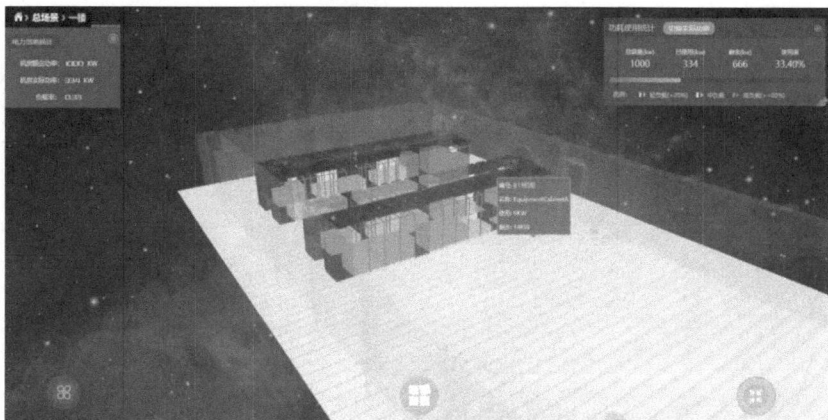

图 5 - 37　能耗三维可视化

系统支持三维实际功率容量展示：根据接口采集机柜的实际功率数据，以三维可视化框图方式展示区域内每个机柜的实际功率使用情况。

系统的功率容量管理，有两种方式展示。

（1）额定功率容量展示：依据每个机柜内的资产额定功率情况统计，以三维可视化框图的方式展示区域内每个机柜的额定功率使用情况，便于管理者决策服务器增加的位置。

（2）实际功率容量展示：根据接口采集机柜的实际功率数据，以三维可视化框图方式展示区域内每个机柜的实际功率使用情况，便于管理者决策运维风险。功率面板则统计整体信息，以面板方式展示。

7）资产三维可视化

支持三维资产信息管理，三维动画方式直观浏览和管理各机柜服务器品牌、型号、IP、标签、厂家联系人、维护、系统等资产信息管理，支持资产上下架管理，如图 5 - 38 所示。

对于机架内的资产设备，其主要的管理流程如下：

资产信息：查看资产的详细信息，包括责任人信息、品牌、型号、日期等信息。

资产上架:将资产放入指定机柜的指定位置。

资产下架:资产下架包括资产退回到仓库、资产维修处理、资产报废以及其他需要将资产下架的管理活动。

资产上架需要填入上架资产的信息,如图5-39所示。

图5-38　资产三维可视化

图5-39　资产上架

(1)服务器资产可视化。

需要对服务器资产详细了解时,可以双击服务器,进入服务器资产可视化界面。左侧面板显示服务器资产的详细信息。中心以三维的方式展示服务器的外观,可以旋转、拉近观察,如图5-40所示。

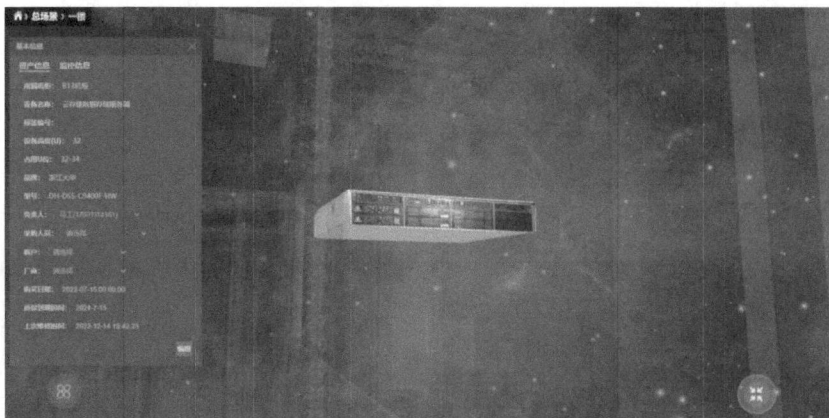

图 5-40　服务器资产可视化

（2）资产查询、定位。

需要查找某个资产时，可以进入资产管理页面，在搜索框输入资产名称，查询出匹配的资产列表信息。双击类别节点，三维页面会自动切换定位到该资产的位置，如图 5-41 所示。

图 5-41　资产查询、定位

8）容量管理三维可视化

系统支持三维容量可视化管理，包括分机房容量查询、U 位空间统计可视化、功率统计可视化、机柜统计可视化、设备上架查询等。

（1）U 位容量管理。

容量建模旨在建立算力中心物理层各类资源的容量模型,以便更清晰地展示、处理、分析各类容量数据。综合 U 位空间、电力负载、承重、信息口等因素构建容量模型,涵盖算力中心动力、环境、安防、IT 等不同系统,如图 5-42 所示。

可统计算力中心或机房的容量使用情况,包括空间容量、电力、信息点等,且以图形化和列表展示容量信息。

图 5-42 U 位容量三维可视化

(2)容量统计及分析。

容量统计及分析是对当前容量信息的统计、查询等操作的功能区域,提供容量统计及容量报表管理功能,以便了解当前容量的占用情况和可能发生的瓶颈,并给予初步的分析建议,如图 5-43 所示。

9)配线三维可视化

通过三维界面,清晰展示配线链路,协助算力中心日常运维配线管理。

(1)电力配线可视化。

对园区、大楼、算力中心内供电保障的多路市电分布进行虚拟仿真展示,帮助管理人员直观查看供电线路走线和分布情况,体现算力中心供电保障能力,如图 5-44 所示。

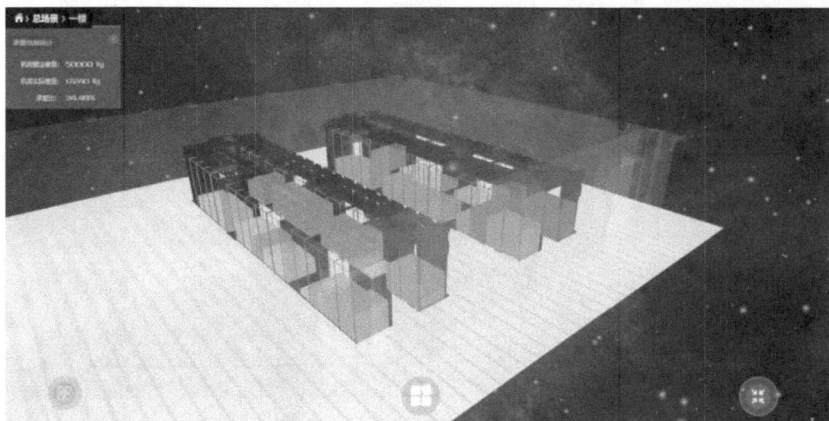

图 5-43　容量统计及分析

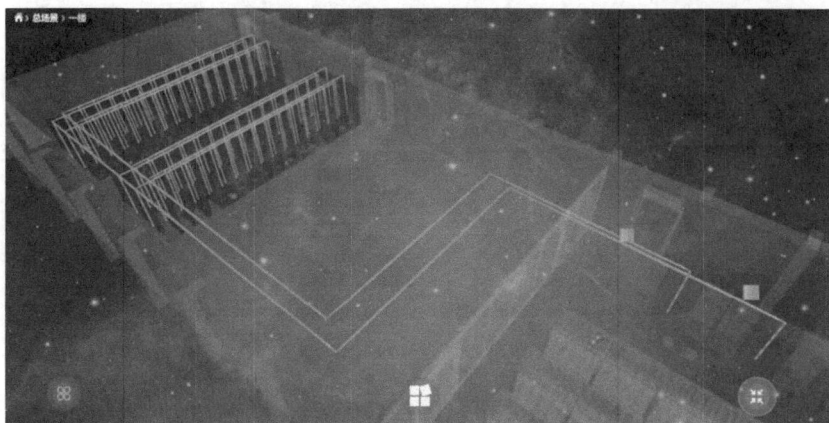

图 5-44　电力配线可视化

(2)网络配线可视化。

对园区、大楼、算力中心内通信保障的多路通信线缆分布进行虚拟仿真展示,帮助管理人员直观查看通信线缆分布情况,如图 5-45 所示。

在三维可视化系统中,直观、准确地展示 IT 设备间的物理连接,查看一条网络链路的所有跳线信息,包括经过的每一个中间设备的每一个端口信息,如图 5-46 所示。

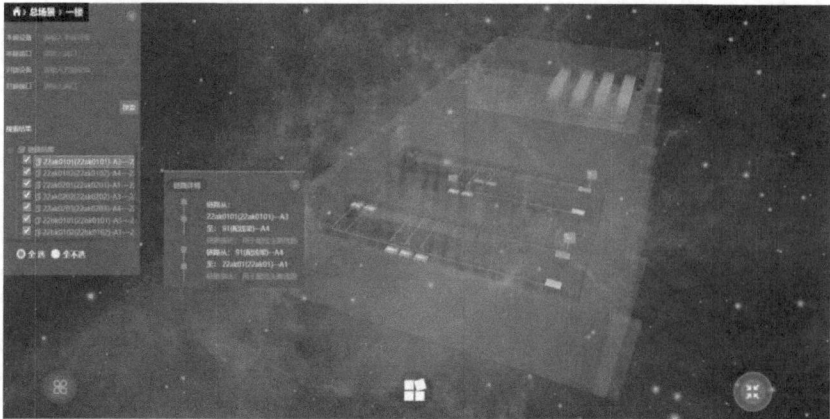

图 5-45　网络配线可视化

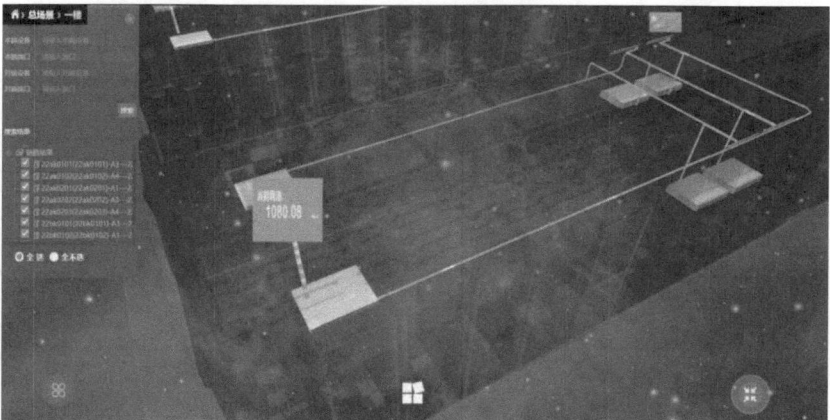

图 5-46　网络配线可视化

10)三维漫游自动巡检

可以预设三维漫游巡检路线,当启动执行后,会依据预设路线巡检算力中心。当遇到设备告警时,会自动弹框提出告警内容,如图 5-47 所示。

8.能耗管理子系统

1)能源管理系统集成

通过对能源管理系统提供的开放性数据接口协议进行专业开发定制,将系统的集群服务器与能源管理系统服务器进行网络连接,实现系统对能源管理系统的集成,可在图形化的界面中方便地实现能源管理系统的数据显示。

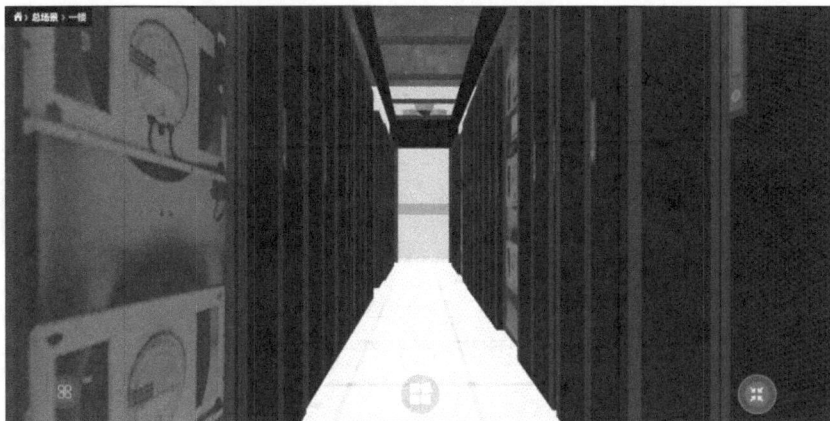

图 5-47　三维漫游巡检

(1)集成接口协议概述。

接口协议:通过开放性的 Modbus 接口协议、SNMP 接口协议或 OPC 接口协议方式获取能源管理系统的数据。

(2)安全性措施。

权限划分:可分别对能源管理系统的查看、管理权限进行独立设置。

(3)实现方式概述。

基于能源管理系统厂商提供的开放接口专项开发,利用厂商规定标准的相关方法和接口服务,采集相关数据信息。

2)能耗管理

能耗管理子系统实时监测各电力子系统的运行状态,并将数据汇集到中心数据库,系统自动分析各设备的能耗、能效情况,并给出合理建议,通过对比分析、统计,通过系统的智能判断与报表的分析结果,从而进一步对设备进行优化,告诉管理人员如何对算力中心的能耗进行优化改进,以实现整个电力系统信息资源的合理共享与分配,确保算力中心机房内所有设备处于高效、节能的最佳运行状态,如图 5-48 所示。

能耗管理子系统概述页面,展示综合 PUE、瞬时 PUE、IT 和制冷等功率、逐时用电量对比、逐日用电量对比、用电量日同比分析、用电量月同比分析等视图。

能耗管理子系统 PUE 曲线页面,展示算力中心各个区域、日、月、年多个维度的 PUE 统计曲线报表,如图 5-49 所示。

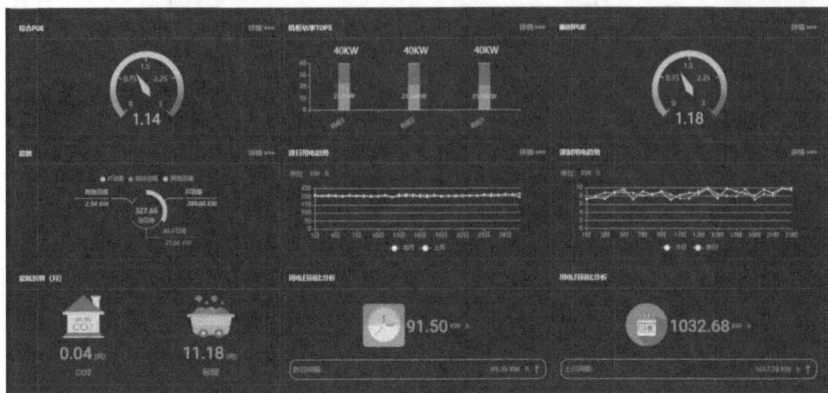

图 5-48　能耗管理

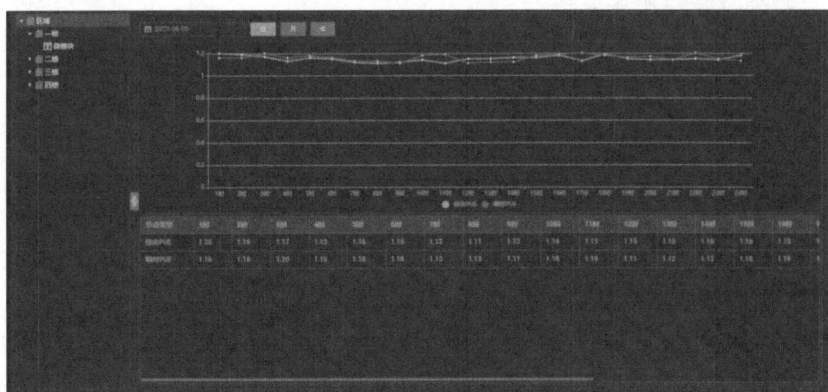

图 5-49　PUE 曲线

　　能耗管理子系统机柜功率页面,展示了机柜的额定功率和实际功率统计报表,如图 5-50 所示。

　　能耗管理子系统用电量统计页面,展示了算力中心整体、不同大楼、不同楼层、不同业务系统(空调用电、IT 用电、消防用电等)多种维度和日、月、年时间维度组合查询的用电量报表,如图 5-51 所示。

　　能耗管理子系统用电量同比分析页面,展示了指定区域的用电量同比分析报表,如图 5-52 所示。

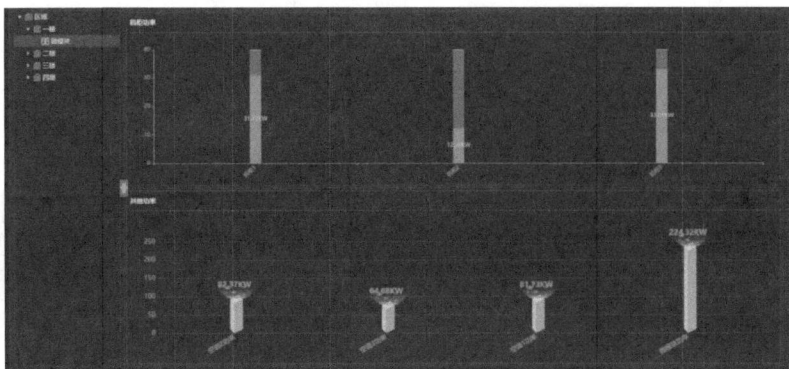

图 5-50　机柜功率

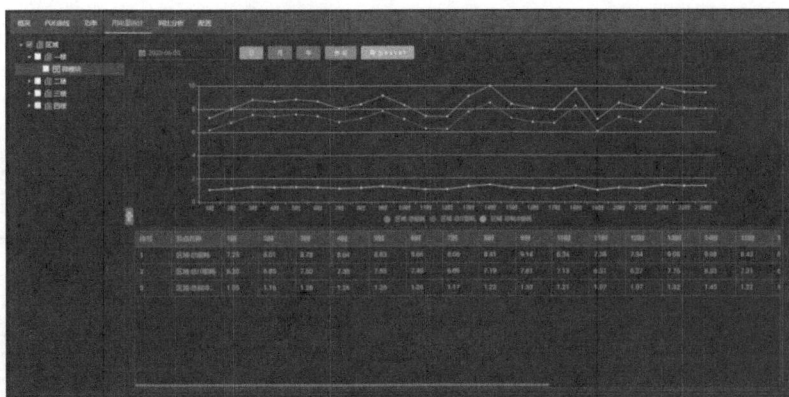

图 5-51　用电量统计

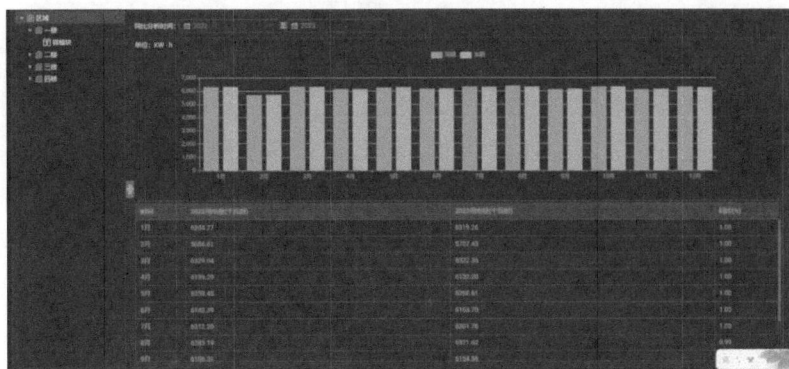

图 5-52　用电量同比分析

9.资产管理子系统

支持资产统计,展示资产数量统计视图、资产寿命统计视图、资产状态统计视图及资产变动记录等。

支持 IT 设施信息管理、盘点管理、库存管理、巡检管理。

支持基础设施信息管理、保养管理。

支持资产变更通过工单管理进行审批、处理、审核。

支持 Web 端显示资产预警通知功能,包括资产保养预警、资产过保预警、盘点预警。

1)资产管理

资产首页实现了资产统计,展示资产数量统计视图、资产寿命统计视图、资产状态统计视图及资产变动记录等,如图 5-53 所示。

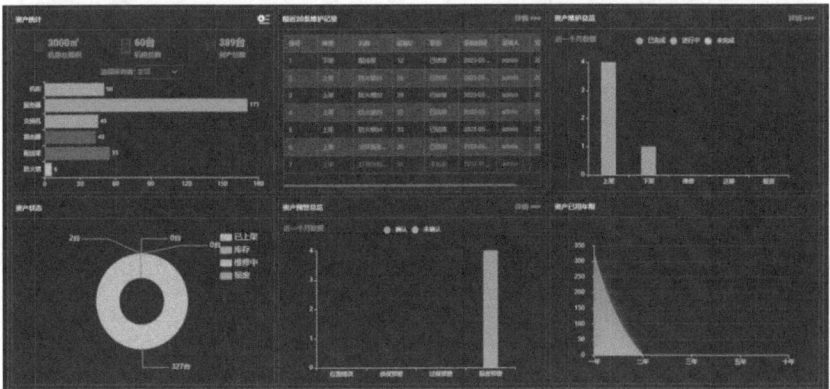

图 5-53　资产统计

IT 设备管理实现了交换机、路由器、服务器等 IT 设施信息管理、盘点管理、库存管理、巡检管理,如图 5-54 所示。

基础设施资产管理实现了 UPS、空调、机柜等基础设施信息管理、保养管理,如图 5-55 所示。

2)资产批量管理

当系统需要批量导入导出资产时,系统支持通过 Excel 批量导入资产信息,同时也支持导出资产报表。

资产导出的报表如图 5-56 所示。

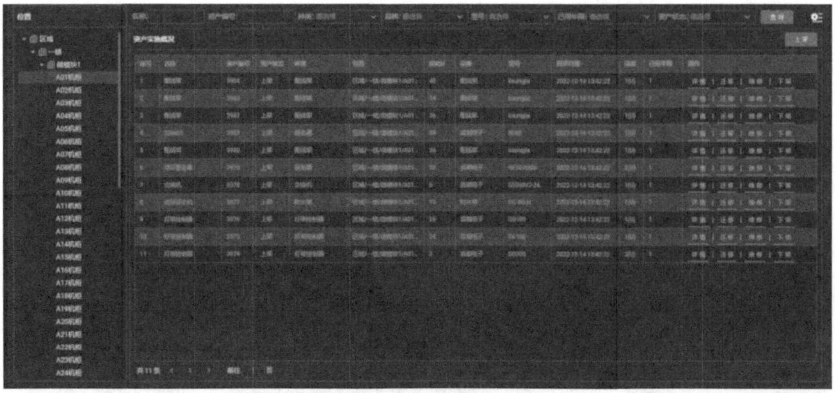

图 5－54　IT 设备管理

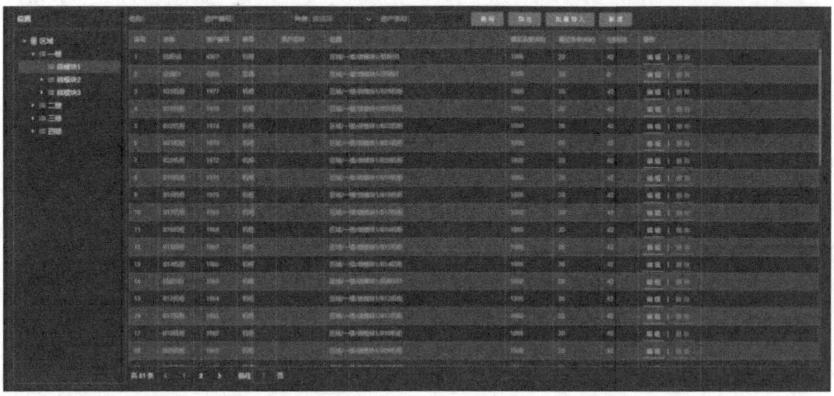

图 5－55　基础设施资产管理

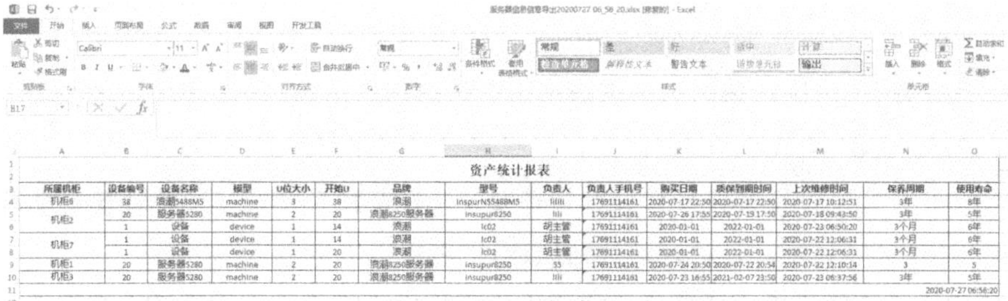

资产统计报表

所属机柜	设备编号	设备名称	模型	U位大小	开始U	品牌	型号	负责人	负责人手机号	购买日期	质保到期时间	上次维修时间	保养周期	使用寿命
机柜6	38	浪潮5488M5	machine	3	38	浪潮	inspurN55488M5	lilili	17691114161	2020-07-17 22:50	2020-07-17 22:50	2020-07-17 10:12:51	3年	8年
机柜2	20	服务器5280	machine	2	20	浪潮8250服务器	insupur8250	lili	17691114161	2020-07-26 17:55	2020-07-19 17:50	2020-07-18 09:43:50	3年	5年
	1	设备	device	1	14	浪潮	lc02	胡主管	17691114161	2020-01-01	2022-01-01	2020-07-23 06:50:20	3个月	6年
机柜7	1	设备	device	1	14	浪潮	lc02	胡主管	17691114161	2020-01-01	2022-01-01	2020-07-22 12:06:31	3个月	6年
	1	设备	device	1	20	浪潮	lc02	胡主管	17691114161	2020-01-01	2022-01-01	2020-07-22 12:06:31	3个月	6年
机柜1	20	服务器5280	machine	2	20	浪潮8250服务器	insupur8250	33	17691114161	2020-07-24 20:50	2020-07-22 20:54	2020-07-22 12:10:14	3	5
机柜3	20	服务器5280	machine	2	20	浪潮8250服务器	insupur8250	lili	17691114161	2020-07-23 16:55	2021-02-07 23:50	2020-07-23 06:37:56	3年	5年

2020-07-27 06:56:20

图 5－56　资产导出报表

10.工单管理子系统

工单管理页面实现了工单统计,展示近期需要处理的工单列表、工单状态统计视图、工单类型统计视图、工单延误统计视图等,如图 5-57 所示。

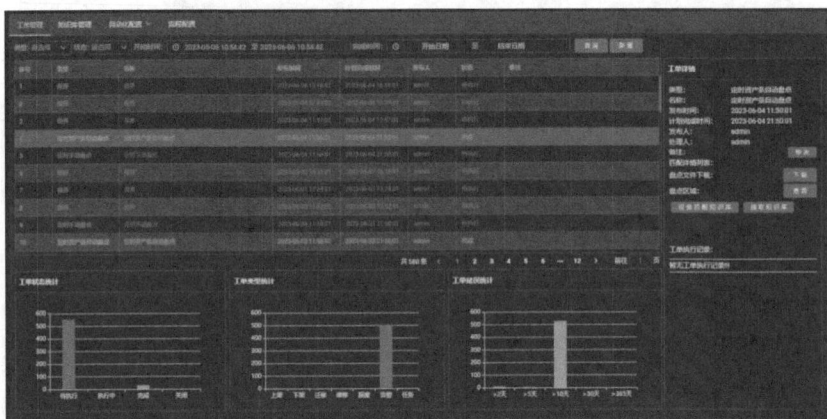

图 5-57　工单管理

系统支持用户基于故障创建工单和自动派发工单。

工单自动派发规则及故障处理均可由用户自定义。

系统支持工单类型、工单状态等维度的统计与查询。

系统支持按照工单编号、工单类型、工单状态、工单派发人以及时间段查询。

支持工单预警通知功能,当工单长时间未处理时,系统支持短信或邮件提醒功能。

报表导出:统计每月及每年事件、变更、问题,巡检、维护等项目的数量及完成情况形成图表。

知识库管理界面具有知识库管理功能,支持手工录入和工单经验导入知识条目;支持工单自动关联相关知识库,如图 5-58 所示。

工单配置界面具有配置保养、巡检和盘点等类型定时工单任务功能,支持仅一次、每天、每周、每间隔(天、月)多种方式自动产生工单,如图 5-59 所示。

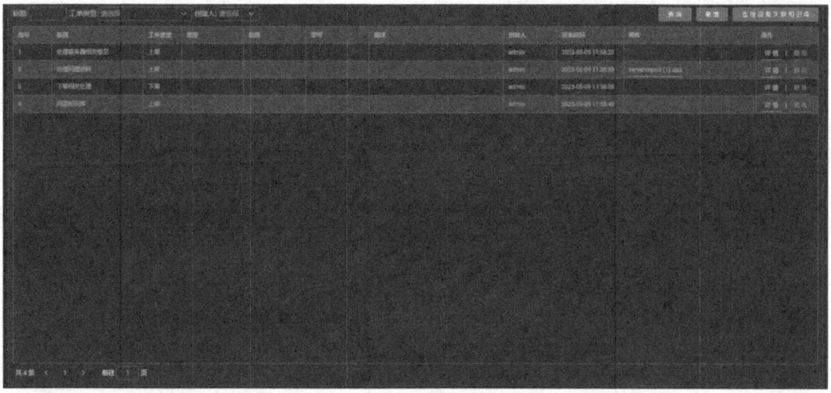

图 5 - 58　知识库

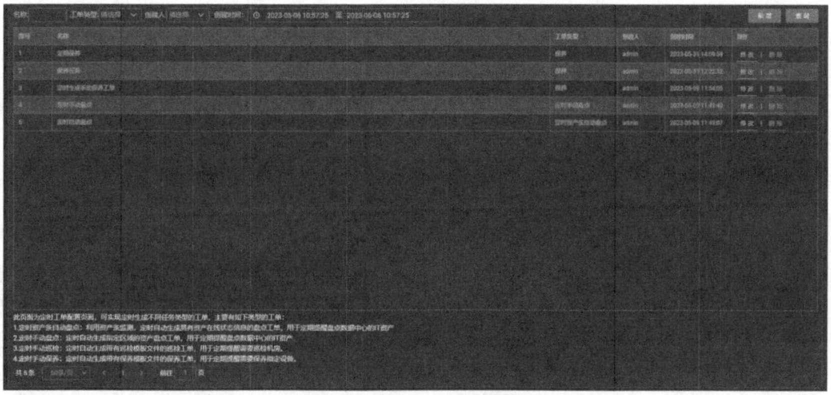

图 5 - 59　工单配置

11. 告警管理子系统

1) 告警定位

系统的报警级别按重要性设为 1～4 级,按严重程度分别定义为通知、一般告警、严重告警、紧急告警。

支持三维动画告警展示,当机房内有设备发生告警,设备通过不同颜色闪烁方式告警提示告警等级,直观展现机房报警设备,如图 5 - 60 所示。

系统底部有告警栏,统计不同告警级别事件的数量,并且可以查看详情。

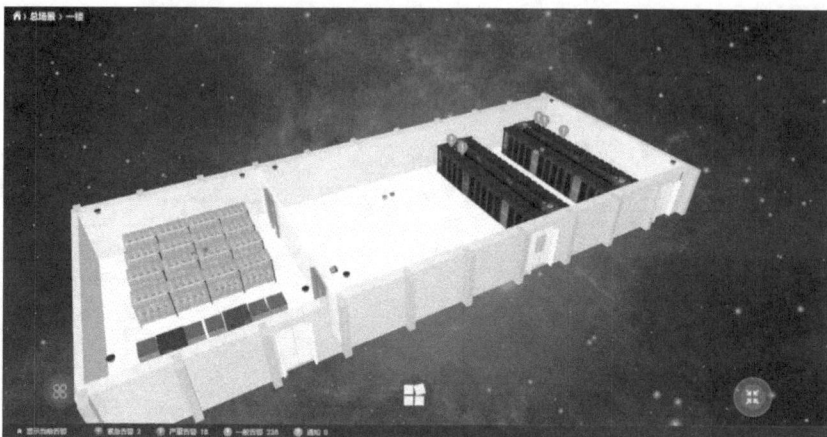

图 5-60　告警定位

2）告警统计

集成各系统告警信息，将事件汇聚统一管理，标准化事件格式，集中显示在告警统计列表面板中，方便管理员快速掌握整体系统的告警内容。告警通知内容可通过设定好规则规范事件格式从报警事件"产生时间、所属专业、事件类型、维保项目、厂家信息"等关键信息统一格式输出，将不同的事件标准统一并呈现，如图 5-61 所示。

图 5-61　告警统计

3）告警管理

系统支持告警的阈值、级别设定，支持告警查询、告警屏蔽、告警关联、告警回差过滤和告警延时过滤等功能,如图 5 - 62 所示。

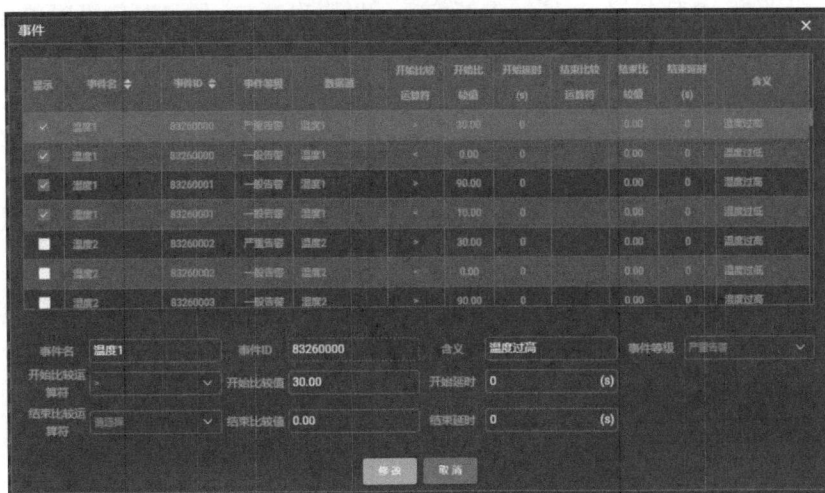

图 5 - 62 告警管理

系统支持查看当前告警、历史告警和告警发送记录等,通过报表系统可以设定好的过滤条件或自定义的过滤条件对告警进行查询显示。通过查询显示告警的详情,包括告警名称、定位信息、告警级别、告警源、发生时间、恢复时间、确认意见、确认人、确认时间、确认状态、关联摄像头图片等,如图 5 - 63 所示。

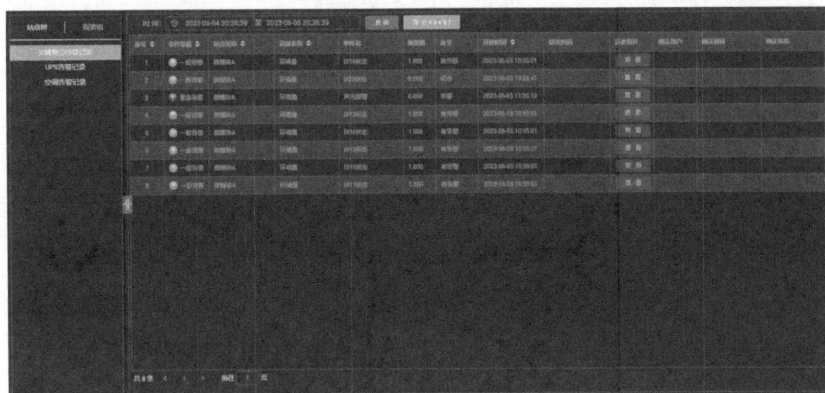

图 5 - 63 告警查询

4)告警通知

报警通知方式:系统提供界面报警、短信报警、电话拨号报警、声光报警、E-mail 报警、微信报警等,同时告警信息可以限次播放,且两次告警间的停顿时间可以灵活设置。

报警缓冲:系统可设置报警缓冲的时间,当多次采集到该报警持续一定时间后才真正将报警在事件栏上显示出来,有效减少误报警的发生,提高监控系统的准确性。

人员组管理:可以通过界面设置不同等级或不同告警接收方式的人员分组。

告警组管理:配置哪些告警需要以什么方式推送给哪类人员组,如图 5 - 64 所示。

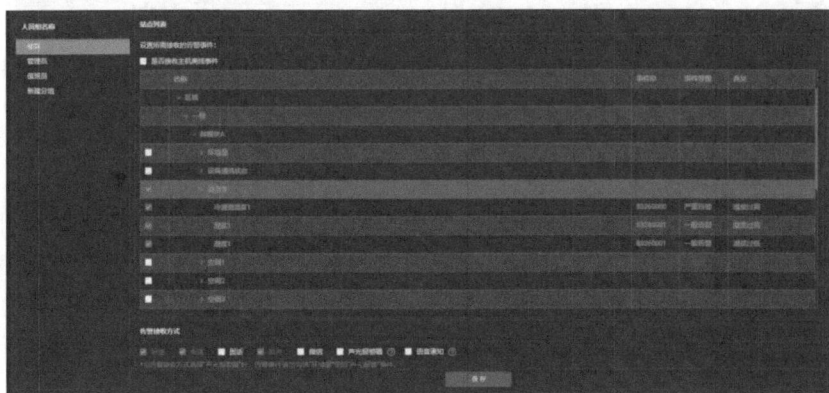

图 5 - 64　告警通知

通知设备管理:对告警通知设备进行配置。

告警智能分析:告警可定义转工单,系统知识库将依据告警的来源、内容和级别,可以在告警事件产生后自动关联相关专业信息、趋势判断,为管理人员提供问题判断的依据并提出解决办法。在处理告警后,根据用户的处理记录,系统会完善知识库内容,积累处理经验,为后续处理提供智能分析。

12. 报表管理子系统

1)历史报警和数据报表查询报表

提供历史报警查询,监控中心支持通过 Web 浏览查看和管理监控系统,调用历史报警查询页面,选择条件(设备、时间范围、级别范围、事件等级)组合查询,也支持选择报表模板,快速查询各机房设备参数的历史数据曲线,并导出 Excel 格式的报表。

　　提供历史曲线查询,监控中心支持通过 Web 浏览查看和管理监控系统,调用历史曲线查询页面,选择条件(设备、时间范围、参数等)组合查询,也支持选择报表模板,可快速查询各机房设备的历史告警记录,并导出 Excel 格式的报表。历史曲线报表包括各种维度的用电量报表、用水报表、环境运行报表、电力报表等,如图 5 - 65 所示。

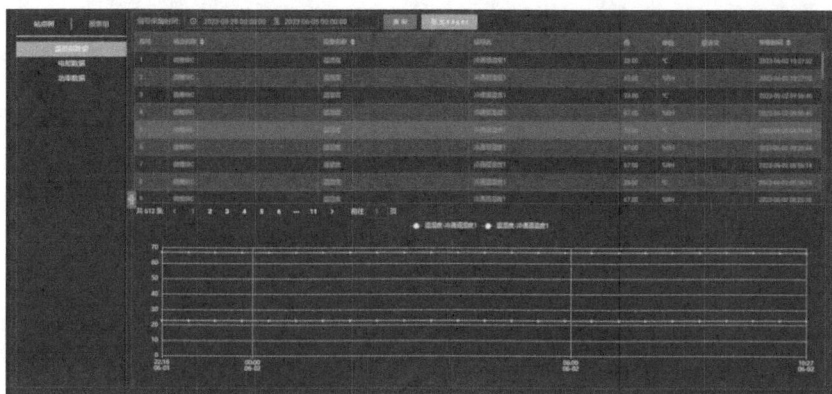

图 5 - 65　历史数据与曲线

　　提供告警通知查询,监控中心支持通过 Web 浏览查看系统发出的告警通知列表,支持条件。

　　2)历史告警发送记录查询报表

　　系统支持告警发送记录查询,通过报表系统可以自定义的过滤条件对告警发送记录进行查询显示。通过查询显示告警发送的详情,主要包括告警内容、发送方式、发送时间、发送状态等信息,如图 5 - 66 所示。

　　3)系统日志查询报表

　　在系统管理当中,系统安全性尤为重要,系统会自动记录登录、退出、设备管理、系统授权等操作日志,并对操作人员、操作时间、操作 IP 等详细数据信息进行记录,如图 5 - 67 所示。

　　4)自定义报表模板功能

　　根据日常管理所需,提供客户自定义报表模板的功能。客户可根据自己的需要,支持自定义报表功能,能够动态配置报表名称、内容等信息,生成新的报表模板,如图 5 - 68 所示。

图 5-66 告警发送记录报表

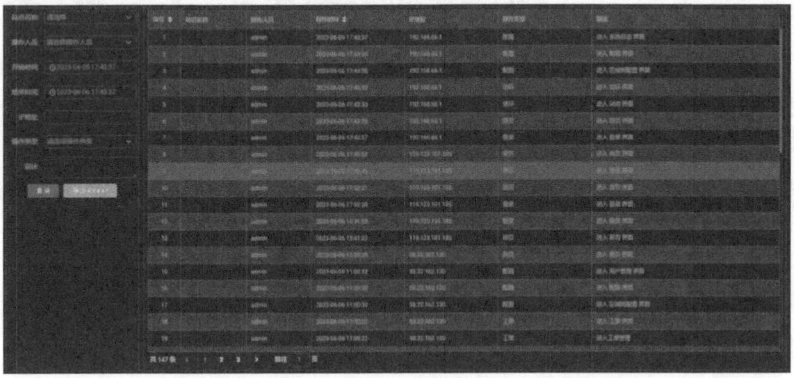

图 5-67 系统日志

图 5-68 自定义报表模板

5.6.5　未来发展与趋势

1.技术创新

新材料和新技术的应用,如新型冷却液的研发、微通道散热技术的优化,将进一步提升液冷效率。

2.智能运维

AI 与大数据分析将深度融入 DCIM 系统,实现预测性维护、自适应控制等高级功能。

3.绿色可持续

随着全球对碳排放的关注,液冷算力中心将更加注重能效管理和环境友好,推动绿色算力中心的发展。

4.模块化与预制化

为了快速部署和灵活扩展,液冷系统将趋向模块化和预制化设计,简化建设和维护流程。

综上所述,液冷算力中心的算力中心基础设施管理系统是应对未来算力中心挑战的关键技术之一,它不仅解决了高密度算力带来的散热难题,还通过智能化管理提升了整体运营效率和可持续性。随着技术的不断成熟和应用场景的拓展,DCIM 系统将在推动算力中心向更高性能、更环保方向发展的道路上扮演重要角色。

5.7　灾难恢复与应急响应预案

灾难恢复(Disaster Recovery, DR)和业务连续性计划(Business Continuity Planning, BCP)是确保组织在面对自然或人为灾害时能够迅速恢复关键业务功能、减少损失并维持运营连续性的关键策略。下面是这两个概念的概述及其重要组成部分。

5.7.1　灾难恢复(DR)

灾难恢复专注于信息技术(IT)系统和数据的恢复,确保在遭遇灾难后能够尽快恢复关键 IT 服务,主要包括以下几个方面。

1.恢复策略

定义 RTO(恢复时间目标)和 RPO(恢复点目标),即系统需要在多长时间内恢复运行,以及数据可以容忍丢失的最大时间点。

2.备份与复制

定期备份关键数据,并在异地设立数据副本,采用实时或定时数据复制技术,确保数据的完整性和可用性。

3.备用站点与云恢复

建立热备站点、温备站点或利用云计算资源作为灾难备份环境,确保在主站点失效时能迅速切换。

4.恢复流程与测试

制定详细的灾难恢复流程文档,定期进行恢复演练和测试,验证计划的有效性。

5.人员培训与沟通

确保所有关键人员了解他们的角色和责任,进行定期培训,建立有效的灾难期间沟通机制。

5.7.2 业务连续性计划(BCP)

业务连续性计划则更广泛,不仅涵盖 IT 恢复,还涉及整个组织的运营连续性,确保关键业务功能在任何情况下都能持续运作。BCP 的核心内容包括以下几个方面。

1.风险评估与识别

识别可能影响业务的各种风险,包括自然灾害、人为事故、技术故障等,评估其可能性和潜在影响。

2.关键业务功能识别

确定哪些业务功能最为关键,需要优先恢复,以维持公司核心运营和服务。

3.应急响应团队与职责

建立跨部门的应急响应团队,明确各成员在紧急情况下的具体职责。

4.通信计划

制定内外部通信策略,包括员工、客户、供应商和媒体的沟通计划,确保信息及时准确传递。

5.运营替代方案

为关键业务活动制定应急操作程序和替代方案,比如远程工作、备用供应链等。

6.培训与演练

定期对员工进行业务连续性意识教育和应急演练,提高整体应对能力。

7.计划维护与更新

BCP 不是一成不变的,需要定期回顾、测试并根据实际情况进行调整和优化。

通过综合实施灾难恢复与业务连续性计划,组织能够显著提升其抵御外部冲击的能力,确保即使在极端情况下也能保持核心业务功能的正常运行,保护公司声誉,减少经济损失。

5.8　能源消耗分析与评估及 PUE 降低策略

能源消耗分析与评估是算力中心管理中的一项重要内容,其中 PUE (Power Usage Effectiveness,电源使用效率)是衡量算力中心能源效率的关键指标,表示算力中心总耗电量与 IT 设备耗电量的比值。低 PUE 意味着更高的能效。下面是如何进行能源消耗分析与评估以及实施 PUE 降低策略的概述。

5.8.1　能源消耗分析与评估

算力中心作为现代信息技术基础设施的核心,其能源消耗分析与评估不仅是衡量运营成本的重要指标,也是实现可持续发展目标的关键。深入、细致的能耗分析不仅涉及数据的收集与分析,还涵盖策略规划、技术优化与经济评估等多个维度。下面是在原有基础上对能源消耗分析与评估过程的进一步扩展和深化。

1.数据收集与整合

数据收集是能耗分析的基础,应涵盖但不限于以下几个方面。

1)IT 设备能耗

服务器、存储设备、网络设备等,包括峰值和平均能耗。

2)冷却系统能耗

冷水机组、冷却塔、水泵等。

3)供配电系统能耗

UPS、变压器、电池、发电机等设备的损耗。

4)辅助设施能耗

照明、监控设备、建筑管理系统的能耗。

5)外部因素

如地区气候条件、外部供电质量等对能耗的影响。

数据应通过传感器、智能电表、DCIM 系统等自动采集,确保数据的实时性和准确性。同时,整合历史数据,建立能耗数据库,为后续分析提供基础。

2.基准线设定与效率指标

1)PUE(电源使用效率)

它是最常见的能效指标,通过总能耗除以 IT 设备能耗计算得出。设定基准线后,可定期比较,评估能效改善效果。

2)WUE(水使用效率)

对于采用水冷系统的算力中心,WUE(总用水量/IT 设备能耗)是评估水能效的关键指标。

3)CUE(碳使用效率)

CUE 反映算力中心碳足迹,计算方法为算力中心总碳排放量/IT 设备能耗。

3.细分能耗与热点识别

1)详细能耗细分

利用层次化能耗模型,逐级分解能耗,识别高能耗区域和设备。

2)热点分析

借助红外热像仪等工具,识别 IT 设备和冷却系统的热点,优化气流管理,减少无效冷却。

4.效率评估与优化策略

1)设备级效率分析

评估单个设备或系统的能源转换效率,如 UPS 效率、空调 COP。

2)系统级优化

采用 CFD(计算流体动力学)模拟气流,优化冷热通道布局;引入变频技术,按需调节设备运行状态。

3)智能控制与自适应管理

利用 AI 和机器学习算法,根据负载动态调整冷却和供电策略,减少能源浪费。

5.趋势分析与预测模型

1)时间序列分析

运用统计方法分析能耗随时间的变化趋势,识别季节性变化和异常能耗事件的模式。

2)预测模型建立

基于历史数据和业务增长预测,建立能耗预测模型,为资源规划提供依据。

6.成本效益分析与投资回报评估

1)节能措施评估

对 LED 照明改造、热通道封闭、液冷技术应用、智能 PDU 等节能措施进行详细评估。

2)成本效益分析

计算每项措施的初始投资、运行维护成本与预期节能收益,评估投资回收期(ROI)。

3)风险分析

评估节能改造的风险,包括技术成熟度、实施难度、潜在的业务中断风险等。

4)政策与补贴考量

研究政府补贴、税收减免等优惠政策,将这些外部因素纳入投资决策。

7.持续监控与改进

1)建立能效管理体系

将能效管理纳入日常运维,形成持续改进机制。

2)定期审核与复盘

定期进行能耗审计,与基准线对比,识别改进空间。

3)员工培训与意识提升

增强员工的能源节约意识,开展能效管理培训,鼓励全员参与节能。

8.行业对比与最佳实践

行业基准比较:参考行业报告和同类算力中心的能耗数据,对比自身能效水平,寻找差距。

5.8.2 PUE 降低策略

1.优化冷却系统

采用自然冷却、热通道/冷通道隔离、增加热回收、使用更高效的冷却设备,如更高效的热交换器和更智能的控制策略。

2.提高 IT 设备效率

采用高效率服务器和存储设备,实施服务器虚拟化以减少物理服务器数量,优化负载均衡减少空闲能耗。

3.智能电源管理

使用智能 PDU 和 UPS 系统,实现电力的动态分配和高效转换,减少损耗。

4.环境控制

适当提高算力中心运行温度,减少冷却需求;使用智能温控系统,按需调节环境。

5.可再生能源利用

考虑太阳能、风能等可再生能源作为补充或替代能源,减少碳排放。

6.维护与升级

定期维护设备,更换老化部件,升级到更高效的技术和设备。

7.智能监控与控制

利用先进的 DCIM 系统实时监控能耗,通过数据分析预测能耗趋势,自动调整运行参数以优化能源使用。

8.建筑设计与选址

在新建算力中心时,考虑地理位置、建筑材料和设计以最大化利用自然光、风向等自然条件,降低能耗。

通过以上分析评估与策略实施,算力中心可以逐步降低 PUE,提高能源使用效率,减少运营成本,同时响应环境保护的需求,推动可持续发展。

第6章 未来趋势与技术创新

6.1 液冷技术的前沿研究

液冷技术作为算力中心冷却解决方案的重要方向,正在经历快速的发展和创新,前沿研究主要集中在以下几个方面。

6.1.1 新型冷却介质的开发

新型冷却介质的开发是为了解决现有冷却介质在效率、环保、成本和安全性等方面的局限性。随着技术进步和对环境可持续性的更高要求,研究人员正致力于探索和创新,以满足日益增长的高性能计算、算力中心和工业冷却需求。下面是一些新型冷却介质开发的关键方向和特点。

1. 环境友好性

1)低全球变暖潜能(GWP)值和零臭氧消耗潜能(ODP)值

鉴于传统氟利昂类冷却介质对环境的负面影响,新型介质强调使用无害环境的成分,如某些类型的碳氢化合物、水基混合物或自然工质。

2)生物可降解性

开发易于生物降解的冷却介质,减少对生态系统的影响。

2. 高效传热性能

1)高热导率和比热容

研发具有更高热传导效率的介质,能够在较低的流量下实现更好的热交换,从而降低能耗,减小设备尺寸。

2)相变材料

利用相变材料(PCM)的特性,在固态与液态转化过程中吸收或释放大量热能,提高储能和释能效率。

3. 低腐蚀性与兼容性

1）非腐蚀性配方

开发对金属和非金属材料腐蚀性低的介质,延长系统组件寿命。

2）与现有材料兼容

确保新型介质与现有的冷却系统材料（如铜、铝、塑料）相兼容,降低系统改造成本。

4. 安全性和稳定性

1）不易燃、无毒

开发不燃、对人体和环境无害的介质,提高使用安全性。

2）化学稳定性

确保在长期循环使用中保持化学性质稳定,减少分解,降低污染风险。

5. 创新技术应用

1）纳米流体

添加纳米粒子于传统冷却液中,通过提高热传导性和对流换热效率来增强冷却能力。

2）蒸发冷却技术

开发新型蒸发冷却介质,利用水或其他低沸点液体的蒸发过程来吸收热量,适合在干燥或高热负荷环境下使用。

6. 固体冷却介质

固态相变材料:研究固体相变材料作为临时热存储介质,如用于直接接触式冷却系统,提高热交换效率并简化系统设计。

7. 智能冷却介质

自调节冷却液:开发可根据温度、压力等环境变化自我调节性质的智能冷却介质,以优化热管理性能。

这些新型冷却介质的研发不仅关注于性能的提升,同时也着眼于环境影响最小化和经济可行性,以适应未来算力中心、电子产品和工业冷却等领域的多元化需求。

6.1.2 浸没式液冷技术的进步

浸没式液冷技术作为一种高效能的热管理解决方案,在近年来取得了显著的进步,特别是在以下几个方面。

1. 介质创新

1)新型冷却液开发

研究者正在开发新型冷却液,这些冷却液具有更低的导电率、更高的热容和热导率,同时具备良好的材料兼容性和环境友好性。一些冷却液甚至采用生物基材料,以减少对环境的影响。

2)相变材料的应用

浸没式相变液冷技术的进展,利用相变材料在固态与液态之间的转换过程吸收大量热能,提高了热交换效率,特别适用于高密度计算环境。

2. 系统设计与优化

1)模块化与可扩展性

浸没式液冷系统设计越来越倾向于模块化和可扩展性,便于根据不同规模的算力中心需求进行灵活配置,降低初期投资和运维成本。

2)集成化管理

系统设计集成了更多智能化元素,如通过 DCIM 系统实现对液冷循环、温度控制、冷却液状态的精确监控和自动调节,提高了系统的可控性和运维效率。

3. 材料与工艺进步

1)耐腐蚀材料

为了适应浸没式液冷环境,对服务器和其他 IT 设备的材料进行了改良,使用耐腐蚀性强的合金和涂层,延长了设备寿命。

2)精密制造

精密的制造工艺确保了液冷系统的密闭性,降低了冷却液泄漏的风险,提高了系统的稳定性和安全性。

4. 能效提升

1)低 PUE

浸没式液冷技术能显著降低算力中心的 PUE,通过高效热交换和减少空调等传统冷却设备的使用,达到更高的能源利用效率。

2)余热回收

结合余热回收系统,将服务器产生的废热转化为可用能源,进一步提高整个算力中心的能源利用率。

5.生态与可持续性

1）绿色冷却剂

研究和采用更加环保的冷却液,减少温室气体排放,符合全球对可持续发展的追求。

2）循环经济

开发冷却液的循环再利用技术,减少资源消耗,实现冷却液的闭环管理。

6.标准化与商业化推广

1）行业标准制定

随着技术成熟,行业标准和规范也在不断完善,为浸没式液冷技术的大规模商业化应用提供了基础。

2）成功案例增多

戴尔、浪潮、英伟达等公司的成功案例展示了浸没式液冷技术在实际应用中的潜力,推动了技术的普及和市场的认可。

综上所述,浸没式液冷技术的进步不仅体现在技术层面的创新,也体现在其对算力中心能效、环境影响和商业可行性的深刻改变上,为构建更加绿色、高效的算力中心提供了强有力的支撑。

6.1.3　智能化微流控技术

智能化微流控技术是微流控技术与智能传感、数据分析、自动化控制等技术的深度融合,旨在实现更精确、高效和自适应的流体操控与分析。这一领域的进步主要体现在以下几个方面。

1.微流控芯片的智能化设计与制造

1）集成化传感器

微流控芯片内置温度、压力、pH、流速等多种传感器,实时监测并反馈流体状态,实现精准控制。

2）自适应流路控制

通过集成微流体逻辑门、阀门和泵,自动调节流体路径和流量,根据实验需求或检测结果动态调整操作流程。

3）标准化与模块化

借鉴集成电路的设计理念,开发标准化的微流控模块,便于快速组装和替换,提高系统的灵活性和通用性。

2.智能化数据分析与决策

1)在线监测与分析

集成微流控芯片与高灵敏度检测技术(如荧光、拉曼光谱等),实时分析流体成分,快速得出结论。

2)AI辅助诊断

运用机器学习和人工智能算法,对海量实验数据进行分析,提高分析的准确性,加速新药筛选、疾病诊断等过程。

3)远程监控与云平台

通过物联网技术,将微流控设备与云端相连,实现远程监控、数据存储和分析,便于协作和资源共享。

3.自动化与无人化操作

1)机器人辅助操作

结合机器人技术,实现样本加载、试剂添加、废弃物处理等操作的自动化,减少人为误差,提高工作效率。

2)闭环反馈控制

通过闭环控制系统,根据实时监测结果自动调整实验参数,确保实验过程的稳定性和重复性。

3)批量处理能力

设计高通量微流控芯片,支持同时处理多个样本,适用于大规模筛查和数据分析。

4.环境适应性和可靠性增强

1)环境自适应控制

智能化微流控系统能根据外界环境变化(如温度、气压波动)自动调整,保证实验结果的一致性。

2)故障预测与自修复

利用算法预测系统故障,采取预防措施或自动切换至备用方案,提升系统运行的连续性和可靠性。

5.跨学科应用拓展

1)精准医疗

在疾病诊断、药物筛选、细胞培养等领域,智能化微流控技术提供更个性化的治疗方案和更快的药物开发周期。

2)环境监测

应用于水体污染物检测、空气采样分析,实时监测环境变化,快速响应环境污染事件。

3)生物技术与合成生物学

在 DNA 测序、蛋白质结晶、酶催化反应等方面,实现精准控制和高效率的生物分子操作。

智能化微流控技术的发展,不仅极大地提升了微流控系统的性能和应用范围,还推动了科研、医疗、环保等众多领域向更加智能化、高效化方向迈进。

6.1.4　全栈液冷解决方案

全栈液冷解决方案是指涵盖了算力中心液冷系统设计、建设、运维等所有环节的一体化解决方案。该方案通过将传统的风冷散热模式转变为液冷模式,显著提升算力中心的能效比和计算密度,降低运行成本,并减少对环境的影响。下面是全栈液冷解决方案的几个核心要素和发展趋势。

1.全生命周期管理

全生命周期管理包括咨询、设计、实施、验证、运维等阶段的端到端服务,确保液冷系统的顺利部署和长期稳定运行。

全生命周期管理提供定制化服务,针对不同客户的特定需求,如算力中心规模、IT 设备配置、地理位置等,设计最合适的液冷架构。

2.高效能冷却介质与循环系统

高效能冷却介质与循环系统使用低沸点、高热容、低腐蚀性的冷却液,如氟化液、矿物油或经过特殊设计的合成流体,以提升热交换效率。

高效能冷却介质与循环系统采用直接触式(浸没式)、间接式(冷板式)、双相浸没等不同液冷技术,根据应用需求选择最佳方案。

3.智能温控与管理平台

智能温控与管理平台结合 DCIM 系统,实时监控液冷系统的运行状态,包括温度、压力、流速等参数。

智能温控与管理平台运用 AI 算法预测性维护,自动调节冷却效率,降低能耗,预防故障,提高运维效率。

4. 模块化与可扩展性设计

模块化与可扩展性设计易于扩展和升级的模块化系统,支持未来算力中心规模的灵活扩展和快速部署。

模块化与可扩展性设计支持热插拔和快速替换,缩短维护时间,提高系统可用性。

5. 绿色与可持续性

绿色与可持续性通过液冷技术显著降低 PUE(电源使用效率),部分方案可将 PUE 降至 1.1 以下,大大节省能源。

绿色与可持续性探索余热回收利用,将算力中心产生的废热转换为其他用途的能量,如供暖、热水供应等,提升能源的循环利用率。

6. 安全与合规性

安全与合规性强化液冷系统的密封性与监测,确保冷却液的安全使用,防止泄漏。

安全与合规性符合行业标准和法规要求,确保液冷算力中心的合规性。

7. 技术创新与融合

技术创新与融合结合最新的材料科学、微流控技术、物联网技术等,不断推进液冷技术的创新与发展。

技术创新与融合推动标准化进程,促进不同厂商设备间的兼容性和互操作性,加速全栈液冷解决方案的市场接纳和广泛应用。

技术创新与融合全栈液冷解决方案是应对算力中心能耗挑战、实现绿色算力中心转型的重要手段,随着技术的不断成熟和成本的逐渐降低,其在未来算力中心建设和升级中扮演的角色将愈发重要。

6.2　AI 与自动化在液冷管理中的应用

AI 与自动化在液冷管理中的应用正逐步成为提升算力中心能效、降低成本和增强可靠性的关键策略。下面是在液冷管理系统中 AI 与自动化技术的具体应用。

1. 智能监控与预测性维护

1)实时监控

AI集成的传感器网络持续监控液冷系统的各项参数,如温度、压力、流速、冷却液质量等,确保数据的准确性和实时性。

2)预测性分析

通过机器学习算法分析历史数据,预测系统故障和性能下降,提前安排维护,避免非计划停机。

2. 自适应控制与优化

1)动态调节

AI算法根据实时工作负载和环境条件,自动调整冷却系统的运行参数,如泵速、风扇速度等,以实现能效的最大化。

2)热管理优化

利用复杂模型预测和优化热流分布,确保 IT 设备得到均匀有效的冷却,减少过冷或过热现象,提升 PUE。

3. 自动化运维与故障响应

1)自动化运维流程

AI驱动的自动化工具自动执行常规运维任务,如清洗过滤器、补充冷却液、调节冷却单元,减少人工干预。

2)快速故障诊断

集成的 AI 系统能够迅速识别故障模式,定位问题源头,并触发相应的应急响应程序,加快恢复速度。

4. 能效分析与策略制定

1)能效评估

AI分析液冷系统的能效表现,识别能耗高的环节,提出改进建议。

2)策略优化

依据分析结果,自动生成或推荐优化的运行策略,比如调整冷却液循环路径、改变冷却液类型等,以进一步节能减排。

5. 资源调度与容量规划

1)智能调度

AI根据业务需求和设备状况,动态调度计算资源和冷却资源,平衡性能与能耗。

2)长期规划

利用大数据分析和预测模型,辅助进行算力中心的长期容量规划,确保液冷系统的可扩展性和灵活性。

6.安全与合规性管理

1)风险预警

AI 监控系统潜在的安全威胁,如冷却液泄漏、系统异常等,并及时发出警报。

2)合规性检查

自动化检查系统运行状态是否符合行业标准和法规要求,确保液冷系统的合规运营。

通过上述应用,AI 与自动化技术不仅能够显著提升液冷管理的效率和精度,还能有效降低运营成本,增强算力中心的可持续性,为实现绿色、高效的算力中心运营提供强有力的支持。

6.3　可持续性发展与绿色算力中心

可持续性发展与绿色算力中心紧密相连,后者是实现前者目标的重要组成部分。绿色算力中心设计、建设和运营的核心理念在于减少对环境的影响,同时提高能效和资源利用率。下面是绿色算力中心促进可持续性发展的几个关键方面。

1.能源效率提升

1)服务器虚拟化

通过虚拟化技术减少代理服务器数量,提升资源利用率,减少能耗。

2)高效冷却系统

采用先进的冷却技术,如液体冷却、热通道/冷通道布局、自然冷却等,降低空调系统的能耗。

3)智能电源管理

利用 AI 和自动化系统优化电能分配,确保按需供电,减少能源浪费。

2.可再生能源利用

1)太阳能与风能

安装太阳能板和风力发电机,为算力中心提供清洁、可再生的能源。

2)购电协议

与可再生能源供应商签订购电协议,确保算力中心的电力消费来自绿色能源。

3.绿色建筑材料与设计

1)节能建筑
使用保温隔热材料、智能玻璃窗和绿色屋顶,减少建筑物的总能耗。
2)模块化设计
采用模块化建设方案,便于升级、扩展和回收,延长算力中心的使用寿命。

4.水资源管理与循环利用

1)闭环冷却系统
实施闭环水冷系统,减少水资源消耗并防止污染。
2)雨水收集与再利用
收集雨水用于冷却系统或园区绿化,提高水资源的循环使用率。

5.废弃物减少与循环经济

1)电子废物回收
建立电子废物回收机制,确保废旧硬件得到合理处置和回收利用。
2)设备升级而非替换
采用可升级硬件,延长设备使用寿命,减少电子垃圾产生。

6.供应链管理与碳足迹减少

1)绿色采购
优先选择环保认证的供应商和低环境影响的产品。
2)碳排放监测
实施全面的碳排放追踪和报告机制,设定减排目标,推动供应链的绿色转型。

7.智能化运营管理

1)AI 与大数据分析
运用 AI 分析运营数据,优化能源使用、预防故障,提高整体运营效率。
2)远程监控与自动化
通过远程监控和自动化控制系统,减少人为错误,提升响应速度。
综上所述,绿色算力中心通过技术创新和管理优化,不仅减少了自身对环境的影响,还为整个社会的可持续发展树立了典范,是实现环境、经济和社会效益共赢的重要途径。

6.4　国际标准与合规性前瞻

在信息技术、制造业、环境保护等多个领域,国际标准与合规性前瞻呈现出以下趋势和重点。

1.强化数据保护与隐私标准

随着《欧盟通用数据保护条例》(GDPR)的实施和全球范围内数据保护意识的增强,更多国家和地区正参照 GDPR 制定或更新本地数据保护法律,强调数据主体权利、跨境数据传输规则以及企业责任。

国际标准如《信息安全管理体系》(ISO/IEC 27001)和《隐私信息管理体系》(ISO/IEC 27701)将更加受到重视,作为组织合规性建设的基础。

2.环境与可持续性标准的提升

绿色、低碳成为国际标准的新焦点,如《环境管理体系》(ISO 14001)的持续修订,以及新兴的碳排放、循环经济相关标准,鼓励企业采取更加环保的生产和运营方式。

供应链管理中,关于原材料来源、生产过程环保、产品可回收性的标准将被强化,推动全球价值链向可持续方向转型。

3.智能制造与工业 4.0 标准

VDA(德国汽车工业联合会)制定的标准,如 VDA6.4,强调了质量管理和过程控制的高标准,指导制造业特别是汽车行业的自动化、数字化转型。

IEC 62443(工业网络安全,IEC 为国际电工委员会)系列标准关注工业控制系统的信息安全,为智能制造提供安全保障框架。

4.信息技术与通信标准的演进

随着云计算、物联网、5G 技术的发展,国际电信联盟(ITU)、国际电工委员会(IEC)和国际标准化组织(ISO)等机构正合作制定相关标准,确保技术兼容性、数据安全和隐私保护。

SSL/TLS 协议及证书的国际标准与合规性要求将更加严格,强调加密算法的更新、证书管理的透明度以及信任链的完整性。

5. 产品安全与合规性认证

安全标准(如 UL、CE)标志将继续作为产品进入市场的基本要求,而针对特定行业,如液压油管行业的国际认证(如 ISO 1307、SAE J517 等),将更加注重材料安全、性能测试和环境适应性。

对于新兴技术产品,如自动驾驶汽车、无人机等,相应的安全与合规性标准正在加速制定,在确保技术进步的同时保护公众安全。

6. 合规性管理的智能化与自动化

企业合规性管理将更多地依赖智能化工具和自动化流程,包括 AI 辅助的合规性监测、自动化审计以及基于区块链的合规性证明,以提升效率、减少错误并增强透明度。

综上所述,国际标准与合规性前瞻表明,未来的标准制定将更加注重可持续性、安全性、兼容性与透明度,同时融合最新科技,助力全球企业和社会在快速变化的环境中实现负责任且高效的运营。

第7章　案例分析与实践经验

7.1　成功案例分享

7.1.1　国内案例:阿里浙江云计算仁和数据中心

2020 年 9 月,阿里巴巴建立全球规模最大的全浸没式液冷数据中心,整栋楼包含 10 个包间,共规划 2 万个节点,600 台 TANK,采用 4 台 CDU+12 台 TANK 架构设计。单个 TANK 包含存储节点、计算节点和交换节点,全部浸没于 TANK 内,如图 7-1 所示。

图 7-1　全浸没式液冷数据中心

(1)系统运行时间:2 年。

(2)CDU 换热量:180 kW。

(3)单 TANK 功率:30 kW。

(4)单系统支持 360 kW。

(5)实测年平均 PUE:1.07。

(6)硬盘故障率:下降 50%。

(7)系统噪声:低于 50 dB(风冷高于 95 dB)。

(8)年平均补液量:0.5%。

1.设计特点

1)全浸没式液冷技术

服务器完全浸入特殊的冷却液中,相比风冷能大幅提高热交换效率,使 PUE 降低至 1.0。

2)多技术融合

结合高压直流(HVDC)、供配电分布式冗余设计,以及智能 AI 优化算法,实现高效节能。

3)模块化设计

采用模块化建设,便于快速部署、升级和维护,同时也支持未来扩展需求。

2.实施过程

1)研发合作

与合作伙伴共同研发浸没式液冷电源,解决了元器件温升和寿命问题。

2)规范开源

阿里巴巴将技术规范开源,促进了液冷技术标准化,加速了行业采纳。

3)系统整合

从子系统到 IT 设备(服务器、存储、网络设备)均采用浸没式液冷方案,实现了端到端的解决方案,如图 7-2 所示。

图 7-2 系统组成

3. 运维经验

1)智能监控管理系统

设计了一套适合液冷的监控系统,故障率降低 50%,提高了运维效率。

2)预测性维护

利用 AI 算法预测系统潜在故障,提前采取措施,缩短非计划停机时间。

4. 成效

1)能效提升

PUE 逼近理论极限,显著降低能耗,节省大量电力成本。

2)环境影响减小

降低碳排放,支持可持续发展目标。

3)计算密度增加

液冷技术允许更高密度的计算部署,支持更强大的计算能力。

7.1.2 国内案例:拉索高海拔液冷算力中心建设

1. 建设需求

高海拔宇宙观测站位于四川省稻城县海拔 4 410 m 的海子山,拥有世界上最大的高海拔宇宙线观测装置,需要开展每年 365 天 7×24 h 不间断的实时观测,在秒量级时间内把探测器产生的信号数据收集并缓存,以保证宇宙线的精准观测。海拔 4 000 m 左右的高山顶峰空气稀薄,空气密度仅为原密度的 60%,会使风冷服务器散热效率降低 40% 左右,低效率的风冷会造成芯片局部热点,可能引起服务器芯片降频甚至宕机,因此需要针对散热形式进行创新,建设一套可在高海拔地区安全、稳定运行的算力中心,如图 7-3 所示。

2. 解决方案

推出可移动的风液式 CDU,与高密度液冷服务器进行模块化拼接,快速组建完整的液冷服务器系统,在客户现场批量化部署,为客户提供高效、便捷的移动式液冷算力中心方案,不再依赖于一次侧换热,整体搭建的液冷算力中心结构简单,使算力中心无须过度改造,在两周内即可实施完成。通过温水冷却方式对芯片降温,使芯片低于临界安全温度 10 ℃ 稳定运行,不受海拔作用影响。同时,将机柜纳入监测系统进行整体设计,支持节点级和机柜级漏液检测,真正实现智能运维。

3. 客户价值

浪潮信息液冷算力中心完美解决了高海拔地区服务器散热及部署问题，保障系统持续稳定运行。凭借高效制冷、极简系统、智能运维三大优势，浪潮信息打造了高海拔算力中心先进散热、快速交付、无人值守的标杆。

图 7-3　拉索高海拔液冷算力中心

7.1.3　国内案例：西安创新港高性能计算平台项目

1. 建设需求

创新港由平台区、学院区及孵化区构成，项目一期占地 5 000 亩（1 亩≈666.7 m²），从破土动工到搬迁入驻用了不到 1 000 天时间，完成了 51 栋巨构、160 万 m² 建筑的建设。至 2020 年 9 月，29 个研究院、8 个大型仪器设备共享平台和 300 多个科研机构和智库入驻，汇聚了包括数十名院士在内的 30 000 余名科研人才。本项目客户要求主体双路计算节点 PUE 不能超过 1.2，传统的风冷散热方式难以达到用户要求，故只能采用液冷散热方案。另外，用户机房已部署 4 套微模块，均采用封闭冷通道的建设形式，需在保障不改变用户原有机房环境的情况下实现液冷部署，如图 7-4 所示。

图 7 - 4　西安创新港高性能计算平台项目

2. 技术难点

主体双路计算节点 PUE 小于 1.2,传统的风冷散热方式难以达到。

计算节点达到高 Linpack 效率,但 Intel 6258R 为高 TDP、不耐热。

传统的风冷散热方式容易导致处理器降频。

液冷产品部署不能改变用户原有机房环境。

3. 解决方案

为满足用户需求,浪潮在本项目中为用户提供了风液式液冷服务器解决方案。采用移动式液冷 CDU 方案,将高密度液冷服务器与风-液式 CDU 对接,可快速组建液冷服务器集群。节点和 CDU 之间通过定制的分水器互联,实现冷却液在 CDU 和服务器之间的内部循环。整个系统无须外接一次侧管路,无须设置室外冷却塔,无须改造机房,可直接放置在风冷机柜内,部署非常方便。

4. 客户价值

该方案无需复杂的一次侧系统,免去了一次侧管路和室外冷却塔设置的施工周期及成本问题。在不改造机房的情况下,实现了整套 HPC 集群的液冷方案建设,在风冷机房内实现 PUE≤1.2,实现客户集群节能、技术领先的需求。

7.1.4　国外案例:微软 Project Natick 海底数据中心

1.设计特点

1)海底部署

算力中心模块被安置于海面下,利用海水直接进行散热,充分利用海洋的恒温特性,如图 7-5 所示。

图 7-5　微软 Project Natick 海底数据中心

2)快速部署

预装好的算力中心模块可在数月内完成部署,较陆地算力中心建设周期大为缩短。

3)环境适应性

设计考虑极端海洋环境,确保设备在高压、盐雾等条件下仍能稳定运行。

2.实施过程

1)原型测试

首先通过小型原型进行概念验证,随后扩大规模至商业级部署。

2)环境监测

在部署前后及运营期间,对海洋生态系统进行持续监测,确保环境影响最小化。

3.运维经验

1)远程监控与自动化

几乎全部依赖远程操作和自动化系统进行运维,减少人员介入。

2)零现场维护

设计为无须现场维护,减少对周围环境的干扰。

4.成效

1)高效能与低延迟

靠近沿海城市,缩短用户访问数据的距离,提高响应速度。

2)环保贡献

利用可再生海洋能源,无额外冷却设施,减少了碳排放。

3)研究价值

项目为未来海洋科技和可持续算力中心设计提供了宝贵数据和经验。

7.1.5　国外案例:Intel 与 CoolIT Systems 合作的液冷服务器

Intel 与 CoolIT Systems 合作的液冷服务器项目,代表了双方在算力中心液冷解决方案上的深度合作,旨在利用液冷技术提升服务器的能效、性能及可持续性。下面是对此合作项目的详细分析。

1.设计特点

1)直接接触液冷技术

CoolIT Systems 以其直接接触式液冷(Direct Contact Liquid Cooling,DCLC)技术著称,该技术在 Intel 的服务器中得到应用。直接接触式设计通过将冷却液直接导流至 CPU、GPU 等高热负荷组件表面,实现高效的热传递,大幅度降低组件温度。

2)模块化与可扩展性

服务器设计强调模块化,使得液冷系统易于安装、维护和升级。CoolIT 的 Rack DCLC™平台就是一个例子,它是一个模块化的机架级解决方案,可根据算力中心的需求灵活扩展,提高机架密度和整体性能。

3)智能化监控与管理

集成的智能控制系统,可以实时监控液冷系统的运行状态,包括温度、压力、流量等关键参数,确保高效、稳定地运行,并且能够根据服务器的工作负载自动调节冷却效能,以优化能源效率。

4)兼容性和定制化

合作项目的产品设计考虑到与 Intel 服务器平台的无缝集成,确保液冷方案能够适应 Intel 最新的处理器和技术。同时,CoolIT Systems 提供定制化服务,针对特定的应用场景进行优化,满足客户的特定需求。

2.实施过程

1)技术研发与合作

Intel 与 CoolIT Systems 的合作始于对液冷技术的深入研发和测试,双方工程师密切协作,确保液冷系统与 Intel 服务器硬件的完美匹配。

2)原型设计与验证

在确定设计方案后,会先生产原型机进行严格的实验室测试,包括热性能测试、长时间稳定性测试、兼容性测试等,以验证设计的有效性和可靠性。

3)小批量试产与优化

基于原型测试反馈,进行必要的设计调整,并进行小批量生产,部署到实际或模拟算力中心环境中,进一步验证其在真实工作条件下的表现,并进行持续优化。

4)规模化部署

经过验证后,合作的液冷服务器进入规模化生产阶段,供应给算力中心客户,同时提供专业的安装指导和服务支持。

3.运维经验

1)简便维护

液冷服务器设计时考虑到了维护便利性,如快速连接件的使用,使得更换或维护液冷部件时更加简单、快捷,缩短维护时间,降低成本。

2)远程监控与预警

通过远程监控系统,算力中心运维人员可以实时查看液冷服务器的状态,及时发现并处理潜在问题,避免因过热导致的服务器故障。

3)液体管理与循环利用

建立完善的液体管理系统,确保冷却液的纯净度,同时设计循环利用机制,减少资源消耗,符合环保要求。

4.成效

1)显著提高能效

通过直接液冷技术,Intel 服务器的能效得到大幅提升,PUE 降低,有效减少了算力中心的总体能耗。

2）增强性能与稳定性

液冷服务器在降低核心组件温度的同时，提高了计算性能，使得服务器能够在更高的负荷下稳定运行，延长使用寿命。

3）环境可持续性

液冷技术的使用减少了算力中心的碳排放，支持了企业的可持续发展目标，同时，模块化设计和智能管理系统也增强了对环境变化的适应性。

4）市场竞争力

Intel 与 CoolIT Systems 的合作提升了产品在高性能计算和算力中心市场的竞争力，满足了云服务提供商、大型企业及科研机构对高性能、低能耗服务器的需求。

7.2　成本效益分析与投资回报

7.2.1　投资回收分析

以基准场景 4P 算力，188 台服务器测算投资回报分析，如表 7-1 所示。

表 7-1　投资费用预估

项目	风冷			冷板液冷			浸没液冷		
设备	单价 万元	数量 泵	总价 万元	单价 万元	数量 泵	总价 万元	单价 万元	数量 泵	总价 万元
服务器	22	188	4 136	23	188	4 324	22	188	4 136
冷却液									440
基础设施			3 782			5 614			571
合计/万元		4 514			4 885			5 147	
PUE		1.31			1.15			1.09	
年电费/万元		768.4			659.0			618.9	

1. 场景 1

浸没液冷服务器 22 万元/台，冷板服务器 23 万元/台，冷却液（3M）500元/L，电价 1 元/（kW·h）。

从上述数据看,浸没式液冷和冷板式液冷都需要进一步降本才能体现优势,如表7-2所示。

表7-2 场景1投资回报分析

项目	冷板-风冷	浸没-风冷	浸没-冷板
投资差额/万元	371.20	632.80	261.60
年电费差额/万元	−109.41	−149.53	−40.13
回收年限/年	3.39	4.23	6.52

2.场景2

冷板服务器23万元/台,冷却液(3M)500元/L,电价0.3元/(kW·h)。
分析结果如表7-3所示。

表7-3 场景2投资回报分析

项目	冷板-风冷	浸没-风冷	浸没-冷板
投资差额/万元	371.20	632.80	261.60
年电费差额/万元	−32.82	−44.86	−12.04
回收年限/年	11.31	14.11	21.73

按照西部电价0.3元/(kW·h),较东部电价而言,液冷相对风冷的回收年限更长。

3.场景3

冷板服务器22万元/台,冷却液(3M)500元/L,电价1元/(kW·h)。
分析结果如表7-4所示。

表7-4 场景3投资回报分析

项目	冷板-风冷	浸没-风冷	浸没-冷板
投资差额/万元	183.20	632.80	449.60
年电费差额/万元	−109.41	−149.53	−40.13
回收年限/年	1.67	4.23	11.20

冷板服务器价格与风冷服务器持平时,冷板较风冷回收年限缩短50%。

4.场景4

冷板服务器 23 万元/台,冷却液(诺亚)167 元/L,电价 1 元/(kW·h)。
分析结果如表 7-5 所示。

表 7-5　场景 4 投资回报分析

项目	冷板-风冷	浸没-风冷	浸没-冷板
投资差额/万元	371.20	339.80	−31.40
年电费差额/万元	−109.41	−149.53	
回收年限/年	3.39	2.27	

若采用国产氟化液,其售价为 3M 的 1/3,则浸没液冷较冷板液冷更有
优势。

5.场景5

冷板服务器 23 万元/台,冷却液 203 元/L,电价 1 元/(kW·h)。
分析结果如表 7-6 所示。

表 7-6　场景 5 投资回报分析

项目	冷板-风冷	浸没-风冷	浸没-冷板
投资差额/万元	371.20	371.20	0.00
年电费差额/万元	−109.41	−149.53	
回收年限/年	3.39	2.48	

若氟化液降为 3M 的 40% 左右,浸没液冷的初投资与冷板液冷持平,且
具有节能优势。

7.2.2 初始投资预算与成本构成

初始投资预算涵盖了建设液冷算力中心所需的一切初期资金投入,具体
包括但不限于以下几点。

1.基础设施建设

基础设施建设包括场地购置或租赁费用、建筑施工费、电气和机械安装费
用等。

2.硬件设备投资

硬件设备投资包括服务器、存储设备、网络设备、液冷系统的泵站、管道、冷板、冷却塔、热交换器等核心硬件的成本。

3.研发与设计费用

研发与设计费用包括定制化液冷解决方案的设计、研发及其相关的专利许可费用。

4.软件与系统集成

软件与系统集成包括算力中心管理软件、监控系统、安全防护软件的购置与集成成本。

5.环境与安全措施

环境与安全措施包括消防系统、防雷设施、环保处理装置等的安装费用。

6.项目管理与咨询

项目管理与咨询包括项目策划、工程监理、第三方咨询服务等费用。
预备金:用于应对不可预见的额外成本,通常占总预算的一定比例。

7.2.3 运营成本节省计算

运营成本的节省是液冷技术投资回报的一个重要考量因素,主要通过以下几种方式体现。

1.能耗降低

与传统风冷相比,液冷系统能显著降低算力中心的 PUE,减少电力消耗,这是运营成本节省的最大来源。计算时,可以基于预计的能耗节省百分比和电费单价计算年度节省额。

2.维护成本减少

液冷系统通常需要较少的维护,比如降低风扇更换频率,延长服务器寿命等,这些都能转化为维护成本的节省。

3.空间优化

液冷系统支持更高的设备密度,意味着在相同占地面积上可以部署更多的计算资源,从而降低了单位算力的空间成本。

4.冷却效率提升

通过优化液冷系统的运行策略,如精确控制冷却液流量和温度,可以进一步减少能源消耗,提高运营效率。

5.环境适应性

液冷算力中心对环境温度的依赖度较低,能在更广泛的气候条件下稳定运行,降低了因环境调控所需的额外成本。

进行具体计算时,需要将上述各部分的节省量化,结合项目的生命周期,使用净现值(NPV)、内部收益率(IRR)等财务指标来评估投资回报率。同时,也要考虑潜在的风险因素,如技术更新换代、政策变动等,进行敏感性分析,确保分析的全面性和准确性。

7.2.4　碳足迹减少与环保价值

1.高效能效降低碳排放

1)PUE 降低

如前所述,液冷技术能显著降低算力中心的 PUE(电源使用效率),例如,将 PUE 降至 1.04,这意味着相比传统风冷算力中心,液冷可以减少 30% 以上的非 IT 设备能耗,从而直接减少碳排放量。

2)能源效率提升

液冷系统通过更高效的热交换,使得服务器可以在更低的温度下运行,提高计算效率,减少能源浪费。

2.创新冷却介质的环保效益

1)环保冷却液

新型冷却介质的研发,如无毒、可生物降解或自然循环的冷却液,减少了对环境的潜在危害,同时提高热交换效率,进一步降低碳排放。

2)循环利用

液冷系统中的冷却液通常设计为封闭循环,减少了资源消耗和废液排放,相较于一次性的风冷系统制冷剂,具有更好的环保属性。

3.减少制冷系统的间接碳排放

1)减少制冷剂使用

传统风冷系统可能依赖对环境有害的制冷剂,而液冷系统往往不依赖或极少依赖此类制冷剂,减少了碳排放。

2)降低冷却能耗

由于液冷效率高,所需冷却设备的能耗降低,间接减少了发电过程中产生的碳排放。

4.支持可再生能源的集成

能源灵活适应:液冷算力中心的高效特性使其更适合与太阳能、风能等可再生能源系统集成,进一步减少对化石燃料的依赖,减少碳排放。

5.长期可持续性和循环经济

(1)延长硬件寿命

液冷技术可以降低服务器内部温度,减小热应力,延长服务器和其他硬件的使用寿命,减少因频繁更换设备产生的废弃物。

(2)模块化和可扩展性

弹性液冷算力中心的设计通常更加模块化和可扩展,便于未来技术升级和资源的高效再利用,支持循环经济。

6.环境监测与管理

智能监控与优化:液冷系统通常配备先进的监控和管理软件,能够实时监测能源使用和环境影响,通过数据分析优化运行策略,持续减少碳排放。

综上所述,弹性液冷算力中心不仅在能效和散热性能上具有明显优势,而且在推动算力中心行业的绿色转型、实现环境可持续发展方面展现出巨大的环保价值和潜力。通过不断的技术创新和优化,液冷算力中心有望成为实现碳中和目标的重要推手。

7.2.5 长期经济效益评估方法

对于弹性液冷算力中心这样的重大投资项目,长期经济效益评估至关重要,它涉及对项目整个生命周期内收益与成本的综合考量。下面是几种常用的长期经济效益评估方法。

1.净现值法(NPV)

1)定义

净现值是未来现金流折现值之和减去初始投资成本。如果 NPV 大于零,表明投资是可行的,这是因为其预期收益超过了成本。

2)计算

将每个时期预期的现金流按照一个合适的贴现率折现到当前的价值,然后加总得到净现值。

3)应用

NPV 用于评估项目在整个生命周期内,考虑资金时间价值后的盈利能力。

2. 内部收益率(IRR)

1)定义

内部收益率是使项目净现值等于零的贴现率,即项目的投资回报率。

2)计算

通过试错法或计算器求解,找到使得 NPV 等于零的贴现率。

3)应用

判断项目本身的盈利能力,IRR 与基准收益率比较,高于基准则项目可行。

3. 贴现现金流分析(DCF)

1)概述

DCF 是一种全面考虑资金时间价值的评估方法,包含了 NPV 和 IRR 的概念。

2)应用

它通过预测项目未来各年的现金流入与流出,计算出项目的现值,进而评估项目的长期经济价值。

4. 投资回收期(Payback Period)

1)定义

它是指通过项目运营产生的现金流回收初始投资所需要的时间。

2)计算

累计现金流达到初始投资金额的年限。

3)应用

它虽然简单直观,但未考虑货币时间价值,只适用于初步评估或使用辅助其他方法。

5. 效益成本比(Benefit-Cost Ratio,BCR)

1)定义

它是指项目在整个生命周期内的总效益与总投资成本的比例。

2）计算

总效益/总投资成本。

3）应用

它直接比较项目的收益与成本，数值大于 1 表示经济上可行。

6. 敏感性分析与风险评估

1）定义

它是指分析关键变量（如成本、收入、贴现率）变动对项目经济评价指标（如 NPV、IRR）的影响。

2）应用

它帮助识别项目的敏感因素，评估项目面临的风险，为决策提供更加稳健的依据。

7. 蒙特卡洛模拟

1）定义

它是指通过大量随机抽样，模拟项目在不同情境下的可能结果，评估各种可能的收益分布。

2）应用

它尤其适用于存在多个不确定因素的复杂项目，提供概率视角下的经济评估。

第8章 结　　语

在这个数字时代,信息与数据如同血液,滋养着经济社会的每一个细胞。而作为这一切运算与存储心脏的算力中心,其重要性不言而喻。随着科技的飞速进步和数字化转型的深度推进,液冷算力中心作为新一代算力中心的代表,不仅站在了技术革新的前沿,更成了绿色、可持续发展理念的有力实践者。它不仅承载着算力的高速运算与海量数据的高效处理,更是对环境友好、资源节约的生动诠释,引领着算力中心行业向更高层次的蜕变。

展望未来,液冷算力中心的技术革新将步入新的纪元。我们期待着新型冷却介质的广泛应用,这些介质不仅拥有卓越的热传导性能,而且更加环保,可减少对环境的负担。例如,生物可降解或低毒性的冷却液将逐渐取代传统介质,实现算力中心在高性能运作的同时,对生态友好。此外,引入智能化微流控技术,将使得液冷系统的控制达到前所未有的精度与效率,实现对温度、流量的精确调节,确保算力资源在最佳状态下运行。这些技术的突破,不仅标志着液冷技术在微观层面的精细管理,也是向更高能效目标迈进的重要一步。

全栈液冷解决方案的成熟和完善,将是未来算力中心建设与运维的一大趋势。从单一设备的液冷到整个算力中心的全面液冷覆盖,再到与软件系统的深度融合,形成一套完整的解决方案,这将极大简化算力中心的架构设计,提高建设与运维的便捷性,降低长期运营成本。更重要的是,这样的解决方案能够更好地应对未来算力需求的不确定性,实现快速扩容与灵活部署,为云计算、人工智能、大数据等领域的快速发展提供坚实的物理支撑。

在运维层面,人工智能与自动化技术的深度融合将使得液冷算力中心的管理达到智能化的新高度。通过机器学习算法对海量运维数据的分析,系统能够自主学习、预测并解决潜在问题,减少人工干预,提升运维效率,同时降低故障风险,确保算力中心的连续稳定运行。此外,结合绿色建筑设计理念,液冷算力中心将更广泛地采用可再生能源,如太阳能、风能,甚至探索海洋能、地热能的利用,实现能源结构的多元化与清洁化,进一步减少碳排放,为构建低碳社会贡献力量。

液冷算力中心的未来发展,离不开全球范围内的科研合作、政策协调与行业共识。国际上的标准制定与技术交流,将推动液冷技术的标准化与国际化进程,加速技术的全球推广与应用。同时,企业、政府与社会各界应携手,共同承担起推动可持续发展的社会责任,通过政策引导、资金支持、公众教育等手段,促进绿色算力中心的建设与运营,为实现联合国可持续发展目标贡献科技力量。

在此,我们向每一位在液冷算力中心领域默默耕耘的科研人员、工程师、设计师及行业领导者表达最深切的敬意。正是你们的智慧、创新与坚持,让液冷技术从概念走向现实,从实验室走向世界,为人类社会的信息化进程注入了绿色动力。面对未来,我们鼓励更多的技术探索者和创新者加入这一行列,把握时代机遇,勇攀科技高峰,不断探索液冷技术的未知领域,共同塑造一个更加绿色、高效、智能的算力中心生态,为实现科技与自然的和谐共生不懈奋斗。在这条充满希望的道路上,我们期待着更多激动人心的成果,见证液冷算力中心在人类社会进步的长河中,留下浓墨重彩的一笔。

附　录

附录1　相关标准与规范

1.国际标准

1)《数据中心热处理》(ASHRAE TC 9.9)

它提供了算力中心环境控制和能源效率的推荐实践,包括温度、湿度、空气质量和气流等参数的使用指导。

2)《数据中心液冷系统设计和实施指南》(IEEE Std 243-2090:2020)

它为液冷算力中心的液冷系统设计、安装、维护和测试提供了详细指导。

3)《数据中心冷却设备安全标准》(UL 2442)

它涉及算力中心冷却设备的安全要求,包括液冷系统的泵、热交换器等组件。

4)数据中心设施和基础设施系列标准(ISO/IEC 22237)

它们覆盖算力中心设计和建设的各个方面,包括液冷系统在内的基础设施。

5)《数据中心电信基础设施标准》(TIA-942-A)

它虽然主要聚焦于电信基础设施,但也提及了对算力中心物理基础设施的通用要求,包括冷却系统。

6)数据中心设施与基础设施系列标准(EN 50600)

它们是欧洲标准,涵盖了算力中心的多个方面,包括能源效率、环境控制和安全要求。

7)《信息技术　数据中心设施和基础设施的环境和能源管理　第3部分:液冷系统的能源效率和可持续性》(ISO/IEC 22233-3:2021)

它为液冷算力中心的能源使用效率和环境影响提供了评估框架,指导了如何提高液冷系统的能效和可持续性。

8)美国采暖、制冷与空调工程师协会标准 ASHRAE

ASHRAE 专注于算力中心的环境控制,包括液冷技术的推荐实践和标准,如温度、湿度、空气质量等环境参数设定,以及液冷系统的安全和性能要求。

2.国家与地区标准

1)《相变浸没式直接液冷数据中心设计规范》(T/CIE 096—2021)

它是中国电子学会发布的标准,适用于新建、扩建和改建的相变浸没式液冷算力中心,规范了设计、建设、运维等方面的要求,确保了系统的可靠性、安全性和能效。

2)《数据中心设计规范》(GB 50174—2017)

它是中国国家标准,虽然不是专门针对液冷算力中心的,但其中关于算力中心的物理布局、供配电、空调与新风系统等内容对液冷算力中心同样适用。

3)《数据中心电信基础设施标准》(ANSI/TIA-942-B:2017)

它是北美电信行业协会(TIA)发布的数据中心标准,虽然主要关注于算力中心的电信基础设施,但其对算力中心等级划分、物理安全、环境控制的指导原则同样适用于液冷算力中心的规划与设计。

3.行业规范与指南

1)《集装箱冷板式液冷数据中心技术规范》(ODCC-2022-02005)

它是开放数据中心委员会(ODCC)发布的,为采用冷板式液冷技术的算力中心提供了设计、实施、运维的具体指导,包括冷却效率、安全性、模块化设计等方面。

2)Uptime Institute 的 Tier 等级标准系列(Uptime Institute Tier Standards)

它们虽主要针对算力中心的可用性,但液冷算力中心在追求高可用性时也会参考这些标准,确保在不同层级的故障情况下仍能保持业务连续性。

4.安全与环境标准

1)《信息技术设备防标准》(NFPA 75:2020)

它规定了信息技术设备房间的防火保护措施,对液冷系统中的易燃冷却液的使用和存储提出了安全要求。

2)《环境管理体系》(ISO 14001)

它虽然不是针对算力中心的,但液冷算力中心在设计和运维中会参考该标准,以实现环境绩效的持续改进,减少对环境的影响。

5.能源效率与可持续性标准

1)LEED(能源与环境设计领导力)标准

LEED标准虽然主要应用于建筑领域,但液冷算力中心在追求绿色建筑认证时会遵循LEED标准,以提高能效、减少碳排放,实现可持续发展目标。

2)绿色网格组织提出的电源使用效率指标(Green Grid PUE)

绿色网格组织提出的电源使用效率指标是评估算力中心能源效率的普遍标准,液冷算力中心通常会努力降低PUE值以体现其能效优势。

6.设备与材料标准

1)《关于电子设备外壳防护等级的标准》(IEC 60529:2024)

国际电工委员会关于设备外壳防护等级的标准对于液冷系统中的密封性、防尘防水等级有着直接的指导意义,确保设备在液冷环境下的可靠运行。

2)《美国材料与试验协会标准》(ASTM D149:2013)

它用于测试绝缘材料的电气强度,对液冷系统中使用的绝缘材料的选取和验证至关重要。

遵循上述标准与规范,能够确保液冷算力中心的设计合理、建造安全、运维高效,不仅满足当前的算力需求,也为未来的可持续发展奠定坚实基础。随着技术的不断进步和应用场景的多样化,相关标准和规范也在持续更新和完善,以适应行业的快速发展。

附录2 常用术语表

1.液冷(Liquid Cooling)

它是使用液体作为媒介,直接或间接移除IT设备产生的热量的冷却技术,相较于风冷能更高效地处理高密度算力产生的热量。

2.热传导(Thermal Conduction)

它是热量通过物质内部粒子的相互作用,从高温区域传递到低温区域的现象,是液冷系统中热量转移的基本机制之一。

3. 冷板式液冷（Cold Plate Liquid Cooling）

该冷却方式中的冷却液流经与发热组件直接接触的冷板，通过冷板表面吸收热量后循环返回冷却系统，常用于 CPU、GPU 等高热源部件。

4. 浸没式液冷（Immersion Cooling）

该冷却方式将整个服务器或计算组件完全浸没在不导电的冷却液中，通过液体直接包围发热元件，实现高效散热。

5. 相变液冷（Phase Change Liquid Cooling）

该冷却方式利用液体蒸发吸热的原理，使冷却液在吸收热量后蒸发，蒸汽随后被冷凝并循环回液体状态，实现热能转移。

6. PUE（电源使用效率）

它是评价算力中心能源效率的指标，计算公式为算力中心总能耗/IT 设备能耗。该数值越接近 1 表示能效越高。

7. CRAC（机房空调）

它是传统算力中心常用的空气冷却设备，但在液冷算力中心中作用减弱或不再使用。

8. 液冷回路（Liquid Cooling Loop）

它是液冷系统中冷却液循环流动的路径，包括泵、冷凝器、管路、冷板等组件。

9. 冷却液（Coolant）

它是在液冷系统中循环使用的液体，需具备高热容、低电导率、无腐蚀性等特点，常见有水基和油基冷却液。

10. 热交换器（Heat Exchanger）

在液冷系统中，它是用于转移冷热流体之间热量的设备，通常位于液冷回路与外界冷却系统（如冷却塔或冷水机组）之间。

11. 流体动力学（Fluid Dynamics）

它是研究液体流动的学科，对设计高效液冷系统的管道布局、流量控制等至关重要。

12. Radiator(散热器)

在某些液冷系统中,它是用于将冷却液携带的热量传递给空气或其他冷却介质的设备,类似于汽车发动机的散热器。

13. Manifold(歧管)

它是液冷系统中的分配和收集装置,用于将冷却液均匀分配到各个冷板或从冷板收集回来,确保系统内部的液体均衡流动。

14. Leak Detection(泄漏检测)

它通过传感器和监控系统实时检测液冷系统中是否有冷却液泄漏,以防止对设备造成损害或环境污染。

15. MTBF(Mean Time Between Failures)

它是平均无故障时间,用来衡量设备或系统的可靠性。液冷系统的MTBF是评估其稳定性的关键指标。

16. COP(Coefficient of Performance)

在制冷技术中,它表示热泵或制冷系统效率的系数。该值越高表示能量转换效率越高。

17. EER(Energy Efficiency Ratio)

它是能源效率比,特别用于评价空调或制冷设备的能效,是制冷输出与耗电功率的比例。

18. 维护与管理

1)DCIM(Data Center Infrastructure Management)
它是数据中心基础设施管理系统,用于监控和管理算力中心的所有物理基础设施,包括液冷系统。

2)SLA(Service Level Agreement)
它是服务水平协议,定义了算力中心向用户提供服务的质量标准,包括可用性、响应时间和故障恢复时间等。

3)ROI(Return on Investment)
它是投资回报率,用于评估液冷算力中心建设和运营的经济效益,包括节省的电费、减少的占地面积和降低的维护成本等。

参 考 文 献

[1] 王月,李洁,郭亮,等.算力设施产业图谱[M].北京:人民邮电出版社,2022.

[2] 中国通信标准化协会开放数据中心标准推进委员会(ODCC).冷板式液冷[M].北京:化学工业出版社,2019.

[3] 李洁,吴宏杰,梅方义,等.液冷革命:一项改变数据中心的黑科技[M].北京:人民邮电出版社,2019.

[4] 中国通信企业协会通信网络运营专业委员会.数据中心基础设施维护规程[M].北京:电子工业出版社,2016.